1774

Als die
jungen Genies
die Freiheit
suchten

Francesca Schmidt

1774

Als die
jungen Genies
die Freiheit
suchten

„O Freiheit, Freiheit!
Silberton dem Ohre!
Licht dem Verstande!
Dem Herzen groß Gefühl
Und freier Flug zu denken!"

CHRISTIAN FRIEDRICH DANIEL SCHUBART

INHALT

Ein turbulentes Jahr beginnt

„Da haben wir's. Mit euch verfluchten Arschgesichtern." – „Und ich brech dir Arm und Bein entzwei und werf sie zum Fenster hinaus."

Das sind Lenz' Soldaten, die da so fluchen. Derb und laut geht es in dem Drama zu. Schon seit Anfang der 1770er Jahre macht sich ein neuer Ton in Deutschland und auf deutschen Bühnen breit. Da wird geflucht, gelitten und gelebt. Leidenschaften brechen sich Bahn. Das gefällt nicht allen – der sehr kritische Wagner-Biograf Erich Schmidt spricht sogar von dem „Mistbeet des wüsten Geniethums". Und als Genies sehen sich die Schöpfer der neuen Literatur. Das ist arrogant? Das ist echte, wahre Literatur, finden sie. Sie sind jung: Johann Wolfgang Goethe ist gerade vierundzwanzig Jahre alt, Jakob Michael Reinhold Lenz wird in Kürze dreiundzwanzig, Friedrich Maximilian Klinger zweiundzwanzig und Heinrich Leopold Wagner siebenundzwanzig. Lediglich der Journalist Christian Friedrich Daniel Schubart ist mit neununddreißig fast schon alt. Ihre Energie ist so groß, wie ihre Namen lang sind.

Diese „Kerls" – das ist ihr Lieblingswort – und ihre Freunde rebellieren gegen das Althergebrachte, verehren Shakespeare und das Gefühl. Die selbst ernannten Genies sind dabei keineswegs Heilige, aber für Heilige ist die Zeit auch nicht gemacht. Wir werden sie und ihren Kreis, zu dem auch Goethes Freund Johann Heinrich Merck aus Darmstadt, Heinrich Christian Boie aus Göt-

7

tingen mit seinen Hainbündlern, Johann Gottfried Herder oder der etwas wunderliche Schweizer Theologe Johann Caspar Lavater gehören, ein Jahr lang begleiten, ihre Freiheitssuche beobachten und ihren Leidenschaften, Lieben, Freund- und Feindschaften sowie ihren Blicken auf die Welt folgen. Werden sie erfolgreich sein und ihre Ideen durchsetzen können? 1774 wird für viele von ihnen ein Jahr mit wichtigen Weichenstellungen.

Und nicht nur junge, kraftstrotzende Männer gehören zu dem Kreis, auch einige Frauen – sie sind ihre Musen, die Objekte ihrer Leidenschaften, ihre Ratgeberinnen. Manchmal müssen sie aber ganz prosaisch den Alltag dieser Machos aufräumen. Denn Machos sind sie: Ihr Frauenbild ist sehr konservativ, wenig rebellisch, und wehe die Frauen fügen sich nicht. Wir werden sehen.

Die jungen Rebellen betrachten die Welt mit neuen Augen und möchten sie verändern. Alte Regeln wie die drei Einheiten auf der Bühne werfen sie über Bord. Freundschaft, Genie und Selbsthelfertum sind ihre Schlagworte. Handeln wollen sie, nicht reden. Sie sind auch ohne Smartphone, Whatsapp, SMS oder Facebook gut vernetzt: Briefe über Briefe werden gewechselt, ausgetauscht und einander vorgelesen. Man besucht sich, liest sich seine Schriften vor, kritisiert und kommentiert sie gegenseitig – und dabei geht man keinesfalls immer zimperlich miteinander um. Intrigen werden gesponnen, Scharmützel ausgetragen, Eitelkeiten gepflegt, Leidenschaften ausgelebt – immer geht es um alles oder nichts. So enthusiastisch der eine gefeiert und verehrt wird, so heftig wird auch gestritten, gestänkert und der andere in Grund und Boden geschrieben. Man nimmt kein Blatt vor den Mund, streitet für die freie Entfaltung der Individualität, für Selbstbestimmung und Freiheit. Das alltägliche Leben der Stürmer und Dränger steht nicht selten in Kontrast zu diesen großen Zielen: Viele kämpfen mit Geldnot, Unfreiheit und ungeliebten Stellungen.

Die Aufklärung, die vermeintlich das Licht der Vernunft über Europa ausgeschüttet und die letzten Jahre die europäische Gedankenwelt bestimmt hat, prägt die jungen Stürmer und Dränger; sie sind ein Teil von ihr, und doch kritisieren sie sie, grenzen sich von ihr und den Vätern der Aufklärung ab, wollen anders sein. Zu rational, zu kalt und zu vernunftfixiert ist den wilden Kerls die Epoche der Vernunft, zu sehr ignoriert sie Gefühl und die Sprache des Herzens. Aber auch in Zustimmung und Ablehnung der großen Aufklärungsväter ist man sich nicht einig. Es ist ein kompliziertes und häufig von persönlichen Empfindlichkeiten geknüpftes Netz der Beziehungen.

1774 – erstaunliche Werke erblicken in diesem Jahr das Licht der Öffentlichkeit, die etwas radikal Neues darstellen. Es ist das literarische Skandaljahr, in dem allen voran Goethes *Werther* erscheint und die Welt auf den Kopf stellt: Gefährlich soll er sein, dieser Roman, und die Jugend zum Selbstmord verleiten, heißt es. Aber auch von Lenz kommt radikal Neues: Sein *Hofmeister* kritisiert die Erziehungslandschaft – Bildung ist nämlich nur etwas für diejenigen, die es sich leisten können, und die bestimmen auch, was gelernt wird. Lenz' Drama *Der neue Menoza* ist harte Polemik gegen ein selbstzufriedenes Europa, das im moralischen Morast versinkt. Bezüge zur Gegenwart dürfen gerne gezogen werden! Und am Jahresende schreibt Lenz an seinen *Soldaten* und nimmt sich der Lage der Frauen an, die auf falsche Versprechungen der Männer hereinfallen. In Straßburg erlebt der junge Dichter das aus nächster Nähe.

Keineswegs geht es in diesen Werken nur um gute Unterhaltung der Leserschaft und des Bühnenpublikums. Die Werke stellen vielmehr Fragen, die ans Innerste der Gesellschaft rühren und die unser Denken und Handeln bis ins 21. Jahrhundert prägen: Welchen Einfluss hat die Gesellschaft auf das Individuum? Wie verantwortlich ist der Einzelne für seine Taten? Wie wollen wir unsere Kinder erziehen? Sind wir frei? Haben wir die volle Verfügungsgewalt über unser Leben? Haben bestimmte Menschen Vorrechte gegenüber anderen? Wollen wir nur verkopft und vernunftgesteuert handeln oder auch unsere Leidenschaften ausleben? Das sind in der Tat komplizierte Fragen, die hier aufgeworfen und diskutiert werden. Und manchmal schießen die jungen Kraftgenies über das Ziel hinaus und treten dabei anderen, bewusst oder unbewusst, auf die Füße. Das hat dann Auswirkungen.

Auch sonst ist die Welt 1774 kompliziert – wie immer. In Russland regiert Katharina die Große mit eiserner Hand: Es herrscht mal wieder Krieg zwischen Russen und Türken, einer von insgesamt elf. Seit 1768 geht das schon so, doch 1774 wird es ein Ende finden. In Lenz' *Hofmeister* ist davon die Rede: Der Major von Berg plant hier, nach Königsberg zu gehen und sich freiwillig für den russisch-türkischen Krieg zu melden, um darin zu sterben. Eine verschollene Tochter und eine unausstehliche Ehefrau treiben ihn dazu. Doch letztlich bleibt er wohlbehalten zu Hause. Auch Schubarts *Chronik* berichtet immer wieder von den Kriegsereignissen – aber später mehr dazu.

In Polen rumort es ebenfalls: König Stanislav ist ein Günstling Zarin Katharinas. Als sich der polnische Adel gegen ihn erhebt, unterstützen die Türken die Aufständischen. Polen und sein trauriges Schicksal überhaupt: Preußen, Österreich und Russland werfen alle drei seit Jahren begehrliche Blicke auf das Nachbarland. Für die russische Herrscherin ist Polen ein beliebter Spielball. Um sich die Nachbarn vom Leib zu halten und in Ruhe ihren Krieg mit den Türken führen zu können, teilt sie 1772 mit Preußen und Österreich Polen einfach auf. Jeder der drei erhält ein Stück vom Kuchen. Nur die Polen haben jetzt kein eigenes Land mehr. Unsere Stürmer und Dränger sympathisieren mit den bedrängten Polen, vor allem Schubart.

In Österreich ist derweil ebenfalls eine starke Frau am Ruder: Maria Theresia. Friedrich der Große, der Preuße, mag sie gar nicht. Sie ihn umgekehrt auch nicht. In Frankreich regiert vorerst noch Ludwig XV., allerdings wird er bald das Zeitliche segnen. Die Franzosen sind nicht besonders traurig darüber: Zu viele Mätressen hat er verbraucht, zu pompös gelebt und zu viele Schulden lässt er zurück. Frankreich ist innerlich zerrüttet, es gärt. Sein Nachfolger Ludwig XVI. ist gerade neunzehn Jahre alt und mit Marie Antoinette, der Tochter der Österreicherin Maria Theresia, verheiratet. Das Paar wird traurige Berühmtheit erlangen, da es auf dem Schafott endet. Die Französische Revolution wird es hinwegfegen.

Auf deutschem Boden ist die Lage verwirrend: Über dreihundert Kleinstaaten gibt es – Hochstifte, Fürstpropsteien, Herzogtümer, Königreiche, Pfalzgrafschaften, Markgrafschaften, Abteien, Erzstifte, weltliche und geistliche Reichsfürsten. Sie bilden zusammen das Heilige Römische Reich Deutscher Nation; die Kaiserkrone trägt der unglücklich agierende Kaiser Joseph II., der Sohn Maria Theresias.

Auch in der Schweiz, die seit dem Westfälischen Frieden nicht mehr zum Heiligen Römischen Reich Deutscher Nation gehört, sieht es nicht viel besser aus: Viele absolutistisch regierte Kleinstaaten existieren nebeneinander und bilden einen losen Staatenbund. Ein Flickenteppich wie in deutschen Landen. Zürich, die Heimatstadt Lavaters, ist zum Beispiel ebenso wie Basel Stadtrepublik.

Selbst der Vatikan bleibt 1774 von Veränderungen nicht verschont. Im September 1774 stirbt Papst Clemens XIV., und bis Jahresende wird kein neuer Papst gefunden.

Sogar die gekrönten Häupter hat das Zeitalter der Aufklärung nicht kalt gelassen. „Aufgeklärten Absolutismus" nennt man ihren Herrschaftsstil heute, auch wenn der Begriff durchaus umstritten ist. Friedrich der Große ist mit dem französischen Aufklärungsphilosophen Voltaire befreundet. Den wiederum mögen unsere Stürmer und Dränger weniger. Beim Herrschen soll jedenfalls die Vernunft das Zepter führen, was trotz mancher Reformversuche nicht immer gelingt.

Nicht nur das alte Europa wird von Krisen erschüttert – auch in Übersee überschlagen sich die Ereignisse. Die dreizehn amerikanischen Kolonien rebellieren zunehmend gegen die britische Kolonialmacht. Das Zentrum des Widerstands ist dabei Boston. Gerade kurz vor Beginn des neuen Jahres hat hier am 16. Dezember 1773 die Boston Tea Party stattgefunden: Verkleidete Bostoner Bürger haben drei Schiffe der britischen East India Company gestürmt und Tee im Wert von 10.000 Pfund ins Bostoner Hafenbecken befördert. Das Freiheitsstreben der Amerikaner fasziniert unsere Stürmer und Dränger – Schubart wird im laufenden Jahr immer wieder davon berichten.

Neben den politischen gibt es auch kulturelle Umbrüche: Eine neue Pädagogik soll her, neue Schulen und neue Erziehungskonzepte sollen entwickelt werden. Selbst Religion und Theologie bleiben von den Ereignissen nicht unberührt. Immer mehr Menschen entdecken das Lesen, von einer Lesesucht wird gemunkelt. Ist sie gefährlich, vor allem für das weibliche Geschlecht? Zeitschriften schießen wie Pilze aus dem Boden, und die literarische Produktion steigt an. Den alten Mächten gefällt das nicht immer, und das Neue hat es oft nicht leicht sich durchzusetzen.

1774 wird ein turbulentes, ein ereignisreiches Jahr – stürzen wir uns also in den Trubel!

Goethe auf dickem und dünnem Eis

Götz von Berlichingen hat ihn 1773 zu einem bekannten Dichter gemacht. Der Erfolg des Ritterdramas ist auch Anfang 1774 noch zu spüren. Es verkauft sich blendend, in diesem Monat erscheint die zweite Auflage. Trotzdem beschwert sich Goethe: Angeblich hat er die Druckkosten noch nicht zurückerstattet bekommen. Aber Druckkosten hin oder her: Erst einmal lässt Goethe es sich gut gehen in Frankfurt Anfang des neuen Jahres.

Frankfurt am Main ist seine Heimatstadt mit fünfunddreißigtausend Einwohnern. Die weithin sichtbare Mainbrücke mit dem Brückenkreuz, auf dem ein goldener Hahn glänzt, die Marktschiffe, die am Ufer des Mains anlegen, der Weinmarkt, überhaupt das rege Treiben an Markttagen, der Saalhof und die Bartholomäuskirche, der Römerberg und die Liebfrauenkirche, die Zeil: Hier, in Frankfurt, ist Goethe im Haus am Hirschgraben wohlbehütet und durchaus privilegiert aufgewachsen und nach Jurastudium in Leipzig und Straßburg sowie einem folgenreichen Praktikum am Reichskammergericht in Wetzlar 1772 hierher heimgekehrt. Auf Wunsch des wohlhabenden Vaters hat er sich als Rechtsanwalt niedergelassen. Sein eigentliches Leben ist das freilich nicht.

Aber momentan geht es dem jungen Goethe so gut wie lange nicht mehr: Er besucht Konzerte, amüsiert sich, dass ein im Eis eingebrochener Bekannter sich herauspaddeln musste „wie eine Sau", und berichtet, dass er „gessen Wildprettsbraten und Geleepastete und viel Wein getruncken und zwischen Houris gesessen bis ein Uhr Nachts". Das Eis bzw. das Schlittschuhlaufen und gutes, geselliges Essen haben es Goethe angetan. An beidem herrscht zurzeit in Frankfurt kein Mangel. Der Main ist völlig zugefroren, ein außergewöhnlich harter Winter sorgt dafür. Noch Jahre später schwärmt Goethe: „Grenzenlose Schrittschuhbahnen, glattgefrorne weite Flächen, wimmelten von bewegter Versammlung."

Von morgens an ist er auf dem Eis, mitten im Gewimmel. In seinem jugendlichen Leichtsinn hat er sich viel zu dünn angezogen und ist, als seine Mutter in der Kutsche angefahren kommt, um das bunte Treiben auf dem Main zu beobachten, völlig durchgefroren. Mutter Goethe trägt an diesem Tag einen roten Samtumhang, der vor der Brust mit goldenen Schnüren zusammengebunden ist und bis zu den Waden reicht, wo er noch mit Zobel abgesetzt ist. Und was macht der junge Wilde? Er bittet seine Mutter um den roten Samtumhang, bekommt ihn, bindet ihn sich um und zieht samt brauner Pelzmütze und purpurnem Mantel weiter seine Runden auf dem Eis! Trotz des großen Gedränges fällt dieser kuriose Auftritt sofort auf, und Goethe muss ihn sich von seinen Freunden später immer wieder vorhalten lassen. Doch auch wenn er dies beklagt, so macht ihm die Aufmerksamkeit insgeheim kindische Freude.

Mutter Goethe macht sich über ihren Filou übrigens keine Illusionen. Auch wenn sie ihrem Sohn begeistert beim Schlittschuhlaufen zuguckt, vor Vergnügen dabei in die Hände klatscht und durchaus bewundert, wie er elegant zwischen den Brückenbögen der Mainbrücke hin- und herläuft, so registriert sie doch sehr genau, dass er dabei gerne ein bisschen angibt, weil er einer jungen Frau imponieren möchte. Die junge Dame heißt übrigens Maximiliane La Roche, neuerdings verheiratete Brentano, und von ihr wird gleich noch die Rede sein.

Erst einmal schickt der junge Goethe übermütige Gelegenheitsverse an seinen Freund Johann Heinrich Merck nach Darmstadt:

„So ist doch immer unser Muth
Wahrhafftig wahr und bieder gut.
Und allen Perrückeurs und Fratzen
Und allen Literarschen Katzen
Und Räthen, Schreibern, Maidels, Kindern
Und wissenschaftlich schönen Sündern
Sey Trotz und Hohn gesprochen hier
Und Haß und Ärger für und für.
Weissen wir so diesen Philistern
Kritikastern und ihren Geschwistern
Wohl ein ieder aus seinem Haus
Seinen Arsch zum Fenster hinaus."

Das ist ein Revoluzzer, der sich hier über das gesetzte Establishment lustig macht und keine Hemmungen kennt. Die ganzen Spießer, die sogenannten „Philister", die alles besser wissen, die herumkritisieren und belehren wollen, können ihn, den jungen Wilden, mal. Den „Literarschen Katzen", die seinen neuen Schreibstil nicht zu würdigen wissen, muss man mit Trotz und Hohn begegnen! Die Jugend an die Macht!

Es ist das erste Jahr, das Goethe ohne seine Schwester Cornelia in Frankfurt verbringen wird. Cornelia hat im November 1773 Johann Georg Schlosser, der eng mit Goethe und dessen Dichterfreund Jakob Michael Reinhold Lenz befreundet ist, geheiratet und ihr Elternhaus mit dreiundzwanzig Jahren verlassen. Die junge Frau hat sich vor dem strengen Vater in eine Ehe geflüchtet, in der sie nicht glücklich werden wird. Sie sucht die Freiheit, aber die ist für eine Frau 1774 nur schwer zu finden.

Goethe fällt die Trennung von der Schwester schwer, hat er doch zu Cornelia nach seiner Rückkehr nach Frankfurt ein inniges Verhältnis entwickelt. Daher hat er auf ihre Heirat auch ein bisschen eifersüchtig reagiert, empfindet den Weggang Cornelias als

Verrat an ihm, dem Bruder, dem sie doch ihre ganze Aufmerksamkeit widmen sollte. Das ist natürlich egoistisch, aber genau aus diesem Grund hat Goethe es abgelehnt, die frisch Vermählte zu ihrem neuen Wohnort Karlsruhe zu begleiten, und bleibt daher lieber in Frankfurt. Selbst ein prinzipiell gutes Verhältnis zwischen Bruder und Schwester kann nicht darüber hinwegtäuschen: Cornelia ist eine Frau und muss sich die patriarchalischen Schulmeistereien des Bruders gefallen lassen. Wie er hat sie dieselbe gute, profunde Bildung erhalten, ist vom Vater und den Lehrern im Unterricht getriezt worden. Auch sie schreibt gerne und interessiert sich für Literatur. Aber er ist es, der studieren durfte und der der gefeierte Dichter wird. Maßgeblich hat Cornelia den Bruder zu seinem Drama *Götz von Berlichingen* gedrängt und ihn unterstützt. Sie, die dem Kreis der Stürmer und Dränger nahesteht, die durch den Bruder in den Darmstädter Kreis der Empfindsamen und der jungen Genies, zu dem auch junge Frauen gehörten, hineingezogen worden war, fügt sich letztlich in ihr Schicksal und heiratet, muss ihren künstlerischen Neigungen abschwören.

Vorbei ist die Zeit, wo sich der Darmstädter Mädchenkreis Fantasienamen zugelegt, im Gefühlskult geschwelgt und einen empfindsamen Lebensstil zelebriert hat. Neben Cornelia, die sich „Sophie" genannt hat, gehörten noch Herders Verlobte Karoline Flachsland alias „Psyche" und ihre Schwester Friederike Hesse sowie die Hofdamen Henriette von Roussillon und Luise Henriette Friederike von Ziegler dazu. Unwiederbringlich ist mit der Heirat eben diese freie Zeit des Träumens und Fantasierens passé. Vorbei auch die Zeit der eigenen literarischen Versuche, des Brieftagebuchs, das Cornelia als Mischung zwischen Roman und Autobiografie geführt hat – ein Briefroman aus weiblicher Perspektive, lange bevor der Bruder seinen schreibt. Nach wie vor gilt die Ehe als das Lebensziel junger Mädchen. Junge Männer dürfen Genies sein und ausbrechen aus gewohnten Bahnen, ihnen steht die Welt offen, doch auf die Mädchen wartet das traute Heim.

Zum Darmstädter Kreis zählt übrigens auch der Adressat von Goethes obigen Gelegenheitsversen, sein zweiunddreißig Jahre alter Freund Johann Heinrich Merck – seit 1771 sind die beiden befreundet. Oft ist Goethe in Darmstadt zu Besuch, nimmt an den Treffen des empfindsamen, weltflüchtigen Freundschaftsbundes teil, dessen Mittelpunkt sein Darmstädter Freund ist. Gemeinsam begeistert man sich für den großen Dichterfürsten Friedrich Gottlieb Klopstock, dessen erste Oden-Sammlung Merck in den *Frankfurter Gelehrten Anzeigen* besprochen hat, deren Redakteur er ist. Auch Merck selbst schreibt empfindsame Gedichte, später wird er das aufgeben – seine Stärke ist das Rezensentenwesen.

Merck ist erst seit wenigen Tagen wieder in der Stadt. Eine lange Russlandreise liegt hinter ihm. Im Mai 1773 war er als Begleiter der Landgräfin Caroline von Hessen-Darmstadt und ihrer drei unverheirateten Töchter nach Sankt Petersburg aufgebrochen. Der Sohn Katharinas der Großen, Großfürst Paul, ist auf Brautschau und soll sich eine der drei Töchter aussuchen. Tatsächlich wird er fündig, und die Landgräfin kehrt mit Merck im Dezember 1773 zurück.

Goethe ist ganz aus dem Häuschen, dass Merck wieder da ist. Während dessen Abwesenheit hat er ab und zu in Mercks Verlag ausgeholfen, den dieser eigens gegründet hatte, um Goethes *Götz* herauszugeben. Natürlich hat Mercks lange Abwesenheit dem Verlag nicht gutgetan. Goethe ist eben kein Verlagshändler, was er auch ganz unumwunden zugibt. Zum Glück kann Merck sich nun um alles kümmern.

Seine Frau Louise, eine Schweizerin, und die Kinder hat der Darmstädter während seiner Russlandreise in Morges bei den Schwiegereltern untergebracht. Gerade hat Merck wieder Post bekommen. Sein Schwiegervater drängt: Merck solle die Familie in der Schweiz dringend abholen. Auch Louise hat im Dezember schon zweimal eindringlich darum gebeten. Schließlich hat sie ihren Mann, den sie „mein lieber Kleiner" nennt, seit acht Monaten nicht gesehen! Jetzt, im Januar 1774, wird Louise immer ungeduldiger: Seit mehreren Posttagen wartet sie auf einen Brief des Liebsten, befürchtet, er vergesse sie über anderweitigen Vergnügungen, macht ihm Vorwürfe. Kurzum: Ein genaues Datum für Mercks Reise in die Schweiz soll definiert werden. Auch Merck würde am liebsten sofort in Louises Arme fliegen, aber man muss in dieser Welt vernünftig sein, und Merck hat noch viele Geschäfte zu erledigen, bevor er sich für eine erneute Reise loseisen kann. Von Vergnügungen kann keine Rede sein!

Ungeheuer viel hat er in diesem Winter zu tun: Er rechnet seine Reisekosten mit der Landgräfin ab, kommt seinen Pflichten bei Hofe nach und kauft ein Haus für 3250 Gulden, ein Schnäppchen, wie Merck findet. Renovieren muss er nun auch noch. Er schafft Möbel an, besucht seine alten Freunde und wird im Januar Kriegsrat – ein neues Amt, in das er sich erst einfinden muss. Denn nun muss er, wie er selbstironisch feststellt, „ordentlich sizen wie andre Leute auf dem Stuhl 4 Stunden lang, u. das sehr ofte". Seine Tage sind ausgefüllt.

Währenddessen schafft Merck es trotzdem, seine Frau schon einmal brieflich mit den letzten Neuigkeiten aus Darmstadt zu versorgen, das sich seiner Meinung nach sehr zu seinem Vorteil verändert hat. Natürlich sind Briefe nur ein schwacher Ersatz. Doch Louise Merck wird sich noch bis zum Frühjahr gedulden müssen, bis sie ihren Mann wiedersieht. Der kann derweil nicht ahnen, dass seine Frau und sein Schwiegervater noch ganz andere Gründe für ihr Drängen haben.

Porträts von Merck zeigen einen großen, schlanken, gut aussehenden Mann mit hoher Stirn, vollen Lippen und einer markanten Nase. Goethe gesteht dem Freund zu, er, Merck, habe auf sein Leben „den größten Einfluss gehabt". Goethe braucht jemanden, der ihn ab und zu aus seinen dichterischen Höhen auf den Boden der Tatsachen zurückbringt. In *Dichtung und Wahrheit*, seiner späteren Autobiografie, setzt er dem Darmstädter Freund ein Denkmal: „Mit Verstand und Geist geboren, hatte er sich sehr schöne Kenntnisse, besonders der neueren Literaturen, erworben und sich in der Welt- und Menschengeschichte nach allen Zeiten und Gegenden umgesehn. Treffend und scharf zu urteilen, war ihm gegeben. Man schätzte ihn als einen wackern entschlossenen Geschäftsmann und fertigen Rechner. Mit Leichtigkeit trat er überall ein, als ein sehr angenehmer Gesellschafter für die, denen er sich durch beißende Züge nicht furchtbar gemacht hatte."

Goethe schildert hier die zwei Seiten, die seinen Freund ausmachen und diesem zugleich das Leben erschweren. Auf der einen Seite ist Merck ein hochgeschätzter Zeitgenosse, vielseitig interessiert, belesen, scharfsichtig und nachdenklich, der sich mit Naturwissenschaft genauso wie mit Kunst beschäftigt. Auf der anderen Seite kann er plötzlich, aus heiterem Himmel, verletzend und kränkend sein, neigt zu Melancholie und Verbitterung. Immer wieder bemächtigt sich seiner der Schalk, und „wie die Schnecke ihre Hörner hervorstreckt" – Goethe wird hier sehr bildlich – wird aus dem ruhigen, vernünftigen Mann dann ein hämischer und tückischer Genosse, der seine Mitmenschen kränkt und verletzt. So kommt es, dass trotz der vielen guten Anlagen und Interessen aus Merck kein glücklicher Mensch wird. Ohne dass Merck es weiß, ziehen auch schon am Horizont des neuen Jahres 1774 düstere Wolken für ihn auf.

Zurück zu Goethe, Mercks Frankfurter Freund, der für die Trennung von der Schwester einen Ausgleich erhält. Maximiliane La Roche, die umschwärmte junge Dame auf dem Eis, hat am 9. Januar den Frankfurter Geschäftsmann Peter Anton Brentano geheiratet. Für Brentano ist es die zweite Ehe, außerdem ist er einundzwanzig Jahre älter als seine erst siebzehn Jahre alte, ihm frisch angetraute Ehefrau. Die wird auf einen Schlag aus ihrer fröhlichen, heiter-unbeschwerten Jugend in Ehrenbreitstein herausgerissen und muss als Stiefmutter von fünf Kindern einem düsteren Handelshaus vorstehen – Konfliktpotenzial also. Doch der Reihe nach: Seit dem 15. Januar ist das Paar Brentano nun in

Frankfurt, begleitet von Maximilianes Mutter. Die ist niemand Geringeres als Sophie La Roche! Seit Langem ist sie Goethes enge mütterliche Freundin und steht in regem Kontakt mit den Darmstädter Empfindsamen. Auch Cornelia Goethe und Goethes Freund Merck sind mit der Salonnière und Schriftstellerin befreundet.

Lassen Sie uns einen kurzen Moment bei dieser ungewöhnlichen Frau verweilen, denn sie ist eine literarische Berühmtheit ihrer Zeit. Als erste Frau hat Sophie La Roche es geschafft, einen Bestseller zu schreiben. Ihr empfindsamer Briefroman *Die Geschichte des Fräuleins von Sternheim* ist vor drei Jahren auf dem Buchmarkt eingeschlagen wie eine Bombe. Damit dringt Sophie La Roche in eine Männerdomäne vor, setzt sich über gesellschaftliche Normen hinweg, die einer Frau eine solche Selbstständigkeit nicht zubilligen, und bringt zudem Frauen zum Lesen, was den Männern keineswegs immer gefällt. Zwar hat sich die überaus gebildete Dame in eine für Frauen vorgezeichnete Ehe gefügt, nachdem sie als Kind ihren Vater vergeblich angebettelt hatte, die Bildung eines Jungen erhalten zu dürfen. (Zu gerne hätte Sophie nämlich Latein gelernt. Das bleibt indes nicht das Einzige, was ihr der Vater abschlägt. Auch ihre große Liebe darf sie nicht heiraten.) Aber ihre Ehe mit dem kurtrierischen Geheimen Rat Georg Michael Anton Frank La Roche ist nicht unglücklich. Nachdem sie brav acht Kinder zur Welt gebracht hat, emanzipiert sich Sophie. Derzeit führt sie einen offenen literarischen Salon in Ehrenbreitstein, wo sie die literarischen Größen der Zeit besuchen. Zwar ist sie erst dreiundvierzig Jahre alt, doch das ist 1774 nicht mehr jung. Ihre bereits weißen Haare bedeckt meist ein weißes Flügelhäubchen, eher hager und schmal wirkt Frau La Roche auf ihre Besucher.

Goethe hat Sophie La Roche 1771 kennengelernt; Merck hatte den Kontakt vermittelt. Seitdem wechselt der junge Frankfurter eifrig Briefe mit ihr. Im Laufe des Jahres wird er sie noch einmal in Ehrenbreitstein besuchen; seine Beziehung zu der Dichterin ist in diesem Jahr auf ihrem Höhepunkt. Und jetzt himmelt er auch noch Sophies älteste Tochter an! Die dunkelhaarige Maximiliane mit den schwarzen Augen ist eine Schönheit. Goethe ist hingerissen, beide Frauen in Frankfurt in seiner Nähe zu wissen, und schwärmt: „Die Max[e] ist noch immer der Engel der mit den simpelsten und werthesten Eigenschaften alle Herzen an sich zieht, und das Gefühl das ich für Sie habe worinn *ihr Mann* nie Ursache zur Eifersucht finden wird, macht nun das Glück meines Lebens." Brentano findet dann aber doch schnell Grund zur Eifersucht, schließlich hat er, wie Merck gleich bemerkt, italienische Wurzeln.

Merck rümpft überhaupt die Nase über diese, wie er findet, seltsame Heirat. Ganz verstehen, warum Sophie La Roche ausgerechnet diesen Ehemann für ihre Tochter ausgesucht hat, kann er nicht. Das ist auch schwer zu verstehen: Eine Bestsellerautorin, eine der ersten Frauen überhaupt, die mit ihrem Schreiben selbstständig Erfolg hat, befürwortet für ihre junge Tochter eine solch konventionelle Ehe. Da geht es selbst der Romanheldin der La Roche besser: Sie darf am Ende nämlich ihre Liebe heiraten. Bei ihren eigenen Töchtern hingegen kennt Sophie La Roche keine Gnade: Ihre zweite Tochter Lulu bekommt einen noch schlimmeren Ehemann, wird sie doch mit einem wahren Eheschreck, einem Alkoholiker noch dazu, verheiratet. Erst die Enkelin Bettina, die Tochter Maximilianes, wird eigene Wege suchen. Aber das ist noch lange hin.

Als Merck von Darmstadt herüberkommt, um die verehrte Dichterin und Goethe zu sehen, findet er es ausgesprochen trist, Maximiliane zwischen Heringstonnen und Käse anzutreffen. So schreibt er es jedenfalls seiner Frau Louise. Goethe gefalle sich in der Rolle des Retters, konstatiert Merck, und unternehme es, „die kleine Brentano über den Öl- und Käsegeruch und die Manieren ihres Eheherrn zu trösten". Natürlich überspitzt Merck hier ein wenig, aber Brentano erscheint ihm einfach nicht als der geeignete Partner für die junge Maximiliane. Der blitzgescheite Merck hat die Situation sofort erfasst: Brentano ist reich, besitzt allerdings „über seinen Stand hinaus sehr wenig Geist". Ein Bekannter der La Roches hat die Ehe nicht ganz uneigennützig vermittelt. Merck fragt sich zu Recht, ob die Mutter „nicht eines Tages vom Gewicht ihrer Reue erdrückt wird", die Tochter in eine so unerquickliche Ehe gedrängt zu haben. Doch seine düsteren Gedanken teilt Merck vorerst nur mit seiner Frau.

Zumindest vordergründig herrscht zunächst noch für kurze Zeit eitel Sonnenschein in Frankfurt: Goethe wird bei den Brentanos laut Merck „l'ami de la maison", musiziert mit Maxe und spielt mit den Kindern. Überhaupt ist der junge Dichter ein Frauentyp – hohe Denkerstirn, hellbraune tiefgründige Augen, eine gerade lange Nase, braune Haare, smarte Ausstrahlung und überschäumend vor Esprit – so zeigen ihn die Porträts seiner Jugendzeit. Er gefällt – auch weil er für einen Spaß immer zu haben ist. Mit Goethe wird es nie langweilig!

Neben seinen Besuchen im Brentano'schen Haus, seinen Tagen auf dem Eis, den Geselligkeiten und seinen Dichtungen ist Goethe gut beschäftigt und langweilt sich keineswegs. Als Rechtsanwalt muss er seine Brötchen verdienen und immer wieder Eingaben schreiben, sich mit Heu-Lieferungen beschäftigen: So erringt er im ersten Monat des Jahres einen Sieg für das Dorf Nieder-Erlenbach, indem er den Beweis erbringt, dass Nieder-Erlenbach nie verpflichtet war, den Dörchelweilern Heu nach Frankfurt zu liefern. Auch eine Klage um verkaufte Wechsel führt er und mahnt Termine an. Wir dürfen getrost annehmen, dass den ungestümen Jungspund solche Brotarbeit eher langweilt. Mit seiner literarischen Leidenschaft hat sie nichts zu tun.

Die zeigt sich deutlich in Goethes neuem Liebesgedicht *Ein Veilchen auf der Wiese stand*, das er gerade niedergeschrieben hat: Ein Veilchen träumt sich an den Busen einer jungen Schäferin und wünscht sich, von ihr gepflückt zu werden. Doch letztlich wird das unscheinbare Blümchen von der schönen Frau gar nicht beachtet und zertreten. Noch im Sterben freut es sich aber, dass es durch die Füße der jungen Schäferin zu Tode kommt. Unverhohlen deutet das Gedicht Begehren und sexuelle Wünsche an, die im Symbol des Gebrochenwerdens zum Ausdruck kommen. Mit seinen emotionalen Ausrufen und den unverblümten sexuellen Anspielungen enthüllt der Text seinen Autor als jungen Stürmer und Dränger.

Neben solchen gelegentlichen Dichtungen ist Goethe wieder mit seinem *Götz* beschäftigt: Der „alte Reutersmann", wie er ihn lapidar nennt, lässt ihn einfach nicht los. Goethe meckert in einem Brief am 8. Januar bei Heinrich Christian Boie, dass er ihm dreihundert Exemplare des Dramas nach Göttingen geschickt habe, von denen er wisse, dass sie verkauft worden seien. Was hat Boie mit Goethes *Götz* zu schaffen? Nun, Goethe und Merck haben das Ritterdrama ja selbst in Mercks neu gegründetem Verlag herausgegeben. Davon war schon die Rede. Daher müssen sie auch selbst den Vertrieb übernehmen. Sie haben die Idee, dies über ihre Freunde und Bekannten zu organisieren. Und Boie mit seinen vielfältigen Kontakten in der Literaturszene ist dabei für sie ganz besonders wichtig. Also haben sie ihm dreihundert Exemplare geschickt, die er für sie vertrieben hat.

Aber Goethe hat noch kein Bargeld gesehen und möchte die Angelegenheit nun geklärt wissen. Wenigstens Papier will er als Gegenwert geliefert haben. Nicht, dass Goethe sich das Papier zum Schreiben nicht leisten könnte, schließlich stammt er aus begütertem Elternhaus, doch ihm geht es ums Prinzip. Als noch im Januar die zweite Auflage seines Dramas erscheint, ist sie nach dem Willen des Autors, der die Neuauflage selbst durchgesehen hat, ganz unverändert. Es ist und bleibt, so konstatiert er, sein „Probstück und soll bleiben wie's ist". Dass Goethe bei so viel Arbeit und Vergnügen nicht immer zum Dichten kommt, ist verständlich. Entsprechend informiert er Boie, dass er noch nichts für dessen „Sammlung" habe außer ein paar Sinngedichten eines Freundes. Boies Sammlung? Und wer genau ist eigentlich Boie?

Heinrich Christian Boie stammt aus Meldorf, ist im Moment aber in Göttingen zu Hause, wenn er sich nicht gerade auf Reisen befindet. Obwohl er selbst gar nicht so viel schreibt, ist Boie eine wichtige Figur in der Literaturszene des Jahres 1774 mit vielen Kontakten zu der neuen Schreibergeneration: Der Neunundzwanzigjährige liebt die Literatur, aber weil man von dieser Liebe nicht leben kann, hat er zunächst halbherzig Theologie studiert und dann zur Juristik gewechselt. Boie ist ein Mann mit weichen sanften Gesichtszügen, klein, nicht ganz schlank, manche sagen dick, auf jeden Fall immer mit Gewichtsproblemen. Er hat runde volle Wangen, eine hohe Stirn, mandelförmige große dunkle Augen und einen sinnlichen Mund. Über Witz verfügt er und hat ein einnehmendes Wesen. Herder ist ein enger Freund von ihm.

In Göttingen, der Stadt der Universität, der Georgia Augusta, die viele bekannte Juristen hervorbringt, verdient Boie seine Brötchen als Hofmeister, ein Job, der ihm immer wieder viel Unbill einbringt. Meist sind es junge Briten, die zum Studium nach Göttingen kommen und um die sich Boie kümmern muss. Das liegt daran, dass das Königreich Hannover gerade in Personalunion vom englischen König regiert wird. Die Gründung der Universität vor fast vierzig Jahren hat für einen enormen Aufschwung in der Stadt am Leinegraben gesorgt, die Wissenschaft ist hier zu Hause. Kein Zufall also, dass Boie vorerst bleibt und seit 1769 den *Göttinger Musenalmanach* herausgibt, besagte „Sammlung".

Musenalmanache werden gerade beliebt und werden es fast hundert Jahre lang bleiben. Boies Almanach auf das kommende Jahr erscheint immer am Jahresende, sodass Ende 1769 der erste *Musenalmanach* auf das Jahr 1770 herauskommt. Neben einem Kalendarium zu Beginn gibt es stets eine Zusammenschau zeitgenössischer Lyrik, vermischt mit Notenbeilagen und Abbildungen. Boie selbst reimt zwar auch, weiß aber um sein mangelndes Talent. Dafür ist er ein guter Kritiker, steht in Kontakt mit den literarischen Größen seiner Zeit und zieht immer mehr Talente an sich. So entsteht im Laufe des Jahres 1772 eine feste Gruppe, der Göttinger Hainbund, ein Freundschaftsbund, dessen Mentor Boie ist. Junge Männer, zumeist Studenten, gehören dazu und frönen hier ihren literarischen Interessen. Frauen sind nicht dabei.

Am 12. September 1772 haben sie sehr spontan beschlossen, ihrem Bund eine feste Form zu geben. Die Jünglinge waren außerhalb der Stadt in der Natur unterwegs, genauer gesagt, in einem Eichenwäldchen, über dem gerade der Vollmond stand. Sie reichten einander pathetisch die Hände und schworen sich mit Mond und Sternen als Zeugen ewige Freundschaft. Gott, Vaterland, Tugend und Freundschaft sind seither ihre Maximen – darunter tun sie es nicht.

Um die Jahreswende 1773/74 gehören zum Göttinger Hainbund Heinrich Christian Boie, Johann Heinrich Voß, Johann Friedrich Hahn, Ludwig Christoph Heinrich Hölty, Johann Martin Miller, Gottlob Dietrich Miller und Karl Friedrich Cramer. Es sind sehr unterschiedliche Charaktere, die sich hier zusammenfinden. Eigentlich gehören auch noch die Brüder Stolberg, Christian Graf zu Stolberg und Friedrich Leopold Graf zu Stolberg, dazu. Allerdings haben sie Göttingen im Vorjahr bereits wieder Richtung Kopenhagen verlassen, bleiben dem Bund aber eng verbunden und liefern auch für den Almanach Boies nach wie vor literarische Erzeugnisse. Auf jeden Fall zeigt ihre Mitgliedschaft die sehr demokratische Durchmischung des Bundes, der Mitglieder aller Stände aufweist und strikt nach Talent und eben nicht nach gesellschaftlicher Stellung urteilt. Adlige und Bürgerliche, selbst Bürgerliche aus sehr einfachen Verhältnissen, diskutieren im Hainbund gleichberechtigt über Literatur – ein erster Schritt zur Freiheit.

Die wöchentlichen Zusammenkünfte des Bundes in Göttingen folgen einem festen und strengen Ritus: Samstagnachmittags trifft man sich bei Pfeife und Wein – natürlich muss es Wein vom Rhein sein, dem vaterländischsten aller Flüsse – und zelebriert die Sitzung: Eichenzweige schmücken den Tisch, auf dem das Bundesbuch liegt. Eine Atmosphäre voll Nationalpathos also. Die Eiche hat nach Klopstock eine besondere symbolische Bedeutung, da sie – so meint er – „den deutschen Charakter vorzüglich gut abbildet" und schon seit Vorzeiten „ein geheiligter Baum" sei. Dem müssen die Hainbündler natürlich Rechnung tragen.

Jede Sitzung wird damit eröffnet, dass eine Ode oder ein Gedicht von Klopstock oder Karl Wilhelm Ramler vorgetragen wird. Diese beiden Dichter sind die großen Ideale des Bundes. Der Vortrag des Gedichtes wie auch das Gedicht selbst werden anschließend beurteilt. Dann kommen die Dichtungen der Mitglieder aus der letzten Woche an die Reihe. Auch sie werden ausführlich geprüft, kritisiert und verbessert, erst mündlich, danach schriftlich. Letzteres ist die Aufgabe des Protokollanten. Der Inhalt jeder Sitzung wird in einem Bundesjournal festgehalten. Wenn ein Gedicht als würdig empfunden wird, wird es in das Bundesbuch eingetragen. Ein zum Kritiker Ernannter muss eine Woche später noch einmal eine ausführliche Kritik vortragen.

Das Motto des Bundes lautet: „Der Bund ist ewig." Die jungen Männer nehmen ihren Schwur und ihren Bund sehr ernst; ungemein emotional und pathetisch leben sie ihr Anliegen. Ehrlichkeit untereinander ist Pflicht. Per Los wird Johann Heinrich Voß zum Ältesten bestimmt, Boie erhält den Ehrenvorsitz, man gibt sich Bardennamen. Barden, also singende Dichter aus der keltischen Mythologie, sind nämlich gerade sehr angesagt. Volkssprache im Gegensatz zur Gelehrtensprache steht hoch im Kurs.

Vor allem ein Barde hat es den Stürmern und Drängern angetan: Ossian. Gerade hat der Schotte James Macpherson die Übersetzung eines alten gälischen Epos veröffentlicht, das der aus dem 3. Jahrhundert stammende Barde Ossian verfasst haben soll. Ossian wird das Vorbild der jungen Dichter. Ihm eifern sie nach; nordische Regellosigkeit der Dichtung wird gegen südliche antike Regelhaftigkeit beschworen. Erst hundert Jahre später wird man herausfinden, dass das Ossian-Epos eine Fälschung ist, denn Macpherson hat es selbst verfasst. Gemunkelt hatte man schon länger darüber, doch als 1895 die Fälschung endgültig feststeht, sind die meisten der wilden Kerls bereits tot. Aber das ist weit vorgegriffen.

Vereint sind die jungen Hainbündler neben ihrer Ossian-Vereh-
rung derzeit in ihrer Ablehnung gegen die Dichter und Gelehrten
Wieland und Voltaire, denen ihrer Meinung nach das echte tiefe
Gefühl fehlt und die daher zu kalt und aufklärerisch-vernünftig
schreiben und denken.

Als Goethe im Januar seinen Beschwerdebrief an Boie schickt, ist
dieser allerdings gar nicht in Göttingen, sondern bereits seit
Dezember auf Reisen nach Flensburg und Hamburg. Er besucht
den feurig verehrten Klopstock, von dem er seinen Hainbündlern
ein Buch und einen Brief mitbringt, der alle in einen wahren Tau-
mel versetzt: Klopstock schreibt, dass er tatsächlich Mitglied des
Göttinger Hainbundes werden möchte. Heinrich Wilhelm von
Gerstenberg, ebenfalls Dichter und Wegbereiter des Sturm und
Drang, sowie den Diplomaten Schönborn und Goethe will er eben-
falls zum Eintritt einladen. Das ist zu schön, um wahr zu sein!
Aber leider – es wird nichts daraus werden. Trotzdem: Friedrich
Gottlieb Klopstock ist ihr Leitstern.

Er ist bereits ein gefeierter Dichter, berühmt durch seine
Gesänge des *Messias* und seine Oden. In diesem Jahr erscheint ein
neues Werk von Klopstock: *Die deutsche Gelehrtenrepublik*, die
Utopie eines idealen Staates, einer Republik, die aus Aldermän-
nern, Zünften, Volk und Pöbel besteht. Die Aldermänner, eine
männliche Elite, regieren den Staat. Der Pöbel, dem Klopstock
grundsätzlich misstraut, hat keine Stimme. Freiheit hat eben auch
ihre Grenzen. Menschen werden unterschieden in Knechte, Freye
und Edle. Knechte sind Nachahmer und ohne eigene Meinung,
Freye sind selbstdenkend, und Entdecker und Erfinder gelten als
Edle. Bildung und Freiheit lauten die großen Schlagworte dieser
Republik. – Sie finden, das ist ein kompliziertes System? Viele
Erstleser finden das auch und sind enttäuscht. Aber der Name
„Klopstock" zieht, und so haben etliche Fans vorbestellt: Auch
Goethe und Boie haben bereits Exemplare der Utopie angefordert,

insgesamt gibt es dreitausendsechshundert Subskribenten – Klopstock ist auf der Höhe seines Ruhms. Daher verwundert es nicht, dass die Hainbrüder ihren Namen und ihr Motto aus Klopstocks Ode *Der Hügel und der Hain* entlehnt haben. Boie wählt als Bardennamen „Werdomar", eine Figur aus Klopstocks *Bardieten*. Hölty entscheidet sich für den Namen „Haining", den Namen eines Barden aus einer Klopstock-Ode. Aber, wie gesagt, nicht alle Leser des neuen Klopstock-Werkes sind so begeistert wie die Jünglinge des Göttinger Hains.

Boie, der für Göttingen dreihundertzweiundvierzig Vorbestellungen entgegengenommen hat, sieht sich bald von Zorn und Spott enttäuschter Leser verfolgt. Das hindert die Hainbrüder aber nicht an ihrer Verehrung: Klopstock geht auf sie ein und setzt ihnen in seiner *Gelehrtenrepublik* sogar ein Denkmal, als er am Ende „zwölf edle und vaterländische Jünglinge" auftreten lässt, die besonders mutig daherkommen. Die Jungs erkennen sich darin wieder und sind selig. Sie schmieden Pläne für die Zukunft: Zwölf Jünglinge sollen folglich den inneren Bund bilden. Scheidet einer aus, wählen die elf Verbliebenen seinen Nachfolger. Auch an den Tod denkt man schon: Jeder soll einen sogenannten „Sohn" als Nachfolger bestimmen, der seinen Platz nach seinem Tode einnimmt. Doch das ist ein bisschen weit vorausgedacht. Schon am Ende des Jahres ist der Hainbund weitgehend Geschichte, und da leben seine Mitglieder alle noch.

Goethe hat die Jungs über Boie und Friedrich Wilhelm Gotter kennengelernt, mit dem Boie anfangs den *Göttinger Musenalmanach* herausgibt. Schon für den *Musenalmanach* 1774 schreibt Goethe unter dem Pseudonym „von Falck". Daher ist es selbstverständlich, dass Boie für das kommende Jahr wieder beim Frankfurter Dichter anfragt. Zudem hat Goethes *Götz* die Hainbündler begeistert: Sie verehren ihn, und Goethe mag sie ebenfalls.

Boie ist neben Goethe auch mit Merck und Herder sowie dessen Frau Karoline Flachsland bekannt, die wiederum enge Freunde von Goethe sind. So kommt man immer wieder in Kontakt miteinander. In der Verehrung Klopstocks ist man sich einig. Allerdings ist Goethe weit davon entfernt, in das bündische Treiben mit all seinen skurrilen Riten einzusteigen, so sehr die Göttinger Jünglinge dies auch wünschen. Aber Beiträge für den *Musenalmanach* – das geht für Goethe immer.

In Straßburg sitzt derweil Jakob Michael Reinhold Lenz. Die wenigen Porträts, die es von ihm gibt, zeigen einen schmächtigen jungen Mann, keine Schönheit, klein von Gestalt, blaue Augen, blonde Haare. Eher ein nordischer Typ, wie Goethe meint. Sanft, zurückhaltend und etwas schüchtern wirkt Lenz nach außen, aber das täuscht. Seine neuen Werke, die in diesem Jahr erscheinen, zeugen eher vom Gegenteil. Wild und aufbrausend geht es hier zu. Lenz ist vor dem autoritären und erfolgreichen Theologen-Vater geflohen, aus Livland nach Straßburg. Schreiben will er und nichts als schreiben. In die Stadt, die schon früh zum geistigen Mittelpunkt für die jungen Stürmer und Dränger wird, ist er 1771 als Begleiter zweier junger Adliger, der Barone von Kleist, gekommen.

In Straßburg, der Stadt mit südlichem Flair inmitten der elsässischen Landschaft, pulsiert das Leben. In der „Königlich freien Stadt", die formal nicht zu Frankreich gehört und die enge Verbindungen zum Deutschen Reich pflegt, leben gut zehntausend Soldaten. Somit ist Straßburg die größte französische Festung. Neben den Studenten, die an den beiden Universitäten studieren, prägt das Militär die 43.000-Einwohnerstadt. Reger Handel wird getrieben: Tabak, Wein, Öl und Papier sind begehrte Handelsobjekte auf den Märkten.

In Straßburg trifft Lenz Gleichgesinnte, lernt Herder kennen, freundet sich mit Goethe an – mit dem er im nächsten Jahr das imposante Münster *Unserer Lieben Frau* besteigen wird – und findet Zugang zu dem innovativen Kreis um Johann Daniel Salzmann. Dieser Kreis wird ungeheuer wichtig für Lenz. Goethe hat den Kontakt vermittelt. In der Knoblochgasse trifft sich eine Tischgesellschaft von circa zwanzig kulturell Interessierten seit mittlerweile drei Jahren zum Mittagessen: zumeist Studenten, deren „Tischpräsident" – wie Goethe sich erinnert – der achtundvierzigjährige Salzmann ist. Lenz ist hier genau richtig, lernt über die Tischgesellschaft den frommen, pietistisch angehauchten späteren Arzt Johann Heinrich Jung-Stilling und den Autor Heinrich Leopold Wagner kennen. Beide werden uns im Laufe des Jahres noch begegnen.

Es ist eine bunt gemischte Gesellschaft, in der Toleranz gelebt wird. Über Salzmann findet Lenz auch Zugang zur Société de Philosophie et de Belles-Lettres. Der Name sagt es schon: Hier verschreibt man sich der Philosophie und den schönen Künsten. Referate und Vorträge werden gehalten, auch Lenz steuert einiges bei. Im vergangenen Jahr hat man ihn in Abwesenheit sogar zum Ehrenmitglied ernannt. Salzmann wird zunehmend Lenz' Mentor und auch sein Erstleser.

Die Kontakte zur Société sind für Lenz ein Kontrastprogramm zu seinem harten Alltag, nicht zu vergleichen mit dem des Sonnyboys und Studenten Goethe, der ja mittlerweile Straßburg den Rücken gekehrt hat: Die beiden Kleists sehen den armen Lenz als ihren Bediensteten an. Er ist für die Pflege ihrer Uniformen zuständig, muss sich um ihre Wäsche und um ihr Essen kümmern. Er schläft mit ihnen in einem Zimmer. Schreiben kann er nur in den Zeiten, in denen sie Dienst tun und er alleine ist. Es ist ein aufreibendes Leben, aber 1774 wird ein wichtiges und überaus produktives Jahr für Lenz werden.

Blicken wir nach Saarbrücken, die kleine Residenzstadt des letzten Fürsten von Nassau-Saarbrücken: Dorthin hat es den Straßburger Heinrich Leopold Wagner, den wir eben noch als Mitglied von Salzmanns Tischgesellschaft gesehen haben, im vergangenen Jahr gezogen. Seine Heimatstadt Straßburg hat Wagner nie gemocht – zu viel Zensur. Wie Lenz ist auch er finanziell nicht gut gestellt und hat daher die Stelle eines Erziehers angenommen. Nun kümmert er sich in Saarbrücken um die Söhne des Präsidenten Hieronymus Max von Günderode und bald auch noch um vieles mehr.

Seine Dichtungen veröffentlicht der hagere Dichter im *Saarbrücker Wochenblatt* und begeistert sich für Wieland. Wie Goethe und Lenz ist auch er ein „Strebender" und zugleich Suchender. So charakterisiert ihn jedenfalls Goethe, der Wagner gegenüber noch positiv gestimmt ist. Das wird sich allerdings bald ändern.

Dem Landesherrn Ludwig von Nassau-Saarbrücken widmet Wagner zu Neujahr 1774 die Romanze *Phaeton*; es ist üblich, sich mit der Herrschaft als Künstler gut zu stellen, um von ihr zu profitieren. Doch Ludwig hat nicht viel zu verschenken, er ist zu eisernem Sparen gezwungen. Großzügig geht er nur mit den Frauen um, hat derer gleich drei: seine offizielle Gattin Wilhelmine von Schwarzburg-Rudolstadt, mit der er unglücklich verheiratet ist und einen Sohn hat; seine Mätresse Friederike Amalie Freifrau von Dorsberg, mit der er ebenfalls zwei Kinder hat; und noch in diesem Jahr wird Ludwig eine morganatische, d.h. eine nicht-standesgemäße Ehe mit Katharina Kest eingehen, aus der sechs Kinder hervorgehen werden. Ludwig, zwar insgesamt ein aufgeklärter Herrscher, hat schon zu diesem Zeitpunkt kein gutes Verhältnis zu Wagners Dienstherrn Günderode, und sehr bald wird dieses Missfallen auf Wagner abfärben.

Bückeburg, fünfzig Kilometer westlich von Hannover gelegen, ist ein Nest, ein „Kanaan zwischen Stein u. Felsen, abgesondert von der ganzen Welt u. also auch vom guten Geschmack". So hart sieht es Johann Gottfried Herder, der Theologe und Gelehrte im Kreis der Stürmer und Dränger. Von Darmstadt aus, wo er ebenso wie seine Frau Karoline zu Mercks Freundschaftsbund gehörte, ist er hierhergekommen. Seit drei Jahren hat er die Stelle des Hauptpredigers nun schon inne. Karoline hat es im vergangenen Jahr nach langem Zieren Herders endlich geschafft, von ihm geheiratet zu werden. Gerade neulich ist sie ihm nach Bückeburg gefolgt. Eine Liebesheirat, was 1774 noch eher eine Seltenheit ist: Die Ehe entwickelt sich überaus positiv, Karoline ist für Herder ein Sonnenschein im grauen Bückeburger Alltag.

Die Stadt Bückeburg ist die Residenzstadt der Grafen zu Schaumburg-Lippe, und die Hofpredigerstelle ist das höchste Amt, das es in dem kleinen Ländchen gibt. Gleichzeitig ist Herder damit für die Schulen des Landes zuständig. Das kommt dem an Pädagogik interessierten Mann durchaus entgegen, macht er sich im Januar 1774 doch bereits Gedanken darüber, welche Lesemethode an den Schulen die richtige sei. Letztlich hat Herder die Stelle jedoch angenommen, da sie ihm ökonomisch die Heirat mit Karoline erlaubt hat. Zumindest glaubt er das zunächst. Glücklich ist er hier nicht.

Aber der Reihe nach: Blicken wir zunächst auf diesen ungewöhnlichen Mann in den Reihen der jungen Wilden. 1771 hat Herder den jungen Goethe in Straßburg kennengelernt, nachdem er als Reisebegleiter des Grafen von Eutin in die Stadt gekommen war. Damit beginnt eine spannungsreiche Beziehung zweier Antipoden, die bis zum Tod Herders andauert und zwischen Anziehung und Ablehnung hin- und herschwankt.

Ursprünglich stammt Herder aus dem Norden: In Mohrungen in Ostpreußen wird er 1744 geboren. Aber schon mit nur sechzehn Jahren verlässt er Heimatstadt und Eltern, um in Königsberg zu studieren. Und das Unglaubliche: Er bricht auf und wird nie wieder zurückkehren, seine Eltern nie wiedersehen. So ist das damals. In Königsberg will Herder Medizin studieren, aber gleich beim ersten Mal, als er zuschauen muss, wie eine Leiche seziert wird, fällt er in Ohnmacht. Also wechselt er zur Theologie und hört Vorlesungen bei dem großen Aufklärungsphilosophen Immanuel

Kant. Danach wird er Hilfslehrer und Prediger in Riga. Aber schon hier zeigt sich eine für Herder so typische Eigenschaft: Er ist nie zufrieden. Außerdem gibt es Gerede wegen einer Frau. Kurzerhand beschließt er, auf Reisen zu gehen, und landet unter anderem in Straßburg, wo er Goethe kennenlernt, und in Darmstadt, wo er Karoline trifft. Herder wird in den Darmstädter Kreis der Empfindsamen um Merck hineingezogen, begegnet hier auch Cornelia Goethe, die den jungen Theologen sehr mag. Eine durchaus erfolgreiche Reise also mit vielen neuen Bekanntschaften. Die gegenwärtige Station aber ist weniger anregend. Bückeburg wird in diesem Jahr noch mächtig an Herders Nerven zerren.

Gucken wir uns Herder etwas genauer an: Sehr korrekt wirkt er, das gepuderte Haar seitlich jeweils akribisch zu einer runden Locke aufgesteckt; ein rundlich-ovales Gesicht und eine hohe Stirn hat er, außerdem „einen etwas aufgeworfenen, aber höchst individuell angenehmen, liebenswürdigen Mund" und schwarze Augen – so schildert ihn uns Goethe, und so zeigen ihn auch die Porträts. Zugleich stellt Goethe „etwas Weiches in seinem Betragen, das sehr schicklich und anständig war", fest.

Früh bemerkt Goethe zwei gänzlich unterschiedliche Seiten an dem fünf Jahre Älteren: Einerseits kann Herder galant, gefällig, „allerliebst einnehmend und geistreich" sein; andererseits gibt es auch den verdrießlichen, missmutigen Herder, der sich mit scharfem Humor und bissiger Polemik schnell Feinde machen kann. Goethe führt die zwiespältige Persönlichkeit Herders auf dessen Augenleiden zurück: Herder leidet an einer Tränenfistel, die zur Folge hat, dass die Tränenflüssigkeit nicht richtig abfließen kann und immer wieder Entzündungen entstehen. 1770 hat er es gewagt, sein Augenleiden in Straßburg operieren zu lassen, doch die Operation ist misslungen. Überhaupt ist Herder zeitlebens ein kränklicher Mann, der selten oder nie wirklich in sich ruht. Das hat Goethe schon richtig erkannt. Zweifellos ist Herder ein großer Denker und Gelehrter, für seinen Biografen Michael Maurer ist er sogar „einer der größten Denker und bedeutendsten Menschen, die je in Deutschland gelebt haben". Das macht ihn für Goethe wiederum anziehend.

Das Jahr 1774 gestaltet sich für Herder eher unerfreulich, daher kehrt es den unzufriedenen und bärbeißigen Herder hervor. Da ist der Ärger mit dem Druck seiner neuesten Werke. Der Buchdrucker Ife aus Weißenfels erweist sich als unzuverlässig. Er rührt sich nämlich nicht, und seine Arbeiten sind voll Druckfehler. Neuen Zank gibt es auch schon wieder in Gestalt des Berliner Aufklärungstheologen Johann Joachim Spalding. Der hat 1772 die Schrift *Ueber die Nutzbarkeit des Predigtamtes und deren Beförderung* veröffentlicht, die Herder zunehmend ärgert. Schon Ende des vergangenen Jahres und nach Erscheinen der zweiten Auflage von Spaldings Werk kocht sein Verdruss über den Berliner hoch, und er vermeldet dem gemeinsamen Theologenfreund Lavater: „Ihr Spalding ärgert mich von Tag zu Tag mehr." Herder entscheidet sich, selbst eine Schrift, die als Entgegnung gedacht ist, in Druck zu geben: *An Prediger. Funfzehn Provinzialblätter.* Von ihr wird noch zu reden sein, denn ihr Erscheinen sorgt im Sommer für einen für alle Seiten unglücklichen Briefwechsel zwischen Herder und Spalding. Zu allem Überdruss kommen auch noch die Bückeburger Amtsgeschäfte, die Herder ernüchtern und langweilen. Von den Geldsorgen gar nicht zu reden … Und dann hat auch noch die enge Freundschaft zwischen Merck und Herder 1773 einen bösen Riss bekommen – seitdem löst sich der Darmstädter Kreis langsam auf. Herder lässt kein gutes Wort mehr an dem einstigen Freund, der ihn 1774 immer mal wieder beschäftigen wird.

Einen Riss gibt es auch in den Beziehungen Goethes zu den Brentanos: Bereits Ende Januar ist es nämlich mit der Geduld Peter Anton Brentanos zu Ende, und seine Eifersucht meldet sich. Goethe, der sich selbst für unschuldig an der Zwietracht hält, es mit seinen Besuchen bei Maximiliane wohl aber etwas übertrieben hat, meidet das Haus Brentano fortan. Sophie La Roche versucht,

noch zu vermitteln, doch Goethe dramatisiert, er habe in „schröck-
lichen Augenblicken für alle Zukunft gelitten". Die Schwelle des
Brentano'schen Hauses will er nie wieder betreten.

Sophie La Roche indes bleibt Goethes verehrte Vertraute. Ende
des Monats bekommt sie noch ein Exemplar aus der *Götz*-Neu-
auflage, bevor sie Frankfurt verlässt und nach Ehrenbreitstein
zurückkehrt.

Dunkle Wolken und sonstige Wetterkapriolen

Die Rödelheimer Wiesen an der Nidda sind zunächst über-schwemmt und dann zugefroren – ideale Schlittschuhbedingun-gen für Goethe. Schon schwebt er wieder über das Eis.

Doch mit Beginn des Monats kündigt sich eine deutliche Ver-änderung bei dem Frankfurter Dichter an, die seine Freunde bald zu spüren bekommen. Nach der Abreise Sophie La Roches hat Goethe beschlossen sich zurückzuziehen. Ein neuer Roman schwebt ihm vor, in dem er bald ganz aufgehen wird. Er verbietet sich die Besuche seiner Freunde und isoliert sich. Sein Freund Merck beginnt, sich Gedanken zu machen: Er findet, der Erfolg des *Götz* habe Goethe den Kopf verdreht. Dies habe zur Konse-quenz, dass er nur noch für seine Dichtungen lebe und darüber seine Freunde vernachlässige. Das ist typisch Merck, die Dinge so direkt auf den Punkt zu bringen. Und Goethe braucht jemanden wie Merck, der ihn immer wieder aus seinen dichterischen Sphä-ren zurück auf den Boden der Tatsachen holt!

Merck hat keine Zweifel, dass der neue Roman Goethes, der zu Ostern erscheinen soll, ebenfalls erfolgreich werden wird. Damit hat er recht: Der *Werther*, den Goethe einen Tag nach der Abreise der La Roche begonnen hat, wird den Frankfurter welt-berühmt machen. Spitz bemerkt Merck aber auch, dass der Freund „Madame Brentano" tröste, die zwischen Öl- und Käselagern und dem Benehmen ihres Ehemanns unglücklich werde. Damit ist er freilich nicht ganz auf dem Laufenden: Merck weiß nicht, dass Goethe das Haus Brentano neuerdings meidet. Noch hat Merck gut spotten über die Ehe von anderen, bald wird seine eigene Beziehung in den Fokus des Gesellschaftsklatsches rücken.

Mercks Ehefrau Louise schmollt währenddessen. Immer noch macht ihr Mann keine Anstalten, sie in der Schweiz abzuholen, und „die Wolke von Mißmut", die Merck, obwohl Hunderte Kilometer entfernt, in ihren Briefen erkennen kann, ist unübersehbar. Merck spürt, „daß unsere Köpfe sich in dem Maße aneinander zu reiben beginnen, in dem wir einander näher rücken", und versucht zu beschwichtigen. Ausführlich berichtet er von dem neu gekauften Haus, das sogar einen gepflegten Garten mit Trauben und Spalierobst hat und ihnen Mieteinnahmen bescheren wird. Merck steht deutlich unter Druck, dabei geht es Louise in der Schweiz bei ihrer Familie nicht schlecht: Sie erzählt von einem „Leben voller Zerstreuungen", das sie und die Kinder hier wider Willen führen. Die tatsächlichen Gründe, warum sie so schnell abgeholt werden will, verschweigt sie aber.

In Bückeburg ziehen indes immer dunklere Wolken am Horizont auf, auch wenn die Herders es nicht direkt zugeben wollen: Sie haben finanzielle Probleme. Das Gehalt des Hauptpastors in Bückeburg fließt nur schleppend. Immer wieder muss Herder schreiben und darauf hinweisen, dass das zugesagte Gehalt immer noch nicht eingetroffen ist. Es ist Februar, und trotzdem fehlen große Teile des Einkommens vom letzten Jahr. Nicht ohne Ironie moniert Herder daher bei dem Bückeburger Kammerrat Spring, dass er wünschen würde, er könnte die Zwecke, wozu er sein Gehalt ausgeben müsse, genauso lange aufschieben. Nun lassen sich die täglichen Ausgaben für Essen, Kleidung und sonstigen Lebensunterhalt aber nicht hinausschieben, bis der Graf zu Schaumburg-Lippe gewillt ist zu zahlen. Für den stolzen Herder muss es hart sein, dass er um das ihm Zustehende kriecherisch bitten muss. „Ich weiß, in wie vielen Geschäften Euer Wohlgebohrnen sind, daß ich mich fast schäme, Sie mit einem Scheine des Meinigen zu beschweren." So untertänig und demütig leitet er das Erinnerungsschreiben ein, mit dem er abermals um das ausstehende Gehalt bittet. Das ist eigentlich nicht Herders Art und muss ihm übel aufstoßen.

„Euer Wohlgebohrnen" sind seit einem Jahr also so beschäftigt, dass dem höchsten Amtsträger nicht das Salär ausgezahlt werden kann? Und der schämt sich angeblich, seinen Herrn daran erinnern zu müssen? Hier zeigt sich noch alte adlige Arroganz, obwohl Friedrich Ernst Wilhelm Graf zu Schaumburg-Lippe viel in Europa herumgekommen ist, fünf Sprachen spricht und enge Kontakte zur Aufklärung unterhält. Mit Voltaire ist er persönlich bekannt. Doch die Theorie ist das eine und die Praxis das andere.

Selbst seinem engen Rigaer Freund Hartknoch gegenüber will der leicht verletzliche Herder seine finanziellen Probleme nicht eingestehen. Er gibt daher vor, dass es ihm in Bückeburg so gut gehe, dass er Berufungsangebote in andere Städte nicht nötig habe. Selbstsicher schreibt er, „daß ich den Hofprediger in Darmstadt u. dem Diakon in Riga was scheiße". Das sind Stellen, über die gemunkelt wird, Herder könnte sie bekommen. Der Realität entspricht Herders Beteuerung aber nicht, was auch Hartknoch weiß. Schon im Sommer wird Herder die finanzielle Unterstützung des Freundes annehmen. Doch vorerst will Herder seinem neuen Feind Merck gegenüber keinesfalls das Gesicht verlieren, zumal er glaubt, dass dieser schlecht über seine Bückeburger Stellung spreche.

Trotzdem ist er selbst nicht von dieser Stellung überzeugt und streckt seine Fühler nach Göttingen aus. Zu gerne würde Herder Professor an der Theologischen Fakultät werden. Keine zeitraubenden Amtsgeschäfte mehr, dafür forschen und schreiben können – darauf hofft er. Die Unterstützung seines Freundes Christian Gottlob Heyne, der schon Professor der Beredsamkeit und Dichtkunst in Göttingen ist, hat Herder auf jeden Fall. Aber eine Reise zur Vorstellung nach Göttingen gerät zum Desaster, denn Herder hat Gegner in Göttingen, die seine Berufung hintertreiben. Sie trachten danach, Herder zu diskreditieren, indem sie seinen äußeren Auftritt, seinen Kleidungsstil monieren. Herder erfährt davon und versucht, sich gegenüber Heyne zu rechtfertigen: Seine Kleidung in Göttingen sei die gewesen, „wie ich hier gewöhnlich vor Bauern gehe; denn andere konnt' ich mir doch nicht machen lassen, und habe auch von anderer noch keinen Begriff". Den Stress mit Statussymbolen gab es also bereits 1774! Und für neue Kleider zum Vorstellungsgespräch hat Herder angesichts seiner finanziellen Misere nun wirklich kein Geld. Recht hat er: Einen besseren Theologen oder besser gesagt, den Theologen, den die Göttinger sich wünschen, würden die neuen Kleider nicht aus ihm machen.

Herder indes steht darüber und betont selbstbewusst, dass er sich weigert, seine „Einfalt, Würde, Anstand" in „viereckte Schuh" packen zu lassen. Professorenstelle hin oder her: Herder will sich auf keinen Fall verbiegen und kann sich nicht vorstellen, „als ein anderer aber, der ich bin, ins Amt einzukriechen, das kann ich nicht und mich schlechterdings nach Gedanken anderer zu bequemen (ich rede nicht von Kleidern; denn ich könnte morgen im Sack gehen, wenn i c h s gut fände) ebenso wenig".

Sehr genau erkennt Herder also, um was es in Göttingen eigentlich geht: Seine Ansichten sind nicht genehm, und so sucht man Vorwände, um ihm abzusagen. Aber er kann nun einmal nicht aus seiner Haut: Seine Geradlinigkeit und sein Stolz machen ihn zu einem selbstbewussten, aufrichtigen Menschen, der es durch diese Eigenschaften allerdings nicht immer leicht hat. Letztlich muss Herder Göttingen abschreiben, obwohl er so gerne Professor geworden wäre.

Derweil lässt ihn der Buchdrucker Ife weiter hängen. Gegenüber seinem Freund und Verleger Hartknoch mahnt Herder an, dass seine *Provinzialblätter* und die Schrift *Auch eine Geschichte zur Philosophie der Geschichte der Menschheit* fertig werden müssen.

Seine Volksliednachdichtungen fordert er lieber gleich unge-
druckt zurück. Es läuft momentan wirklich nicht gut für Herder.

So ganz kann Goethe ohne Gesellschaft in Frankfurt dann doch
nicht leben, denn er fragt sich: „Ist nicht das Leben kurz und öde
genug?" Daher geht er mit Johann Matthäus Tesdorp, einem
Freund des Dichters Gottfried August Bürger, kurzerhand Eislau-
fen, als er auf der Durchreise durch Frankfurt ist.

Anschließend berichtet der Tausendsassa Goethe Gottfried
August Bürger begeistert davon und vereinbart mit diesem, dass
man sich über seine literarischen Neuschöpfungen auf dem Laufenden hält. Und Goethe verspricht, „nie was abzuschreiben". Dass
sich aber nicht alle Freunde aus dem Sturm und Drang an diese
Maxime halten, wird er in Bezug auf Heinrich Leopold Wagner
bald am eigenen Leib merken.

Wagner wird in Saarbrücken im Februar in einen ersten Skandal
verwickelt. Der Geheime Legationsrat von Gritsch, eine windige
Gestalt, umschmeichelt Ludwig von Nassau-Saarbrücken und
macht ihm Pläne schmackhaft, in Saarbrücken eine adlige Ritterakademie zu gründen. Man will sich mit einer ganz neuen Metho-
de der Orthografie widmen. Natürlich möchte Ludwig das arme
Saarbrücken zu einer Wiege der Kultur machen und zeigt sich
zugänglich. Christian Friedrich Daniel Schubart, der mit Gritsch
einmal befreundet war, kündigt die Ritterakademie in der *Deutschen Chronik* 1774 an und teilt mit, dass Gritsch vom König von
Polen sogar zum Geheimrat ernannt wurde. Schubart selbst ist als
Lehrer im Gespräch.

Wagner beginnt zusammen mit dem befreundeten Hofrat Ring
eine Fehde gegen Gritsch, der sich wehrt und zurückfeuert. Doch
das Unternehmen steht auf tönernen Füßen: Gritsch entpuppt
sich als Betrüger, verschwindet im Februar 1774 aus Saarbrücken

und lässt eine Menge Schulden zurück. Die Idee der Ritterakademie ist gestorben, und Wagner als Kritiker, der recht hatte mit seinen Zweifeln an dem Schwindler, hat sich bei Ludwig nicht gerade beliebt gemacht. Auch Schubart erkennt schnell, dass Gritschs Plan ein „Luftschloss" ist und schafft es noch rechtzeitig sich zu distanzieren.

Zugleich kämpft Wagner mit der Post, die nicht immer zuverlässig funktioniert: Ein Brief von Boie, noch aus dem Vorjahr, ist verschwunden. Er möchte endlich Klopstocks *Gelehrtenrepublik* lesen und bittet Boie, sie ihm mit dem Postwagen zu schicken. Oder soll er sie sich doch lieber von Hofrat Ring aus Karlsruhe mitbringen lassen? Es ist 1774 kein Leichtes, an die neueste Literatur zu kommen. Und natürlich wäre es schön, wenn Boie in seinem Almanach das ein oder andere von Wagner unterbringen könnte. Nicht nur die Leser, auch die Schriftsteller selbst haben es nicht einfach.

Aber Boie kann Wagner das gewünschte Buch noch gar nicht schicken, denn auch er kämpft – mit dem Wetter. Eigentlich wollte er auf dem Rückweg nach Göttingen Freunde in Hannover besuchen, doch aufgrund des ungewöhnlich harten Winters und des Eisgangs sitzt er bis zum 4. Februar in Hamburg fest.

In Göttingen kommt er erst am 8. Februar wieder an, und prompt hat Boie Ärger am Hals – typischen Hofmeisterärger. Sein englischer Schützling hat seine Abwesenheit genutzt und sich schlecht benommen. Boie trennt sich von ihm, wird aber im Auftrag von dessen Vater noch einmal nach Gotha geschickt, wo der Schützling nun dabei ist, Schulden zu machen. Boie muss vermitteln. Immerhin kann Boie aus dieser unliebsamen Reise nach Gotha literarischen Gewinn schlagen: Er will Gotter besuchen, Friedrich Wilhelm Gotter, mit dem er den *Göttinger Musenalmanach* gegründet hat und der jetzt in Gotha lebt; und bei Wieland will Boie auch vorbeischauen.

Wieland? Den Wieland, den die Jungs vom Göttinger Hain doch so verachten? Ja, genau den Wieland trifft nun Boie. Auch wenn er ihn nicht schätzt, will er sich nicht drücken und nicht unhöflich erscheinen. Worte sind das eine, aber Taten das andere, und Boie ist nun einmal gut erzogen. Und tatsächlich ist der verhasste Weimarer Dichter gar nicht so schlimm, und Boie muss berichten: „Wir haben sehr und über viele kitzliche Puncte disputiert und trotz meiner oft ganz entgegengesetzten Denkart sind wir glaub ich ziemlich als gute Freunde auseinander geschieden." Wieland lobt sogar Boies *Almanach*, auch wenn die dort abgedruckten Gedichte nicht ganz seinem Geschmack entsprechen. Na also. Von solch einer Versöhnung oder Toleranz ist Goethe noch weit entfernt.

Ein neues Projekt beschäftigt die literarische Welt: Johann Georg Jacobi aus Düsseldorf plant eine *Vierteljahrsschrift für Frauenzimmer* – *Iris* soll sie heißen. Johann Georg Jacobi und sein Bruder Friedrich Heinrich sind die Söhne eines wohlhabenden Düsseldorfer Zuckerkaufmanns. Während Friedrich Heinrich dazu ausersehen ist, das Geschäft zu übernehmen, was er eher aus Pflicht denn aus Interesse macht, hat Johann Georg Theologie und Philologie studiert. Beide stehen sie dem Sturm und Drang und der Empfindsamkeit nahe. Der Dichter Wilhelm Heinse soll die Redaktion der neuen Zeitschrift übernehmen.

Goethe hat keine hohe Meinung von dem Projekt wie auch von den Jacobis insgesamt. Als Sophie La Roche im Vorjahr anfragt, ob er seiner Schwester Cornelia die *Iris* empfehlen werde, antwortet Goethe verächtlich, er habe ihr geraten, sie „solle ihre Freunde nicht in Contribution sezzen, um eines Fremden willen, mit dem sie nie etwas gemein gehabt hat, noch haben kann und dessen Keckheit unverzeihlich ist". Sophie La Roche ist mit den beiden Jacobi-Brüdern befreundet. Auch für Goethe ist Johann Georg Jacobi, der ältere der Brüder, keineswegs ein Fremder. In seiner

Antwort an Sophie La Roche klingt dies ganz anders, aus dem einfachen Grund: Er kann die Jacobis, die angeblich auf ihn „wie auf einen Hundejungen" geschimpft hätten, nicht leiden. In den beiden Vorjahren waren sie immer wieder seinem beißenden Spott ausgesetzt, sogar eine dramatische Satire mit dem Titel *Das Unglück der Jacobis* hat er verfasst und hier bittere Häme ausgeteilt. Wenn also Goethe Johann Georg Jacobi Keckheit vorwirft, so muss er sich erst einmal an die eigene Nase fassen.

Mit seinem vernichtenden Urteil ist Goethe keineswegs allein. Merck und Boie stehen den Jacobis genauso kritisch gegenüber wie ihr Frankfurter Freund. Wie er sehen sie in den Jacobi-Brüdern sentimentale Weichlinge. Das wird sich im Laufe des Jahres allerdings ändern. Noch klingt Goethe sehr snobistisch, wirft Jacobi „Geldschneyderey" vor und nennt die *Iris* „eine kindische Entreprise". Die *Iris* ist für ihn keine Literatur; er glaubt, den Jacobis gehe es nur ums Geldverdienen, und nebenbei wollten sie Wieland eins auswischen und dessen Zeitschrift *Merkur* in Bedrängnis bringen, da sie sich mit dem Weimarer Dichter überworfen hätten. Nicht immer ist die Welt der Dichter, Literaten und Verleger eben voll Harmonie. Kein Wunder also, dass auch die Jacobis Goethe mit Misstrauen begegnen und ihm nichts Gutes zutrauen, „denn er ist und bleibt ein zügelloser, unbändiger Mensch". So urteilt Friedrich Heinrich Jacobi über den Frankfurter.

Doch auch der unbändigste Mensch merkt, dass er übers Ziel hinausgeschossen ist: Goethe fällt am Ende selbst auf, dass er mit seinen Vorwürfen bei Sophie La Roche im Vorjahr etwas dick aufgetragen hat: „Da ich fertig bin, liebe Mama, fällt mir ein, dass ich ungerecht gegen die Jacobis binn, hab ich mich denn nicht auch bei ihren Weibern, Tanten und Schwestern eingenisstelt." Tatsächlich wechselt Goethe mit Betty, der Frau von Friedrich Heinrich Jacobi, seit dem letzten Jahr die charmantesten Briefe, schickt ihr eine Violine und versichert ihr sogar erst neulich, „wie willkommen mir Ihre Briefe sind". Und auch mit Johanna Fahlmer, einer Tante der Jacobis, ist er eng befreundet.

Goethes Gunst und Launen, das zeigt das Jahr 1774, sind wandelbar und können schnell wechseln. Das weiß wohl auch Sophie La Roche, die unbeeindruckt von Goethes Animositäten Beiträge in der *Iris* veröffentlicht. Später geht Goethe übrigens noch weiter in sich und veröffentlicht selbst sein Singspiel *Erwin und Elmire* in der *Iris*. Wer hätte das angesichts seines ersten hämischen Urteils gedacht!

Trotz seiner selbst gewählten Isolation bleibt Goethe mit seinen mütterlichen Freundinnen in Kontakt. Nicht nur die von ihm verehrten Betty Jacobi und Johanna Fahlmer erhalten Briefe von ihm, auch Sophie La Roche erteilt der Jungspund ausführliche Ratschläge zu ihrem neuesten Werk, ebenfalls einem Briefroman. Allerdings werden *Rosaliens Briefe an ihre Freundinn Mariane von St****, so der Titel, erst sechs Jahre später erscheinen. Der junge Dichter bemüht sich dabei um ernsthafte Kritik, gibt der älteren Dichterin Ratschläge zur Umstellung einzelner Romanteile und rät zu mehr „süsen Melankolie von verirrter Empfindung". Sophie La Roche gegenüber deutet er zudem an, dass er selbst an einem neuen Roman sitze, auch wenn er den Titel noch verschweigt.

Geburt eines Bestsellers

Seitdem Boie im Februar mit Klopstocks Sendschreiben an den Bund und der förmlichen Bitte um Aufnahme in denselben nach Göttingen zurückgekehrt ist, herrscht unter den Jünglingen des Hainbundes enthusiastischer Jubel. Der sonst so düstere Hahn setzt am 24. März ein vor Glück überschäumendes Antwortschreiben im Namen des Bundes an den Hamburger Dichter auf. Voller Seligkeit schreibt er:

> „Da die Eichen rauschten, die Herzen zitterten, der Mond uns Strahlender ward, und der Bund für Gott, Freiheit und Vaterland in unserm Kuß und Handschlag glühte; schon damals ahndet' es uns, und wir sagtens einander, Gott habe uns gesegnet. Großer Mann! Sie wollen unter uns sein! Ach jetzt nicht Ahndung mehr, es ist Gewißheit, Gott hat uns gesegnet!"

Die vielen Ausrufezeichen zeigen es: Die Jungs aus Göttingen sind bewegt. Gott, Freiheit, Freundschaft, Tugend und Vaterland – darunter tun sie es fortan nicht mehr. Einige würden am liebsten zu Fuß nach Hamburg pilgern, um Klopstock wahrhaftig zu sehen.

Doch nicht nur heutige Leser mögen den glühend zelebrierten Klopstock-Kult, den Bardenton und die bündische Vaterlandsliebe der Jünglinge befremdend finden, die Zeitgenossen wunderten sich ebenfalls. Der Göttinger Professor Heyne schließt Johann Heinrich Voß und Ludwig Christoph Heinrich Hölty aus seinem Seminar aus, er hält sie für Faulenzer. Voß beklagt sich hingegen, dass die Studenten des Hainbunds von den Professoren gehasst würden. Gerüchte fangen an, in Göttingen zu kursieren, unter denen die Jünglinge zu leiden haben. Da wird erzählt, sie trügen ständig Eichenkränze, träfen sich nach Art der Hexen nachts auf einem sogenannten „Ochsenberg" und würden in Ziegenfell Bier trinken. Und die Gerüchte wachsen und wachsen. Auch Vaterlandspathos und Franzosenhass der Hainbündler stoßen nicht überall auf Gegenliebe. Lichtenberg, der Aufklärer, der zur Vätergeneration gehört, wirft den Jünglingen sogar „unnütze Prahlerei" vor. Boies Wohnung in Göttingen wird spöttisch als „Bardei" bezeichnet.

Kaum ist Boie von seiner Hamburg-Reise zurück, bricht schon ein anderer Hainbündler gen Norden auf: Johann Heinrich Voß zieht es ebenfalls in die Hansestadt, dann nach Wandsbek und Flensburg. Voß, der aus ärmlichsten Verhältnissen in Mecklenburg stammt, ist seit 1772 in Göttingen, wo er zuerst Theologie studiert und dann zur Philologie gewechselt hat. Dass er zum Ältesten des Bundes bestimmt wurde, haben wir schon gehört, aber er ist auch sein Organisator. Zugleich gilt Voß als etwas schroff und unbeugsam.

Es wird eine denkwürdige Reise für Voß: In Flensburg besucht er Boies Familie. Während seines Aufenthalts im Haus der Boies erkrankt er schwer, erleidet einen Blutsturz. Doch in seiner Not lernt Voß die Gastlichkeit der Familie Boie kennen, die ihn gesund pflegt. Und er findet die Frau fürs Leben: Boies Schwester Ernestine, die er 1777 heiratet.

Herder in Bückeburg ist indes enttäuscht, dass Boie auf seiner Reise keine Zeit gefunden hat, bei ihm vorbeizuschauen, und macht ihm auch leise Vorwürfe, dass er nicht einmal einen Bericht über seinen Besuch bei Klopstock geschickt hat. Das sei ja fast so, als ob man bei den Pyramiden gewesen sei und darüber kein Sterbenswort verloren habe. Hier zeigt sich mal wieder, welch ein Sehnsuchtsmensch Klopstock für viele Stürmer und Dränger ist. Sein Schreiben nutzt Herder aber auch, um Boie daran zu erinnern, dass dieser immer noch eine Sammlung der Oden Klopstocks aus Herders Besitz hat. Seine Frau Karoline sei übrigens ebenfalls eine Klopstock-Verehrerin und würde sich ihrerseits gewiss über einen Bericht Boies über seinen Klopstock-Besuch freuen …

Das würde wenigstens die angespannte Stimmung in Bückeburg etwas heben, denn noch immer ist kein Gehalt geflossen, und Herder muss dem Landesherren gegenüber abermals seine Bitte um Geld erneuern. „An mich kommen alle Tage Posten zu bezahlen, die von der Art sind, daß sie gar nicht aufgeschoben werden können", klagt er. Keineswegs mehr so untertänig wie im Januar erinnert er auch daran, dass die Dienstverpflichtung ja keinesfalls nur von seiner Seite aus besteht.

Goethe ist in Frankfurt wieder einmal mit den Kestners beschäftigt. Wer die Kestners sind? Niemand anderes als Lotte und Albert aus dem *Werther*. Goethe hatte die beiden, den Legationsrat Johann Christian Kestner und seine Verlobte Charlotte Buff, 1772 als Praktikant am Reichskammergericht in Wetzlar kennengelernt, wo er seine juristischen Kenntnisse vertiefen sollte. Sicherlich das literaturgeschichtlich bedeutsamste Praktikum der Weltgeschichte! Genau wie im *Werther* begegnete Goethe der neunzehnjährigen Lotte, die ihre Geschwister versorgte, da die Mutter verstorben war, bei einem Ball am 9. Juni 1772 und verliebte sich in sie. Nach seinem Abschied aus Wetzlar und nach Klärung der entstandenen Missverständnisse um Goethes Verliebtheit blieb man freundschaftlich verbunden.

Mittlerweile leben die Kestners in Hannover. Aber nach wie vor hängt Lottes Silhouette an Goethes Frankfurter Wand, er schickt ihr „Burzelbäume der Freundschafft". Sie entspricht seinem Idealbild, engelsgleich erscheint sie ihm: Ein Jugendbildnis zeigt eine zarte junge Frau mit schmalem Gesicht, großen dunklen Augen, länglicher Nase und kleinem Mund. Die langen, voluminösen Haare trägt sie hochgesteckt. Aber es ist wohl vor allem Lottes tatkräftiges, fröhliches und warmherziges Wesen, das Goethe anzieht.

Wenn Goethe nun Lotte schreibt: „Ich lasse es dir ehstens drucken – Es wird gut meine Beste", so ist die Rede von dem Briefroman, an dem er seit Februar sitzt und der die Wellen nicht nur der literarischen Welt hochschlagen lassen wird. Der Briefroman ist derzeit in Mode; auch Jean-Jacques Rousseau in Frankreich, den die Stürmer und Dränger verehren, hat einen geschrieben, und Sophie von La Roches *Geschichte des Fräuleins von Sternheim* ist gerade drei Jahre alt.

In nur vier Wochen schreibt Goethe, wie er selbst sagt, „einem Nachtwandler ähnlich", seinen *Werther* nieder. Er fließt ihm geradezu aus der Feder. Das liegt daran, dass der junge Dichter beschlossen hat, mit der Geschichte eine eigene Lebensepoche aufzuarbeiten, die in ihm ein Gefühl des Unglücklichseins, des Leidens am Leben hinterlassen hat. So kommt es, dass der *Werther* viele autobiografische Bezüge enthält, die miteinander verschmelzen: Auch Goethes Schwärmerei für die verheiratete Maximiliane Brentano, „die liebe Maxe", von der er mit eigenen Worten nicht lassen kann, findet hier ihren Widerhall. Ebenso fließt der Selbstmord des Legationsrats Karl Wilhelm Jerusalem ein, von dem gleich noch die Rede sein wird. Und letztlich spiegelt sich im *Werther* auch der Verlust Cornelias, der eigenen Schwester. Charlotte Buff, Maximiliane La Roche und Cornelia Goethe – drei junge Frauen, denen Goethe innig zugetan ist, die seine Musen sind –, sie lassen Werthers Lotte entstehen und damit eine der berühmtesten Frauengestalten der Weltliteratur. Aber davon ahnen die jungen Damen noch nichts.

Stattdessen haben die drei Musen alle innerhalb kurzer Zeit geheiratet, Goethe hat sie verloren: Charlotte hat im April des vergangenen Jahres Johann Christian Kestner zum Mann genommen und ist mit ihm nach Hannover gezogen, Cornelia hat das Elternhaus nach der Hochzeit im November Richtung Karlsruhe verlassen, und Maxe ist seit Januar mit Brentano verheiratet. Es ist der für Frauen vorgezeichnete Weg. Familienpflichten und die Sorge ums Heim warten auf sie, ob sie wollen oder nicht. Nur schwer kann sich der junge Dichter, der die Geschlechterrollen im Übrigen keineswegs in Frage stellt, die jungen Mädchen – sie sind zwischen siebzehn und zweiundzwanzig Jahre alt – verheiratet und als Mütter vorstellen. Als Lotte im *Werther* bleiben sie ewig jung.

Doch zum Roman: Die unglückliche Liebesgeschichte um einen jungen Mann, der sich in die bereits dem vernünftigen, gutmütigen Albert versprochene Lotte verliebt, wird *der* Bestseller des Jahres 1774! Das war nicht unbedingt zu erwarten, denn Romane haben im 18. Jahrhundert keinen guten Ruf. Noch vor wenigen Jahren hat Goethe deren Lektüre selbst seiner Schwester verboten. Ganz konsequent war er bei seinem Verbot allerdings nicht, hat er doch die Romane ausgenommen, die er höchstpersönlich ausdrücklich erlaubt. Er kann schon ein kleiner Tyrann sein! Aber Cornelia hält sich zu keiner Zeit an das brüderliche Verbot.

Nun also die Trendwende: ein Roman von dem Bruder selbst, ein Briefroman. Der junge Werther schreibt seinem fiktiven Brieffreund Wilhelm. Er ist ein leidenschaftlicher junger Mann, der auf sein Herz hört und die Natur verehrt. Für die heutige Jugend klingt dies eher altmodisch, aber 1774, nach Jahren, in denen Rationalismus und Vernunft dominierten, ist das Gefühl „in" und angesagt.

Werther beginnt sein erstes Schreiben mit dem glücklichbefreienden Ausruf: „Wie froh bin ich, dass ich weg bin!" Aus unbehaglichen Verhältnissen ist er aufs Land, in die Einsamkeit und in die Natur geflüchtet, die er mit allen Sinnen genießt und zeichnet. Werther verliebt sich während einer Lustbarkeit in Lotte, die Tochter des ortsansässigen Amtsmanns, die sich um ihre acht Geschwister kümmert. Wie Maxe hat Lotte schwarze Augen. Lotte wird Werthers „Engel", seine ganze Seele fühlt sich von dem Mädchen angezogen. Er besucht sie von nun an regelmäßig, obwohl er weiß, dass sie verlobt ist. Sie füllt Werthers „Sinnen, alle Empfindungen". Schließlich taucht der Bräutigam auf, Albert, ein rechtschaffener junger Mann voll Verantwortungsgefühl und Vernunft – das Gegenteil des überschwänglichen, unruhigen Werther: Leidenschaft trifft auf Vernunft.

Von da an geht es abwärts für Werther, auch die Natur ist nicht mehr so liebenswert wie zu Romanbeginn. Vergebens sucht er Lotte nachts in seinem Bett. Er beschließt fortzugehen, dem qualvollen Dreiecksverhältnis zu entfliehen. Doch auch in seiner neuen Stellung, fern von Lotte, erlebt Werther nur Verdruss: Der Gesandte, in dessen Dienst er tritt, ist ihm unerträglich, und aus einer adligen Abendgesellschaft wird er als Bürgerlicher hinauskomplimentiert – eine Kränkung. Werther nimmt seinen Abschied, und wie magisch angezogen kehrt er zu der inzwischen verheirateten Lotte zurück. Er besucht sie erneut – und leidet. Das Verhältnis zu Albert wird frostig. Schließlich hält Werther dem Schmerz um die unglückliche Liebe nicht länger stand, er befindet sich in einem schrecklichen Zustand. Ein letztes Mal sucht er Lotte auf, die er begehrt wie nichts auf der Welt, schlingt seine Arme um sie, presst sie an sich und küsst sie heftig, bis Lotte sich erschrocken abwendet. Er beschließt zu sterben und verabschiedet sich mit mitreißenden Worten von seiner Liebe:

„Und was ist das? dass Albert dein Mann ist! Mann? – das wäre denn für diese Welt Sünde, dass ich dich liebe, dass ich dich aus seinen Armen in die meinigen reißen möchte? Sünde? Gut! und ich strafe mich davor: Ich hab sie in ihrer ganzen Himmelswonne geschmeckt diese Sünde, habe

Lebensbalsam Kraft in mein Herz gesaugt, du bist von dem Augenblicke mein! Mein, o Lotte.
Ich gehe voran! Geh zu meinem Vater, zu deinem Vater, dem will ich's klagen und er wird mich trösten bis du kommst, und ich fliege dir entgegen und fasse dich und bleibe bei dir vor dem Angesichte des Unendlichen in ewigen Umarmungen."

Millionen von Leserinnen und Lesern haben seither mit dem Unglücklichen gelitten, der seinen Bediensteten zu Albert schickt und sich bei diesem Pistolen leiht. Werther erschießt sich, der Bedienstete findet ihn morgens um sechs sitzend vor dem Schreibtisch, in blauem Frack und gelber Weste. Werther lebt noch, stirbt aber bald darauf qualvoll. Lessings *Emilia Galotti* liegt aufgeschlagen auf dem Pult.

Auch mit dem Selbstmord Werthers sind autobiografische Aspekte verknüpft: Am 30. Oktober 1772 hatte der Legationssekretär und Kollege Goethes am Wetzlarer Reichskammergericht, Karl Wilhelm Jerusalem, Selbstmord begangen. Die Pistolen hatte sich der junge Mann, er war erst fünfundzwanzig Jahre alt, von Kestner geliehen. Hintergrund des Selbstmordes war wieder eine unglückliche Liebe zu einer verheirateten Frau. Von Kestner hat Goethe dann einen ausführlichen Bericht über Jerusalems letzte Stunden erhalten und hier verarbeitet. Nicht zuletzt kennt Goethe Selbsttötungsgedanken aus eigener Erfahrung. In der Vergangenheit haben sie ihn durchaus schon einmal gepeinigt; rückblickend spricht er von Lebensekel, Langeweile und „unbefriedigten Leidenschaften". In der Aussicht, sich einem „schleppenden, geistlosen, bürgerlichen Leben" beugen zu müssen, habe er mit dem Gedanken sympathisiert, „das Leben, wenn es einem nicht mehr anstehe, nach eignem Belieben allenfalls verlassen zu können".

Die Routine eines bürgerlichen Lebens ist Goethe verhasst, sie kann seinen unruhigen Geist nicht befriedigen, weshalb auch der Anwaltsberuf auf Dauer nichts für ihn ist, selbst wenn er in diesem Monat fleißig weiter Eingaben schreiben muss. Werther teilt also durchaus viele Empfindungen mit seinem Schöpfer. Jetzt hat dieser aber alle dunklen Gedanken mit der Niederschrift des *Werther* überwunden – das behauptet er zumindest. Tatsächlich ist Goethe so erfolgreich, wohlgelaunt und unternehmungslustig wie schon lange nicht mehr, als er aus seiner selbst gewählten Isolation herauskriecht.

Dass der *Werther* mehr als eine tragische Liebesgeschichte, mehr als ein Dreiecksverhältnis ist, ist auch den Zeitgenossen schnell klar. Zu offensichtlich bricht der Roman gleich mehrere Tabus und löst so den Literaturskandal des Jahres aus! Und keineswegs nur des Jahres 1774, denn auch in den folgenden Jahren verstummt die Diskussion nicht. Worum geht es also?

In erster Linie verstört Werthers Ende: Darf sich ein junger Mann ohne körperliche Gebrechen einfach so umbringen, seine Arbeitskraft der bürgerlichen Gesellschaft entziehen, sein Leben wegwerfen? Darf er sich dem Postulat der Nützlichkeit entziehen? Und darf dieser junge Mann auch noch sympathisch geschildert werden und Mitleid erwecken? Vor allem orthodoxe Theologen springen im Dreieck und beschwören das Schreckbild einer Verführung der Jugend zum Selbstmord herauf. Der *Werther* stelle eine massive Gefahr für die Jugendlichen dar, die sich nun, so die strengen Theologen, wie Werther reihenweise umbringen würden. Natürlich passiert nichts dergleichen. Die durch die *Werther*-Lektüre erhöhte Selbstmordrate ist immer wieder behauptet, aber nicht bewiesen worden.

Doch Selbstmord ist nun einmal ein heikles Thema im Jahre 1774 – weshalb es die Stürmer und Dränger natürlich aufgreifen. Im Prinzip gilt bis dato: Ein Selbstmord ist ein Mord. Eine einheitliche Gesetzgebung gibt es noch nicht, dazu existieren einfach zu viele Kleinstaaten. Im Wesentlichen ist man sich dennoch einig: Ein Selbstmord gehört bestraft. Die Kirche verweigert ein christliches Begräbnis. Auch Werther wird daher nachts um elf außerhalb der Friedhofsmauern bestattet, Handwerker tragen den Sarg, den kein Geistlicher begleitet. Der Staat bereichert sich zudem:

Er zieht das Vermögen des Suizidenten ein, manchmal werden auch noch Strafen am Leichnam des Verstorbenen vollzogen. Überlebte einer der Unglücklichen zufälligerweise, wurde er ins Gefängnis gesteckt.

Gegen diese Praxis rebellieren die Aufklärer. Sie sind der Meinung, ein Mensch solle frei über sein Leben verfügen dürfen, ein Gedanke, der auch beim jungen Goethe anklingt. Der in der Pfalz geborene Paul Thiry d'Holbach hatte vier Jahre zuvor festgestellt, dass einzige Ziel des Menschen sei sein Glück. Mensch und Suizid hätten beide ihre Ursache in der Natur. Wenn also die Natur dem Menschen sein Glück unmöglich mache, so bleibe nur der Suizid. Der Engländer David Hume seinerseits propagiert die Freiheit des Menschen: Der Mensch sei frei, habe daher freie Verfügungsgewalt über sein Leben. Also dürfe der Mensch auch das eigene Blut aus der Bahn lenken. Die deutschen Philosophen Kant, Wolff und Gottsched lehnen den Suizid dennoch weiterhin ab. Auch Lavater ist dagegen. Die jungen Stürmer und Dränger aber lesen die Sätze d'Holbachs und Humes mit wachem Interesse.

Das zweite Skandalon des *Werther* hängt mit dem ersten unmittelbar zusammen: Es ist Werthers radikaler Individualismus. Wir sind heute eine Gesellschaft von Individualisten, der Gedanke der Selbstverwirklichung ist uns eine Selbstverständlichkeit. 1774 aber gilt Nonkonformismus als Rebellion. Da kommt also jetzt ein junger, leistungsfähiger und begabter Mann daher, der an den strengen Regeln der Gesellschaft leidet, der seine Gefühle und auch seine Sexualität nicht ausleben darf und daher frei entscheidet, Selbstmord zu begehen, sich über die Regeln der Gesellschaft, der Kirche, der Philosophen hinwegzusetzen. Selbstbewusst besteht Werther schon gleich zu Beginn, noch bevor er Lotte kennt und sein eigenes Liebesleiden anfängt, darauf, der Mensch habe „das süße Gefühl von Freiheit, und dass er diesen Kerker verlassen kann, wann er will". Hier versagt sich ein Individuum konsequent den ökonomischen und sozialen Erwartungen, die die Gesellschaft an es richtet.

Schnell kritisieren vor allem die Aufklärer und Moralisten, Werther leiste und produziere nichts, er lebe in den Tag hinein, ziehe sich in die Natur zurück und zeichne, flüchte also vor der Realität, sei ein Nichtsnutz, der seine bürgerlichen Pflichten verneine. Und tatsächlich: Werther ist ein Mensch, der sich dem puren Nützlichkeitsdiktat der Gesellschaft verweigert, und das macht ihn bis heute umstritten und gleichzeitig aktuell. Fordert nicht auch unsere Gesellschaft massiv die Nützlichkeit des Individuums ein, gemessen an Renditen, Umsatzstärken und Leistung? Und werden nicht Kranke, Alte und weniger Leistungsfähige schnell diskreditiert und „aussortiert"? Geld, Erfolg und gesellschaftlicher Status zählen allein. Aussteiger wie Werther werden bis heute, trotz allem Individualismus, den wir propagieren, als Fantasten spöttisch belächelt. Werther weigert sich, seine Talente und Fähigkeiten so zu gebrauchen, wie die Gesellschaft das für gut befindet. Mit der Freiheit, die er sich hier ganz individuell nimmt, eckt er an. Und das wäre wahrscheinlich heute nicht anders als im Jahr 1774.

Und jetzt erlaubt sich der Verfasser, der dreiste Herr Goethe, auch noch, diesen Individualismus konzeptionell und sprachlich zu betonen. Werther schreibt zwar an seinen Brieffreund Wilhelm; aber anders als in Briefromanen der Zeit üblich, erfahren die Leserinnen und Leser nichts über Wilhelms Antworten bzw. nur indirekt, wenn Werther auf Wilhelms vermeintliche Antwortschreiben Bezug nimmt. Dies führt dazu, dass Werthers Perspektive auf das Geschehen absolut gesetzt wird: Der Roman erzählt radikal aus Werthers subjektivem Empfinden heraus.

Mit seinem Selbstmord und seinem Individualismus verstößt Werther also gegen die Normen und die Moral seiner Zeit, die das Primat der Vernunft postulieren und Werthers Verhalten als Unvernunft, als pures Sich-Verlieren in Emotionen, als disziplinlos abqualifizieren. Aber gerade Vernunft, bürgerliche Moral, Tätigsein, Nützlichkeit zum Wohle der Allgemeinheit gelten als Tugenden, die den Staat und die bürgerliche Ordnung sichern.

Indem Werther von diesem vermeintlichen Wertekonsens ab-
weicht und sich als Freigeist zeigt, wird er in den Augen der auf-
klärerischen und vernünftelnden Kritiker zur Gefahr für die
öffentliche Ordnung und Moral. Seinem Handeln haftet etwas
Revolutionäres an – das hat auch die Literaturgeschichtsschrei-
bung immer wieder betont. Und so wird Werther mit seiner Pas-
sivität und Untätigkeit paradoxerweise zum Revolutionär. Nicht
wenige befürchten, seine – wie *Werther*-Forscher Klaus Scherpe
sie nennt – „Rebellion des Herzens" könnte die Jugend dazu bringen, das vermeintliche, bürgerliche, aber rein äußerliche Glück,
das auf Pflichterfüllung, Gehorsam und Fleiß fußt, in Frage zu
stellen und dagegen zu revoltieren.

Daraus lässt sich bis zu uns heute die Frage entwickeln, was
Glück eigentlich bedeutet. Sicherlich bauen auch gegenwärtig
viele Menschen auf das rein äußerliche Glück oder das kleine
Glück im Privaten, statt die große leidenschaftliche und kompro-
misslose Glücksfrage wie Werther zu stellen. Wird uns nicht auch
in der Gegenwart anerzogen, dass wir eine gute Ausbildung, einen
erfolgreichen Job, ein Haus, ein Auto und ein dickes Bankkonto
brauchen, um glücklich zu sein? Sollen nicht auch heute Bürger
ideologischen Postulaten folgen?

Nun aber treibt es Goethe auf die Spitze: Dieser Werther,
Selbstmörder, egoistischer Individualist, Rebell, gar Revolutionär,
wie wir gesehen haben, erinnert an Jesus. Seine Leiden tragen
immer wieder deutliche Bezüge zur Passion Christi. Ein Selbstmörder, dessen Tod Parallelen zur Kreuzigung Jesu aufweist! Dass
Werther sich kurz vor seinem Selbstmord Brot und Wein bringen
lässt, also die christliche Abendmahlssymbolik heraufbeschwört
und seinen Tod als Opfertod zelebriert, erscheint christlichen
Lesern als Ketzerei. Sein Schöpfer stilisiert Werther zum Märtyrer
des Leidens und der Leidenschaft, zum Heiligen. Und das fernab
jeglicher Religion. Provokation pur.

Und dieser Leidende ist sich seines Weges und seiner Leiden
voll bewusst. „Ich will sterben!", konstatiert er ruhig und klar.

Werther ist kein armer Irrer, der sich in einer Kurzschlusshandlung planlos eine Kugel durch den Kopf jagt, sondern er inszeniert seinen Tod regelrecht. Er weiß, dass zwischen ihm und der Welt der Faden zerschnitten ist, dass es kein Zurück gibt. Die Gesellschaft des ausgehenden 18. Jahrhunderts lässt ihm für die Emanzipation seiner Leidenschaften keine Möglichkeit. Sein Selbstmord ist für ihn also eine folgerichtige und „vernünftige" Entscheidung. Das aber ist in den Augen der bürgerlichen Moral unentschuldbar. Offenbar hat Goethe diese Reaktion vorausgesehen: Schon der bürgerlich-vernünftige Albert im Roman kann Werther nicht verstehen. Aber Albert gelten nicht die Sympathien, nicht die des Autors und nicht die des Publikums. Schon der Name zeigt es: Der leidenschaftliche Werther ist im wörtlichen Sinn „werter" als der rationale, besonnene Albert. Und so schleudert er diesem Rationalisten entgegen:

> „Ach ihr vernünftigen Leute! rief ich lächelnd aus. Leidenschaft! Trunkenheit! Wahnsinn! Ihr steht so gelassen, so ohne Teilnehmung da, ihr sittlichen Menschen, scheltet den Trinker, verabscheuet den Unsinnigen, geht vorbei wie der Priester, und dankt Gott wie der Pharisäer, dass er euch nicht gemacht hat, wie einen von diesen. Ich bin mehr als einmal trunken gewesen, und meine Leidenschaften waren nie weit vom Wahnsinne, und beides reut mich nicht [...]."

Diese Argumentation kann Albert nicht nachvollziehen. Er hält Selbstmord für eine Schwäche; ein qualvolles Leben zu ertragen, zeuge von viel mehr Stärke. Das wiederum kann Werther so nicht sehen. Ein Volk, das gegen einen Tyrannen aufbegehrt und seine Ketten zerreißt, hat für ihn ebenso recht wie ein Selbstmörder, der sein Leben nicht mehr ertragen kann. Das wiederum lässt Albert nicht gelten.

Auch Werthers Sprache ist vielen suspekt, das gilt für zahlreiche Leserinnen und Leser bis heute. Die vielen enthusiastischen

Ausrufe, die Diminutive, die den Wurm zum „Würmgen" und die Mücke zum „Mückgen" machen, die emotionale Verzückung, in die Werther ausbrechen kann, sein Herzschmerz, seine Tränen befremden nicht erst in unserer Zeit, sondern auch schon 1774. Werthers Sprache polarisiert: Da sind diejenigen, die den Werther-Ton gnadenlos verspotten, und die anderen, wie Schubart oder Heinse, die die neue Ausdrucksform frenetisch feiern.

Sollte also ein Roman im 18. Jahrhundert Nutzen und Vergnügen gleichermaßen bringen, wie Klaus Scherpe erläutert, so durchkreuzt Goethes *Werther* diese Erwartung völlig. Statt Nutzen wittern viele Bedrohung und Gefahr, sehen in Werther einen Verführer der Jugend. Ein „gefährliches Werk", meinen daher nicht wenige. Aber wie immer, wenn alle Welt über ein Buch redet: Dann wollen es erst recht alle lesen. Je heftiger die Angriffe gegen den Roman also werden, desto populärer wird er auch. Bald braucht für den *Werther* keiner mehr die Werbetrommel zu rühren, er wird zum Selbstläufer! Und zur Mode-Ikone: Werthers Kleidung, in der er Selbstmord begeht, blauer Frack und gelbe Weste, wird zum neuesten Schrei.

Während Goethe derweil völlig in das Schreiben seines *Werther* versunken ist, bricht sein Freund Johann Heinrich Merck am 30. März endlich auf, um seine Frau und seine Kinder aus der Schweiz zurückzuholen. Doch die Reise steht unter keinem guten Stern. Der erste Schock für Merck kommt schon im Moment des Aufbruchs: Mittags um halb drei stirbt völlig überraschend die Landgräfin Caroline, mit der Merck erst vor wenigen Wochen in Russland gewesen war. Mit nur dreiundfünfzig Jahren erleidet sie einen Schlaganfall, und mit ihr stirbt auch der Darmstädter Hof, den sie repräsentiert hat. Ihr Mann, Landgraf Ludwig IX., residiert in Pirmasens, wohin nun auch der Rest des Hofes zieht. Zur Beerdigung seiner Frau im Darmstädter Hofgarten kommt Ludwig erst gar nicht.

Tief getroffen reist Merck ab Richtung Schweiz. Als er vor seiner Frau Louise steht, die er mittlerweile seit über einem Jahr nicht mehr gesehen hat, folgt der zweite Schock: Sie ist hochschwanger. Kein Wunder also, dass der Schwiegervater im Januar so sehr auf ein Wiedersehen gedrängt hatte. Mercks Welt, die er gerade so mühsam neu geordnet hat, liegt in Trümmern!

Einen Tag nach Mercks Abreise in die Schweiz, am 31. März, sitzt Christian Friedrich Daniel Schubart in Augsburg vermutlich im Wirtshaus, seinem liebsten Aufenthaltsort, und hofft auf einen Erfolg seiner neu erscheinenden, politisch-künstlerischen Wochenzeitschrift *Deutsche Chronik*, deren Herausgeber er ist. Schubart ist kein unbeschriebenes Blatt: Bereits mehrfach hat er sich durch seinen kritischen und leidenschaftlichen Geist wie durch seine unkonventionelle Lebensart den Unmut der Obrigkeit und auch seiner Ehefrau zugezogen. Gerade eben ist er aus München hinausgeworfen worden; davor war es Ludwigsburg, wo man ihn zum Abschied auch noch exkommuniziert hat.

Hoch talentiert ist er, gebildet, aber auch temperamentvoll, zu Zornesausbrüchen neigend, leidenschaftlich und impulsiv. Schubart liebt die Frauen und den Wein, schwankt zwischen Höhenflügen und Abstürzen, denen umgehend die Reue folgt, ist manchmal genial, manchmal faul. Er hat sich den Ruf eingehandelt, lasterhaft zu sein. Autoritätsgehabe hasst er, Aberglaube und orthodoxes Denken ebenfalls. Er selbst sieht sich als Menschen, der mit einem „brennenden Freiheitsgefühle gebohren ist". In der Tat wird ihm dieses Gefühl öfter zum Verhängnis, denn keineswegs wird ihm immer der Wunsch erfüllt: „Lebt, wie ihr wollt, laßt mich nur auch leben, wie ich will!"

Porträts zeigen eine wuchtige, man kann sagen, übergewichtige Gestalt mit großem Kopf und hoher Stirn, die Dominanz ausstrahlt. Eine Schönheit ist Schubart nicht. Doch er wirkt auf Frauen attraktiv, seine Klavierschülerinnen, auch seine Magd sind nicht sicher vor ihm, seine Affären haben ihm schon so manchen Ärger eingebracht. Vielleicht hat sogar eine herzogliche Mätresse dazu gehört. Es ist noch nicht lange her, dass Helena, seine Ehefrau, sich scheiden lassen wollte, bevor sie ihm dann doch wieder verziehen hat. Er ist aber auch mit vielen Begabungen gesegnet, ist ein großartiger und viel gerühmter Musikvirtuose, Dichter, Komponist, Journalist, Lehrer und Pianist.

Nun ist Schubart also neuerdings in Augsburg, wo er mit dem Buchhändler Conrad Heinrich Stage eine neue Zeitschrift in Angriff nimmt und wo es ihm ausnehmend gut gefällt. Seine *Deutsche Chronik* ist überaus vielseitig; vor allem ist sie aber eine politische Zeitschrift – in dieser Form hat es das bislang in Deutschland nicht gegeben. Sie erscheint fortan zweimal wöchentlich, ist acht Seiten stark, drei Gulden teuer und auf jedem Postamt zu haben. Die wichtigsten politischen und – man staune – literarischen Begebenheiten will Schubart dem Volk mitteilen, keine einfache Aufgabe angesichts einer allgegenwärtigen Zensur. Trotzdem braucht er angeblich nur eineinhalb bis zwei Stunden, um eine *Chronik*-Ausgabe zu diktieren – das ist rekordverdächtig. Schubarts Motto, mit dem er die erste Ausgabe ankündigt, klingt willensstark: „Man sagt nicht, was man thun will, man thut!" Diese Willensstärke braucht Schubart auch, denn sehr schnell kündigt sich erster Ärger an. Als er sich erdreistet, die Freiheit in England zu loben, wird ihm prompt der Druck seiner Zeitschrift in Augsburg untersagt, und er muss sie in Ulm drucken lassen. Er selbst bleibt vorerst noch in der Stadt am Lech und schreibt dort weiter – im nächsten Jahr wird er auch das nicht mehr dürfen.

Vieles ist neu an Schubarts Zeitschrift. Sie ist inhaltlich überaus vielseitig: Krieg, Politik im In- und Ausland, Literatur, Musik, Gesellschaftsnachrichten, Klatsch, Religion – all das berichtet Schubart nicht nur, sondern er kommentiert es auch. Das ist mutig in einer Zeit, in der sich die meisten Zeitungen Meinungsäußerungen verkneifen. Daher hat der Journalist keine hohe Meinung von den anderen, beklagt selbstbewusst bereits in der ersten

Ausgabe seiner *Chronik* „den schlechten Thon" der übrigen Zeitungen. Hier ist also niemand, der demütig vor der Welt das Haupt beugt!

Schubart verfasst die meisten Artikel selbst, erfindet auch fiktive Leserbriefe und ebensolche Korrespondentenberichte. So umgeht er manchmal die Zensur. Journalistische Maßstäbe der heutigen Zeit darf man daher nicht anlegen. Aber nicht nur Nachrichten findet der Leser in der Zeitschrift, es gibt auch Anekdoten, Fabeln, Gedichte, Rezensionen, Gespräche, Unterhaltsames mischt sich mit Informativem und Belehrendem. Und Schubart will mit der *Deutschen Chronik* nicht nur die oberen Bildungsschichten erreichen, sondern das ganze Volk: Der Leser wird direkt angesprochen. Auch Schubarts Schreibmethodik ist unkonventionell: Er diktiert seine Artikel im Wirtshaus, gut versorgt mit Tabak und Bier, an zwei Vormittagen in der Woche – so heißt es.

Schnell muss es gehen, schließlich warten noch viele andere Aufgaben auf ihn: Er komponiert, lehrt, gibt Klavierstunden, deklamiert und organisiert Klavier- und Orgelkonzerte. Auch seinem Sohn Ludwig ist das hohe Lebenstempo des Vaters in Erinnerung geblieben: „In allem, was er dachte, tat und trieb, herrschte eine auffallende Raschheit und Schnelle: er aß schnell, ging schnell; faßte schnell auf und gab schnell weiter." Schubarts Deklamationen sind gefragt: Ob Goethe, Lenz, Leisewitz oder Klopstock – er verhilft den Stürmern und Drängern zu einem großen Bekanntheitsgrad und verschafft sich selbst eine gut zahlende Zuhörerschaft. Besonders gern deklamiert er eines seiner Lieblingsstücke, Klopstocks *Messias*, und steigert den Absatz des Stückes in Augsburg rasant. Also auch Schubart: ein Klopstock-Verehrer.

Die *Deutsche Chronik* hat einen ungeheuren Erfolg: Tausend Exemplare werden im Schnitt gedruckt, auf gutem Papier, denn die Zeitschrift geht von Hand zu Hand. Sie wird gelesen und weitergegeben und wieder gelesen, sodass fünf bis zu fünfzig Leser auf ein einziges Exemplar entfallen, wie der Schubart-Biograf Bernd Jürgen Warneken ausrechnet. Das wären sage und schreibe

fünftausend bis fünfzigtausend Leser pro Woche! 1774 ist das eine
enorme Reichweite, kann doch bei Weitem nicht jeder Mann und
schon gar nicht jede Frau lesen. Volksnah ist die *Chronik* zudem,
in einfacher, verständlicher Sprache, manchmal auch in Umgangs-
sprache geschrieben. Schubart leistet so einen nicht unerhebli-
chen Beitrag zur Volksbildung. Adlige, Kleinbürger, aber auch
einfache Leute lesen die *Chronik* gleichermaßen, nur dass Ersteren
nicht immer gefällt, was sie lesen. Ihnen machen Reichweite und
Erfolg der Zeitschrift eher Angst.

Aber wir greifen vor: Erst einmal erscheint also nun die erste
Ausgabe der *Chronik* am 31. März. Und sie beginnt mit einer donnernden lyrischen Anrede an Chronos, den Gott der Zeit. Schon
in den ersten dramatischen Zeilen des Gedichts kündet sich
Schubarts stürmender Vorwärtsschritt an, den nichts aufhalten
kann und der manchmal mit ihm selbst durchgeht. Nicht nur der
Wagen des Chronos rollt mit rasselnden und donnernden Rädern
durch den Lauf der Welt, auch Schubarts Gedanken eilen durch
das Weltgeschehen und drängen, sich den Leserinnen und Lesern
mitzuteilen und diese mitzureißen. Chronos wird, „das Sandglas
in der Hand", auch durch die nächsten neun Monate rasen, und
Schubart wird versuchen, Schritt zu halten mit dem „Sturmwind"
und den vielen Ereignissen in Europa und der Welt.

Neben diesem stürmischen Beginn kann sich Schubart des pat-
riotischen Lobes auf Kaiser Joseph II. und König Friedrich II. von
Preußen nicht enthalten. Auch der Weimarer Dichter Wieland,
den Schubart im Gegensatz zu manch anderem Stürmer und
Dränger sehr verehrt, wird mit einem neuen Werk vorgestellt und
gepriesen. Die erste Ausgabe der *Chronik* schließt mit einer pro-
grammatischen Fabel, der Fabel vom Wolf und dem Hund. Hier
bricht sich trotz allen Obrigkeitslobes Schubarts Lebensthema,
der Freiheitsgedanke, Bahn, wenn der Hund an der Kette den Wolf
mit den Worten „ich Hund – du frey" bewundert.

In Straßburg schreibt Lenz Ende März nicht für das große Publikum, sondern einen ganz privaten Brief. „Hören Sie liebster Papa!", heißt es in der Anrede. Aber nicht der eigene Vater ist der Adressat – so vertraut würde Lenz den strengen Vater nie ansprechen –, sondern ein Schweizer: Johann Caspar Lavater. Der Brief geht nach Zürich, wo Lavater Pfarrer an der Waisenhauskirche ist. Fast zehn Jahre Altersunterschied liegen zwischen den beiden. Und es mutet aus heutiger Sicht durchaus skurril an, dass der dreiundzwanzigjährige Lenz den zweiunddreißigjährigen Lavater als „Papa" anspricht. Der so Betitelte ist eine schillernde und umstrittene Gestalt, die Kontakt zu den Großen des 18. Jahrhunderts pflegt.

Der Schweizer Theologe gilt als fein, geduldig, sanftmütig und liebenswürdig. Von einer pietistischen und einer orthodox-empfindsamen Herzensfrömmigkeit geprägt, versucht Lavater Glaube und Gefühl zu vereinen, überträgt den Geniegedanken auf die Religion. Freundschaft und Familie bedeuten ihm viel. Aber er hat auch einen Hang zum Wunderbaren und Obskuren, läuft jedem vermeintlichen Wunder hinterher, verkehrt mit Geistersehern, Exorzisten und Spiritisten und wird selbst als weltfremder Schwärmer wahrgenommen, der immer wieder auf Betrüger und Scharlatane hereinfällt. Das bringt Lavater öfter Häme und Spott ein. Die Bibel versteht er wörtlich. Fromme Frauen und Pietisten lieben und verehren ihn. Er hat Kultstatus: Wo er hinkommt, strömen die Menschen zu ihm. Seine Prominenz wächst stetig, bei seinen Predigten herrscht Massenandrang. Seine Gegner finden, er sei eitel und überschätze sich. Kurzum: An Lavater scheiden sich die Geister.

Neuerdings hat sich Lavater der Physiognomik verschrieben, einer Pseudowissenschaft, die vom Äußeren des Menschen, von seinen Gesichtszügen und seinem Körper, auf das Innere, auf den Charakter, zu schließen versucht. Er glaubt, dass sich so die Handschrift Gottes und das Wirken Gottes im individuellen Menschen ablesen lasse. Daher sammelt Lavater Schattenrisse und Porträts.

Alle Freunde fordert er auf, ihm Zeichnungen, Scherenschnitte von Bekannten oder Menschen aus ihrem Umkreis, aber auch Christusbilder zu schicken, denn selbst Christus und seine vermeintliche Physiognomie bezieht der Theologe in seine Forschungen mit ein. Das ist schon sehr dubios, da ja nachvollziehbarerweise niemand weiß, wie Jesus ausgesehen hat. Auch Goethe muss für Lavater ein Christusbildnis nach seinen Vorstellungen anfertigen; er betrachtet die Eigenheiten des Schweizers mit leichtem Spott. Manche treiben sogar ihre Scherze mit der Physiognomie-Sucht Lavaters und versuchen, ihm falsche Porträts unterzuschieben.

Dann gibt es auch noch eine aufsässige, rebellische Seite des ansonsten so sanftmütigen Lavater. So hat sein Kampf gegen den despotischen, selbstherrlichen Schweizer Landvogt Grebel vor einigen Jahren viele Zeitgenossen beeindruckt. Unrecht und Unterdrückung kann Lavater einfach nicht leiden.

Mit Lenz, Goethe und Herder korrespondiert der Schweizer schon seit einiger Zeit. Und Lenz gehört ebenfalls zu seinen Verehrern. In ihren Briefen wälzen der junge Dichter und Lavater theologische Probleme, heute zum Beispiel geht es um den Tod Christi. Ganz enthusiastisch schließt Lenz sein Schreiben mit der Bitte um neue Lektüre von der Hand Lavaters, der schon im Februar Erbauliches an Lenz geschickt hatte. „Ich küsse Ihnen die Hand für den Februar und bitte um weiters. Adieu Adieu". Begierig warten die Genies gegenseitig auf neue literarische Erzeugnisse.

Sophie La Roche wartet ebenfalls auf ein Schweizer Erzeugnis: auf eine Bouillon-Schale. Die Koblenzer Literatin hat gesellschaftliche Pflichten, denen sie sich als Ehefrau eines kurtrierischen Geheimen Rats nicht entziehen kann. Das Schreiben muss sie nebenbei erledigen. Nun hat sich der Kurfürst für Ende Mai zu Besuch bei den La Roches angesagt, und Sophie fängt schon einmal an, den Besuch zu planen. Dafür muss die neue Bouillon-Schale her und ein Teller, auf dem die Schale steht, noch dazu. Allerdings soll es keine gewöhnliche Bouillon-Schale sein, sondern sie soll aus der Züricher Porzellanfabrik kommen. Der Haushalt La Roche hält etwas auf sich. Sophie hat die gewünschte Schale bereits im vergangenen November bestellt, bei dem Schweizer Freund Johann Caspar Hirzel. Eine Zeichnung, wie sie aussehen soll, hat Frau La Roche auch geschickt, aber Hirzel ist noch nicht tätig geworden. Der Handel über die Entfernung ist im 18. Jahrhundert eben eine langwierige Sache.

Jetzt im März wird die Koblenzer Schriftstellerin ungeduldig und drängt, die Schale müsse her: „Lieber Hirzel, helfen Sie mir dazu, ich bitte Sie sehr." Doch nicht nur die Schweizer Bouillon-Schale wird in diesem Jahr ihren Weg zu den La Roches finden. Auch der Schweizer Lavater selbst wird noch vorbeischauen.

APRIL 1774

Freundschaftsdienste

„Womit unterhalt' ich heute meine Leser?", das fragt sich Schubart
nun also zweimal die Woche, und es fällt ihm nicht schwer, genug
Material für die Neugierde seiner Leserschaft aufzutreiben. Zur
Not dichtet er selbst.

Aber auch Europa bietet ausreichend Neuigkeiten für Schubarts Berichterstattung – und leider nicht immer gute. So muss
der Schwabe gleich in seiner ersten April-Ausgabe der *Chronik*
vom Krieg schreiben. Die kriegerischen Ereignisse zwischen Russland und der Türkei werden zu einem festen Bestandteil der Zeitschrift. Hinzu kommt der Pugatschow-Aufstand, der russische
Bauernkrieg, der sich das ganze Jahr 1774 hinzieht. Allerdings
lehnt Schubart den Anführer Jemeljan Iwanowitsch Pugatschow,
der von sich behauptete, der ermordete Zar Peter III. zu sein, ab.
Er gilt ihm als Schwärmer, und Schwärmer mag Schubart nun
einmal nicht, auch wenn sie für die Freiheit der Bauern kämpfen.

Immer wieder leidet Schubart mit den unterdrückten Polen.
Sie haben seine ganze Sympathie, nicht aber Preußen, das ein
Auge auf Danzig geworfen hat. Doch nicht nur die Polen sind in
bedrängter Lage: Der König von Sardinien will seine Ansprüche
im Kanton Bern durchsetzen, auch der französische und der Wie-
ner Hof schielen mit begehrlichen Blicken auf die Schweiz. Frankreich und Spanien rüsten ihre Kriegsschiffe – wozu, weiß keiner
genau. Trotz aller Kriegsbefürchtungen, die dann doch nicht wahr

werden, ist es Frühling, und die Herrscher Europas gehen auf Reisen: Kaiser Joseph II. begibt sich nach Paris – eine besondere Gunst für die Franzosen, wie Schubart findet; diese allerdings sehen das wohl eher nicht so. Gustav von Schweden wiederum reist nach Sankt Petersburg, und von all diesen Reisen erfahren die Leserinnen und Leser natürlich aus der *Deutschen Chronik*.

Schubart selbst beobachtet die europäischen Ent- und Verwicklungen, von denen er berichtet, mit allergrößter Neugier. Er träumt sogar davon, ein paar Jahrhunderte nach seinem Tod wieder auf die Erde zurückzukehren, um das Urteil der Nachwelt über „unser so hochgerühmtes achtzehntes Jahrhundert mit anhören zu können". Darin schwingt schon ein leiser Zweifel mit, ob das Jahrhundert tatsächlich so rühmenswert ist. In Lenz' Werken aus diesem Jahr wird der entsprechende Zweifel noch lauter anklopfen. Deutlich wird aber auch, dass Schubart keinesfalls ein neutraler Berichterstatter ist: Er pflegt nämlich einen sehr persönlichen Kontakt zu seiner Leserschaft, die jederzeit im Bilde ist über die Schubart'sche Sicht zum Berichteten.

Herder interessiert sich für Pädagogik, Jakob Michael Reinhold Lenz ebenfalls. Und auch Schubart beschäftigt sich im April in seiner *Chronik* damit. Es ist ein beliebtes Thema bei unseren Stürmern und Drängern. Nicht ohne Ironie beobachtet der schwäbische Journalist daher: „Alles wird Pädagoge, vom Professor bis zum Dorfschulmeister hinunter." Schule und Erziehung sind schon immer beliebte Betätigungsfelder für Idealisten und Weltverbesserer – mit oft zweifelhaften Einfällen und noch zweifelhafteren Folgen für die Versuchskaninchen, genannt „Schüler", das ist heute nicht anders als 1774. Schubart begleitet die verschiedenen Intentionen als Journalist und berichtet daher auch, dass in Bayern eine sogenannte „Realschule" gegründet werden soll, um Jugendliche in Wissenschaften zu unterrichten, „die den künftigen Bürger dem Staate brauchbar machen können". Tatsächlich erweist sich das Modell der Realschule als überlebensfähig.

Am 14. April wird der *Götz* im Königlichen Schauspielhaus in Berlin uraufgeführt. Zum ersten Mal tragen die Schauspieler in einem Historiendrama historische und nicht moderne Kleider. In Berlin findet das großen Beifall ebenso wie das Stück, was dem großen Aufklärungsdichter Gotthold Ephraim Lessing aber gar nicht schmeckt. Er traut den Berlinern nicht und glaubt, „eine Stadt, die kahlen Tönen nachläuft, kann auch hübchen Kleidern nachlaufen". Ob die Berliner tatsächlich so leicht zu beeinflussen sind? Auch der Verleger und Kritiker Friedrich Nicolai vermutet, dass die Kostüme eine Rolle für den überwältigenden Erfolg gespielt haben, aber nicht nur.

Sogar die Prinzessinnen und die Hofleute, die eigentlich das französische Theater lieben, das so ganz und gar nichts mit dem *Götz* zu tun hat und das von den Stürmern und Drängern ja zutiefst verschmäht wird, sind zur Vorstellung gekommen. Das Stück ist eben etwas völlig Neues, und das wollen alle sehen. Goethe selbst bekommt von dem Rummel jedenfalls nichts mit – der Meister selbst ist in Berlin nicht anwesend.

Der *Werther* ist fertig, und Goethe fühlt sich deutlich erleichtert: „Ich fühlte mich, wie nach einer Generalbeichte, wieder froh und frei, und zu einem neuen Leben berechtigt", sagt er rückblickend. Diesen vergangenen, schwierigen Lebensabschnitt hat er jetzt endlich literarisch aufgearbeitet und hinter sich gelassen. Lavater in Zürich kündigt er die Leiden eines „lieben Jungen" an und fügt erklärend hinzu: „Wir gingen nebeneinander, an die sechs Jahre, ohne uns zu nähern. Und nun hab ich seiner Geschichte meine Empfindung geliehen, und so machts ein wunderbares Ganzes." Werther ist also tatsächlich so etwas wie ein zweites Ich Goethes, das ihn lange Zeit gedanklich beschäftigt hat.

Im April kommt er nach seiner psychischen Reinigung durch das Schreiben des Romans schnell aus seiner selbst gewählten Isolation heraus: Goethe nimmt wieder an den Freitagszusammenkünften des Mariage-Spiels teil. Heiratsspiel? Was das schon wieder ist? Etwa ab Januar 1773 besteht in Frankfurt ein freundschaftlicher Zirkel junger Frauen und Männer, die sich immer freitags treffen und den Abend miteinander verbringen. Auch Goethes Schwester Cornelia hat dazugehört; nach ihrem Wegzug existiert der Kreis weiter, und Goethe nimmt nach seiner selbst gewählten Auszeit daran teil. Jede Woche werden neue Paare ausgelost, die dann „Ehepaar" spielen müssen. Natürlich nach festen Regeln. Auf keinen Fall ist es aber erlaubt, einander zu nahe zu kommen. Allen macht diese „Ehestandskomödie", wie Goethe sie selbst nennt, viel Spaß, und die ausgelosten Paarungen sorgen mitunter für Heiterkeit.

Gleich zweimal nacheinander werden Goethe und Susanna Magdalena Münch einander zugelost. Goethe ist voll des Lobes für seine fiktive Partnerin: Er findet sie schön, mag ihre Ruhe und ihren Gleichmut, lobt ihre Fähigkeiten im Haushalt. Er findet Susanna zwar nicht übermäßig gesprächig, erkennt aber ihren klaren Verstand. Das Schicksal meint es gut mit den beiden, und so werden sie sogar noch ein drittes Mal zusammengelost. Daraufhin erklärt die Freitagsgesellschaft, so erinnert sich Goethe, „der Himmel habe gesprochen", und die beiden könnten nicht mehr geschieden werden. Die Vereinigung zum „Dauerpaar" lassen sich die zwei gerne gefallen, sind sie sich doch keineswegs unsympathisch, und Goethe erfüllt mustergültig seine – wie er meint – „Ehestandspflichten". Auch über die Freitagabende hinaus bleiben der Dichter und Susanna beim „Du", das die Paare normalerweise nur für die Stunden des Mariage-Spiels im Mund führen. Nach Beendigung des Spiels kehrt man zum gesitteten „Sie" zurück, selbst wenn man im selben Alter ist. Anders bei Goethe und Susanna. Als der junge „Ehemann" allerdings zu zudringlich wird und Susanna leidenschaftlich die Hand küsst, weist sie ihn in seine Schranken. „Du mußt nicht aus der Rolle fallen", entgegnet sie ihm, „zärtlich zu sein, meinen die Leute, schicke sich nicht für Ehegatten." Aber natürlich hat Goethe mal wieder das letzte Wort, und auf das Geschwätz der Leute gibt er schon gar nichts. Susanna und er, meint er, sollten es „auf unsere Weise halten". Das hört sich vielversprechend an.

Überhaupt beobachten die Frankfurter Mütter das Mariage-Spiel mit größtem Interesse. Auch Goethes Mutter. Zu gern würde sie ihren rastlosen Filius in festen Händen sehen. Ganz geheuer sind ihr die vielen Jungspunde und selbsternannten Genies, die in Frankfurt im Hause Goethe ständig zu Gast sind und bewirtet werden müssen, nämlich nicht. Vater und Mutter Goethe diskutieren sogar über eine Italien-Reise für den umtriebigen Dichtersohn, damit er auf andere Gedanken und in andere Gesellschaft komme. (Solche Pläne können gewiss auch manche Eltern heute nachvollziehen.) Und da wäre es doch schön, schon vor der Reise Nägel mit Köpfen zu machen und Heiratspläne für die Rückkehr zu schmieden. Rein zufällig trifft man Susanna Magdalena Münch bei einem Spaziergang, lädt sie in den Goethe'schen Garten ein und unterhält sich bestens. Kurzum: Die Goethes sähen sie nicht ungern als Schwiegertochter. Als Goethe dann aber seine Mutter beim Betrachten der alten Wiegen auf dem Dachboden entdeckt, scheint ihm das Ganze unheimlich und viel zu konkret zu werden. Für eine Heirat ist Goethe noch zu unstet, und letztlich wird aus der Verbindung, auf die die Eltern Goethe spekuliert haben, doch nichts.

Goethes Gedanken kreisen immer wieder um seine literarischen Kinder – sie sind ihm lieber als echte in der Wiege. Als er seinen Freunden erstmals den *Werther* vorliest, sind sie begeistert. Und Goethe ist selig.

In diesem Frühjahr schwimmt er auf einer einzigen Woge der Kreativität, auch sein *Ganymed* entsteht nun. Ganymed, von Zeus geraubt und Geliebter des Götterkönigs, wird hymnisch besungen. Entstanden ist ein Gedicht voll erotischer Anspielungen, überschäumend vor Emotion und ein Hymnus an den beginnenden

Frühling. Goethes eigene Begeisterung, seine Sehnsucht und sein überbordendes Gefühl sprechen aus jedem Vers:

„Ach, an deinem Busen
Lieg ich, schmachte,
Und deine Blumen, dein Gras
Drängen sich an mein Herz.
Du kühlst den brennenden
Durst meines Busens,
Lieblicher Morgenwind!
Ruft drein die Nachtigall
Liebend nach mir aus dem Nebeltal.
Ich komm, ich komme!
Wohin? Ach, wohin?"

Hier spricht wieder der junge Stürmer und Dränger, der nicht weiß, wohin mit seinem Gefühl. Der Herz und Emotion über alles stellt. Frühlingsgefühle wortwörtlich.

Goethe ist derzeit wahrlich ein Tausendsassa, eine Idee jagt die andere. Rastlos dichtet er. Und so beginnt er noch ein neues Projekt. Die Volkssage des ewigen Juden Ahasverus will er in einem Epos verarbeiten. Goethe, tollkühn wie er ist, schwebt eine Religionssatire vor, in der sogar vor dem Allmächtigen nicht haltgemacht wird. Der muss nämlich seinen Sohn erst einmal herbeischreien:

„Der Vater saß auf seinem Thron,
Da rief er seinen lieben Sohn,
Mußt zwei- bis dreimal schreien.
Da kam der Sohn ganz überquer
Gestolpert über Sterne her
Und fragt' was zu befehlen."

Dem Allmächtigen geht es also nicht besser als allen anderen Eltern auch: Wenn man die Kinder braucht, sind sie gerade nicht da.

Im weiteren Verlauf kommt Christus auf die Welt zurück. Doch oh weh, die Welt liegt noch in „jener Sauce", in der er sie verlassen hat:

„‚Wo!', rief der Heiland, ‚ist das Licht,
Das hell von meinem Wort entbronnen!'"

In welche Länder Christus auch kommt, keiner erkennt ihn wieder, und er findet wenig Christliches vor – das gilt auch für die Kirche und ihre Vertreter. Die Priester sind faul und träge geworden. Schließlich lautet das Fazit:

„Er war nunmehr der Länder satt,
Wo man so viele Kreuze hat
Und man für lauter Kreuz und Christ
Ihn eben und sein Kreuz vergißt."

Sicherlich wäre *Der ewige Jude* ein interessantes Werk geworden, doch das Stück bleibt Fragment. Nur der Anfang, der Schluss und einige weitere Stellen entstehen. Goethe fehlt einfach die Zeit, um das Projekt voranzutreiben. Es gibt zu viel Interessantes auf der Welt!

Am 16. April immatrikuliert sich Friedrich Maximilian Klinger an der Universität in Gießen, um Jura zu studieren. Nicht, dass er sich besonders dafür interessiert – die Literatur findet er viel spannender. Aber von etwas muss der Mensch ja später einmal leben, und Klinger ist nicht begütert. Nach der Gymnasialzeit hat er nicht direkt zur Universität wechseln können, weil ihm schlichtweg das Geld fehlte. Klinger, der bereits im Alter von acht Jahren den Vater verloren hat, ist in ärmlichen Verhältnissen in Frankfurt aufgewachsen. Die Mutter musste die Familie allein als Wäscherin durchbringen. Tägliche Existenzängste prägen sein Leben. In der-

selben Stadt, in der Goethe aufgewachsen ist, hat er eine ganz andere Jugend als jener erlebt.

Klinger gilt als gut aussehend, ist schlank, groß, wohlgebaut und hat regelmäßige Gesichtszüge. Ein Frauentyp. Im Vergleich zu seinen Genie-Brüdern ist er ernster und gemäßigter, fast ein bisschen langweilig. Er ist begabt, hat eine schnelle Auffassungsgabe und ein gutes Gedächtnis. Klinger verehrt Shakespeare und Rousseau, insbesondere dessen *Émile*, und folgt dem rousseau'- schen Leitspruch „Zurück zur Natur!"

Seit seinem 18. Lebensjahr ist Klinger mit Goethe befreundet und profitiert von dieser Freundschaft. Goethe nimmt sich Klingers an und empfiehlt ihn Anfang April an seinen Freund, den Gieße- ner Professor Ludwig Julius Friedrich Höpfner, mit den Worten: „Lieber Höpfner, da schick ich euch einen Franckfurter, der ein braver Mensch ist, wie ihr ihm ansehn müßt." Goethe nennt Klinger „eine gute Seele", sagt aber auch, „seine häuslichen Umstände sind nicht die besten". Und so kommt es, dass Klinger, solange er in Gießen ist, bei dem Professor wohnen kann. Auch Höpfner ist literarisch interessiert: Er vergöttert Klopstocks *Messias*, ist mit Merck und dem Berliner Aufklärer Nicolai befreundet, steht den jungen Kraftgenies aber kritisch gegenüber.

Goethe indes verwendet sich nicht nur bei Höpfner für seinen Freund Klinger, sondern tut noch mehr, um dem Mittellosen zu helfen. Goethe, der schon bekannt ist in der Literaturszene, über- lässt seinem Freund Klinger einige seiner Manuskripte, seine sogenannten *Fastnachtsspiele*, die er im letzten Jahr verfasst hat. Höpfner versucht, die Texte an seinen Freund Nicolai zu vermit- teln, aber der lehnt aus Angst, Goethe könnte Satirisches geschrie- ben haben, was Ärger bedeuten könnte, ab. Außerdem fürchtet er Goethes „zügellosen Ton". Zwar versichert der Professor ausdrück- lich, dass „keine persönlichen Satiren" darin seien, aber so ganz stimmt das nicht; später wird noch davon die Rede sein. Die Beteuerung hilft nicht: Nicolai traut Goethe, dem jungen Wilden, nicht über den Weg und bleibt bei seinem Nein. Höpfner und

Goethe bemühen sich indes weiter um einen Verleger, der schließlich mit Weygand in Leipzig gefunden wird, der auch den *Werther* veröffentlichen wird. Unter dem Titel *Neueröfnetes moralisch-politisches Puppenspiel* erscheinen noch in diesem Jahr sowohl das *Fastnachtsspiel vom Pater Brey* als auch das *Jahrmarktsfest zu Plunderweilern*. Die Einnahmen daraus helfen Klinger finanziell in der ersten Zeit in Gießen, ein wahrer Freundschaftsdienst Goethes also.

Klinger lebt in Gießen mehr oder weniger ruhig vor sich hin. Den Sturm und Drang erlebt er innerlich. Aus einem wilden Studentenleben macht er sich nichts – wie gesagt, fast ist er ein bisschen langweilig.

Auch bei den Jungs des Göttinger Hainbunds tut sich etwas. Doch statt zu wachsen, wie im Januar gehofft, verkleinern sie sich erst einmal. Karl Friedrich Cramer scheidet an Ostern aus. Er war der Sohn eines Jugendfreundes von Klopstock und seit 1772 in Göttingen gewesen. Nun will Cramer nach Leipzig. Sein Verhältnis insbesondere zu Voß war nicht immer einfach, und trotz Freundschaftskult urteilt Voß ziemlich böse über den Freund: „Das ist lauter Feuer von nassem Stroh, mit vielen Blasen angefacht, und dann Rauch und – Gestank".

In Bückeburg bei Herders hellt sich die Stimmung für kurze Zeit etwas auf. Herders Freund und Verleger Hartknoch aus Riga schaut vorbei. Karoline, die den Freund ihres Mannes jetzt erst kennenlernt, ist begeistert: „O wie dank ich Euch Beide noch, daß Ihr mich in Euer Freundschaftsband so mit eingeknüpft habt!" Außerdem reist Hartknoch nicht mit leeren Händen an: Karoline bekommt einen weißen Hut und ein rotes Halstuch. Umso frustrierter ist das Ehepaar Herder, als der Freund „mit der rothe Kape" – so erinnert Karoline ihn – wieder abreist. Karoline und

Herder sind wie gelähmt, fühlen sich verwaist, und Karoline konstatiert: „[…] ich sitze wie verstummt bei meiner Arbeit, u. Herder weiß nicht was er schreiben oder lesen oder machen soll."

Tatsächlich sind solche Besuche, wenn man nicht gerade Goethe heißt und in Frankfurt lebt, eine Besonderheit, und Herders lechzen danach. Kein Wunder, dass Karoline kurz nach Hartknochs Abreise krank wird und das Bett hüten muss. Herder sieht das als weiteres Indiz dafür, dass er sich nach einer neuen Stelle umsehen muss. Er bilanziert: „Hier ist kein Land vor sie". Und wahrscheinlich meint er insgeheim nicht nur Karoline, sondern auch sich selbst.

Weg mit den Vätern!

Väter, echte und metaphorische, sind den Stürmern und Drängern ein Graus. Das ist ja durchaus nicht ungewöhnlich, dass die Jugend gegen die Eltern rebelliert und alles anders machen will. Man denke etwa an Fridays for future oder die 68er! In diesem Fall nun sind die ungelittenen Väter Rationalisten, haben sich der kalten Vernunft und der Aufklärung verschrieben und vergessen darüber Gefühl und Leidenschaft. Diese alten Zöpfe muss man abschneiden – darin sind sich die wilden Kerls einig.

Und der Vater aller Rationalisten ist Christoph Martin Wieland, Aufklärer, Dichter, Übersetzer und Prinzenerzieher. Dass er 1774 gerade einmal vierzig Jahre alt ist, spielt dabei keine Rolle. Karoline Flachsland, die Wieland persönlich kennengelernt hat, beschreibt ihn für ihren Mann und uns wie folgt: „Er ist im ersten Anblick nicht einnehmend, mager, Blatternarbicht, kein Geist und Leben im Gesicht, kurz, die Natur hat an seinem Körper nichts für ihn gethan." Eitel und stolz sei er, könne aber auch anders, sogar warmherzig, sein.

Jedenfalls sitzt Wieland in Weimar und hat Euripides' *Alceste* neu bearbeitet und dabei völlig verhunzt. So jedenfalls sieht es Goethe, der Wieland einen „Weimarer Sch—kerl" nennt und aus Ärger über Wielands Bearbeitung im Oktober des Vorjahres an einem einzigen Nachmittag in Klingers Stube in der Rittergasse in Frankfurt die satirische Farce *Götter, Helden und Wieland* verfasst hat. Eine Flasche

Burgunder hat dabei geholfen. Die Freunde, die sich einmal in der Woche bei Klinger treffen, haben den Text bejubelt.

Nun ist die Farce in der Welt und in der Öffentlichkeit. Wie das geschehen ist, darüber gibt es unterschiedliche Ansichten. Goethe schiebt die Veröffentlichung Lenz in die Schuhe. Ganz unschuldig ist er selbst aber auch nicht, denn er schreibt an den Diplomaten Gottlob Friedrich Ernst Schönborn: „Auf Wielanden hab ich ein schändlich Ding drucken lassen, unterm Titel *Götter, Helden und Wieland, eine Farce.*" Wie auch immer, die Farce auf Wieland sorgt für mächtig viel Trubel, sodass Goethe konstatieren muss: „Mein garstig Zeug gegen Wieland macht mehr Lärm, als ich dachte." Seiner Vertrauten Johanna Fahlmer, die er, obwohl sie nur fünf Jahre älter ist als er, „Tante" nennt, hatte Goethe die Veröffentlichung bereits im März gebeichtet, in der Befürchtung, dass sie ihm wegen seines unüberlegten Scherzes „einen Tritt vorn Hintern" gäbe. Erstaunlicherweise trägt Wieland die Satire mit Großmut, was natürlich Goethe ins Unrecht setzt, wie er selbst feststellt: „Er führt sich gut dabey auf wie ich höre, und so binn ich im Tort."

Was aber ist denn nun so anstößig an der Farce? Goethe wagt es, in seinem Text den Schatten des gefeierten Weimarer Schriftstellers mit Nachtmütze ins antike Griechenland zu zitieren. Dort nehmen der griechische Dichter Euripides und seine Dramengestalten Alceste und Admet Wieland in die Mangel. Euripides klagt, dass ihm übel mitgespielt wurde, Merkur will wissen, warum sein Name „prostituiert" wurde. Sie werfen Wieland vor, er habe die Figuren „zum unbedeutenden Brey zusammen gerührt". Aber Wieland gibt sich uneinsichtig, ist sich keiner Schuld bewusst. Er setzt sogar noch einen drauf und wirft den Griechen vor: „Was euch betrifft, ihr könntet, dünkt mich, wißen, daß wir euren Namen keine Achtung schuldig sind." Schließlich, so der fiktive Wieland, achte man nicht mehr die griechischen Götter, sondern den einen christlichen Gott. Als Ignorant dargestellt zu werden, das konnte dem realen Wieland nicht gefallen.

76

Anfang Mai nun trägt sich folgende Szene zu: Johanna Fahlmer sitzt in Frankfurt lesend am Klavier, Goethe kommt in einem englischen Überrock daher. Gut gelaunt auf der obersten Stubentreppe stehend und eines der gestiefelten Beine hervorstreckend, ruft er ihr entgegen: „Tante! Da komm ich [...] Ja, gestiefelt und eingemummelt." Johanna neckt ihn und hält ihm dann eine besondere Rezension seines *Götz von Berlichingen* unter die Nase. Besonders ist sie, weil sie von Wieland stammt. Es handelt sich um eine Abschrift des Artikels, der erst Ende des Monats im sechsten Band von Wielands *Merkur* erscheinen wird. Neugierig liest Goethe und stellt fest, dass Wieland eine kenntnisreiche, wohlwollende Rezension verfasst hat und ihm die Satire nicht nachträgt.

Goethe ist es jetzt, der beschämt ist. Die Freundin beobachtet den jungen Dichter, sieht, wie er zusehends rot wird und erschüttert ist. Er bekennt ihr reumütig: „Besser hätt er's nicht machen können. Sehr gut! Ich sag's ja; nun muß ich ihn auf immer gehen lassen. Wieland gewinnt viel bei dem Publico dadurch, und ich verliere. – Ich bin eben prostituiert." So schnell kehren sich die Verhältnisse also um. Johanna quittiert Goethes Selbstanklage mit einem herzlichen Lachen. Wahrscheinlich ahnt sie bereits, dass seine Zerknirschung nicht lange anhalten wird. Und dass sie, wie auch im Falle der Jacobis, immer wieder vermittelnd und mit guten Ratschlägen eingreifen muss. Ab und zu muss das Dichter-Wunderkind eben auf den Teppich zurückgeholt werden.

Eins muss man Goethe allerdings lassen: Dass er gegenüber Wieland im Unrecht war, gibt er offen zu. Zwei Tage nach der Episode mit Johanna Fahlmer schreibt er Sophie La Roche über Wieland: „Liebe Mama, ich habe des künftigen Merkurs Stellen gelesen die Mich betreffen. Er Tracktiert die Sache wie ein braver Kerl der vest im Satel sizt." Dass Goethe gegenüber Sophie La Roche so offen ist, ist umso bemerkenswerter, als die Schriftstellerin gute Kontakte zu Wieland pflegt – 1750 war sie sogar für einige Zeit mit ihm verlobt.

Das trägt sich Anfang des Wonnemonats zu. Am Monatsende

klingt Goethe schon wieder ganz anders, von Reue gegenüber Wieland keine Spur mehr. Dieselbe Sophie La Roche muss sich nun folgende, großspurige Worte anhören: „Ich dachte Wieland sollte sich so albern nicht gebärden. [...] Ich hab ihm ein Gartenhäusgen seines Papiernen Ruhms abgebrandt". Natürlich meint Goethe hier wieder seine Satire, die an Wielands Ruhm gekratzt habe. Sein Verhältnis zu dem Weimarer Dichter der Vätergeneration bleibt vorerst gespalten.

In Bezug auf Wieland sind die Stürmer und Dränger übrigens sehr uneins. Während Goethe und Lenz immer wieder mit ihm anecken – vorerst jedenfalls – und die Hainbündler aus Göttingen ihn hassen, verehren ihn Schubart und Wagner – noch.

Goethe genießt seine Scharmützel mit Wieland also in vollen Zügen ebenso wie den Beginn des Wonnemonats. Endgültig vorbei ist die Zeit des inneren Rückzugs und der Einkehr: Wir sehen ihn in Sindlingen bei Höchst auf dem Landgut der Familie Allesina, wo Goethe an der furios gefeierten, goldenen Hochzeit des Paars teilnimmt und vom 3. auf den 4. Mai in den Geburtstag der „lieben Maxe" hineintanzt, wie er Maxes Mutter, Sophie La Roche, übermütig berichtet. Es ist eine großartige Party mit farbigen Lampions und Feuerwerk am Mainufer. Goethe lebt!

Und noch über eine weitere Farce ist zu sprechen. Goethe liebt diese kleinen satirischen Stücke in der Tradition von Hans Sachs, mit denen er Feinde wie Freunde durch den Kakao zieht. Jawohl, auch seine Freunde! Und so werden nicht nur die Kestners unfreiwillig literarisch verarbeitet, sondern auch die Herders. Die Rede ist von der kurzen Satire *Pater Brey*. Das Stück gehört zu den Texten, die Goethe Klinger zur Vermarktung überlassen hat. Geschrieben hat er es anlässlich der Hochzeit der Herders im Mai vergangenen Jahres. Jetzt, in diesem Jahr 1774, erreicht es eine größere Öffentlichkeit. Deftig und volkstümlich ist es, ja derb, kein Blatt wird vor den Mund genommen. Goethe lässt das einfache, von ihm verehrte Volk zu Wort kommen. Wilhelm Heinse hat das Stück gerade gelesen und findet es noch besser als die Wieland-Farce. Deutlich weniger begeistert sind die Herders.

Worum geht es? Der Würzkrämer, der Züge von Goethes Freund Merck trägt, schimpft auf des „Teufels Pfaff", namentlich Pater Brey, der ihm seinen ganzen Laden durcheinander gebracht hat, indem er alle Waren alphabetisch sortiert hat. Offensichtlich kann er ihn nicht leiden, auch für die Entzweiung mit seiner Nachbarin Sibilla, die den Pfarrer verehrt, macht er den Pater verantwortlich. Dabei, so der Würzkrämer, bemerke sie gar nicht, wie der Pfarrer sich an ihrer Tochter Leonora zu schaffen mache:

„Aber bedenkt sie nicht dabei
Wie sehr gefährlich der Pfaff ihr sei?
Was tut er an ihrer Tochter lecken
An fremden verbot'nen Speisen
schlecken?"

Verboten ist die Speise, da besagte Tochter die Braut des Hauptmanns Balandrino ist, der in Italien weilt. Just in diesem Moment kehrt Balandrino nach drei Jahren zurück und wird von dem Würzkrämer ins Bild gesetzt. Die beiden beschließen, dem Pater eine Lektion zu erteilen. Der Hauptmann gaukelt dem Paffen vor, in der Nähe gebe es ein anrüchiges „Völklein", das es zu erziehen gelte, diese Aufgabe sei ihm wie auf den Leib geschrieben. Während der Würzkrämer den Pater in den Schweinestall führt – bei besagtem Völkchen handelt es sich nämlich um eine Schweineherde – und ihn fluchend dort zurücklässt, wird deutlich, dass Leonora ihrem Bräutigam nie untreu geworden ist. Es kommt schließlich zur glücklichen Vereinigung.

Leonora und Balandrino, hierin lassen sich unschwer Karoline Flachsland und Herder erkennen. Der geschmähte Pater Brey erinnert an Franz Michael Leuchsenring, der sich bei den Darmstädter Empfindsamen unbeliebt gemacht hat und aus ihrem Kreis hinauskomplimentiert worden ist. Es stimmt also tatsächlich keineswegs, was der Gießener Professor Höpfner dem Verleger Nicolai weismachen will: In Goethes Satire steckt durchaus wieder Persönliches. Der Frankfurter Dichter kann es einfach nicht lassen.

Aber was genau stört jetzt die Herders? Sie kommen in dem Text ja grundsätzlich nicht schlecht weg, finden am Ende als Liebespaar zueinander. Sicher sagt dem pingeligen Herder die derbe Sprache Goethes nicht zu. Und sicher gefällt ihm auch nicht die Schilderung des Würzkrämers, der Leonora mit dem Pfaffen beobachtet hat:

„Hinten am Holunderzaun
Da kam mein Pfäfflein und
Maidelein traun
Gingen auf und ab spazieren
Täten einander umschlungen führen
Täten mit Äugleins sich begäffeln
Einander in die Ohren räffeln
Als wollten sie eben allsogleich
Miteinander ins Bett oder ins
Himmelreich."

Zugegebenermaßen, das ist nicht sehr feinfühlig als Hochzeitsgeschenk. Schließlich lässt Goethe hier den Würzkrämer beschreiben, wie die Verlobte mit einem anderen anbandelt, und als Zielort wird das gemeinsame Bett benannt. Man kann die Herders durchaus verstehen.

Auch der Schweizer Arzt und Gelehrte Johann Georg Zimmermann zieht die Stirn in Falten, als er das liest, und beschwört Lavater, seinem Freund Goethe die Veröffentlichung auszureden. Nicht so tragisch findet Merck das Ganze, der sich ja selbst in dem *Fastnachtsspiel* wiederfinden kann. Er schreibt Nicolai über Goethes Schmähschriften: „Die Pasquinaden [*Satyros* und *Pater Brey*], die er gemacht hat, sind aus unserm Zirkel in Darmstadt, und alle

Personen sind gottlob so unberühmt und unbedeutend, daß sie niemand erkennen würde." Auch das stimmt nicht so ganz: Noch sind die Personen nicht auf dem Höhepunkt ihres Bekanntheitsgrades, aber bekannt sind sie schon in deutschen Landen; und es spricht sich auch herum, wer sich hinter den Figuren im *Pater Brey* verbirgt. Nicolai hat also trotz der Beteuerungen Mercks nicht unrecht, wenn er die Finger von den *Fastnachtsspielen* lässt. Goethe nimmt sich bei seinen Satiren doch immer wieder große Freiheiten heraus und eckt prompt an.

Apropos „Freiheit": Freiheit ist ein großes Wort für die Stürmer und Dränger, für Schubart ist sie gar der Begriff seines Lebens. Immer kreist sein Leben um Freiheit oder Unfreiheit. Das bleibt bis zu seinem Tod so. Am 2. Mai feiert er die Freiheit in seiner *Chronik*, indem er Klopstock zitiert und leicht abwandelt:

„O Freiheit, Freiheit!
Silberton dem Ohre!
Licht dem Verstande!
Dem Herzen groß Gefühl
Und freier Flug zu denken!"

Der freie Flug ist bei Klopstock noch ein hoher, doch für Schubart ist das Adjektiv „frei" wichtiger, und so ersetzt er „hoher" durch „freier". Das Land, auf das Schubart die Zeilen bezieht, ist England, das als frei verehrt wird. In einem anderen europäischen Land hingegen wird die Freiheit gerade weiter eingeschränkt: Voller Ironie geißelt Schubart die Verschärfung der Bücherzensur in Frankreich. Aber Frankreich hat auch nicht die Gunst der jungen Kraftgenies, die nun einmal Shakespeares Heimatland bewundern.

Und schon bald kommt ein weiteres Stück Erde auf dieser Welt hinzu, das aufgrund seines Freiheitsstrebens Schubarts Sympathie genießt. Schon in der Ausgabe vom 5. Mai bekundet er seine Begeisterung für den amerikanischen Unabhängigkeitskampf und seine Unterstützung für die Kolonisten:

„Kund sey euch daß das Volk von der Amerikaner Welt
Millionen stark ist. Ihre vereinigte Armee von freien Männern
besteht aus unzählbaren Legionen, deren unerschrockene
Seelen von Freiheit funkeln und deren Herzen durch einen
wahren Muth gehärtet sind, zu wirken, was ihnen die
Weisheit räth."

Tatsächlich wird sich der Konflikt zwischen England und den
Kolonien im Laufe des Jahres immer weiter zuspitzen. Schon wenige Wochen später, am 1. Juni, werden die *Intolerable Acts* verabschiedet, mit denen England die Kolonien in enge Schranken zu
weisen versucht. Wenn es um eigene Interessen geht, kennt auch
in England die Freiheit Grenzen.

Trotz seiner Bewunderung für diesen Freiheitskampf übersieht
Schubart als einer der Ersten auch nicht das Leid der indigenen
Bevölkerung, die von den Kolonialisten aus dem alten Europa auf
ihrem eigenen Grund und Boden unterdrückt wird. So lässt er in
derselben *Chronik*-Ausgabe einen sterbenden Indianer zu seinem
Sohn sprechen:

„Ich sterbe arm; der Christen Geiz
Ließ mir dies Stroh, worauf ich sterbe [...]"

Die Christen haben Leid über den Indianer gebracht, er bekämpft
sie folglich. Auch ihm geht es wie seinem Schöpfer letztlich um
Freiheit, und daher fordert er von seinem Sohn: „[...] sey kalt und
keck und frey und gut [...]". Schubarts Einsatz für die Indianer
steht in einer Linie mit seinem Einsatz für Juden, Arme und Leib-
eigene. Unrecht und Unterdrückung prangert er an, wo er sie entdeckt. Außerdem sympathisiert er mit den indigenen Völkern, da
er diese näher an der Natur glaubt als das verzärtelte Europa.

Im Gefolgsschritt von Jean-Jacques Rousseau schwärmt auch
Schubart: „[...] bey den rohen Nationen spricht der Naturgeist so
frey, leicht und energisch, wie der Vogel unter dem Himmel singt".

Das ist natürlich aus der Augsburger Ferne gesprochen und ein Stück weit verklärende Romantik. Dazu neigt Schubart eben auch manchmal.

Im Mai wird Lotte Kestner von einem Knaben entbunden, das Kind wird am 11. Mai getauft. Goethe gratuliert und besteht darauf, dass der Junge „Wolfgang" heißen soll. So kommt es denn auch: Der Erstgeborene der Kestners wird auf den Namen „Georg Wolfgang" getauft. Der Kleine wird einmal Archivar, Bankier und Kunstsammler werden. Seinen Patenonkel wird er allerdings erst 1819 von Angesicht zu Angesicht kennenlernen – da ist das Patenkind sage und schreibe schon dreiundvierzig Jahre alt.

Goethe kündigt am 6. Mai in einem Schreiben an den Wolfenbütteler Bibliothekar Ernst Theodor Langer eine Komödie an, die zur Ostermesse 1774 erscheinen wird. Es ist Lenz' Drama *Der Hofmeister oder Vortheile der Privaterziehung*, das für einigen Wirbel sorgen wird. Zunächst einmal ist überhaupt nicht klar, wer der Autor ist – schließlich erscheinen neue Stücke im 18. Jahrhundert in der Regel anonym, und dann beginnt stets das Rätselraten um den Verfasser. Schubart schreibt das besagte Werk Goethe zu. Das wird Lenz geärgert haben, auch wenn Goethe sein Freund ist und schnell klarstellt, dass das Drama nicht von ihm stammt. Es ist nicht Goethes Thema, sondern das von Lenz. Goethe musste sich nie als Hofmeister bei Adligen durchs Leben schlagen, Lenz schon. Er kennt die Misere eines Hofmeisterlebens nur zu gut.

In Königsberg, wo Lenz sechs Jahre zuvor sein Theologiestudium begonnen hat, war das Leben karg. Anders als Goethe konnte Lenz nicht auf ein wohlgefülltes Portemonnaie des Vaters zurückgreifen und musste als Hofmeister dazuverdienen. Am eigenen Leib lernt er die Unfreiheiten der Stellung kennen und gibt diese nach einem halben Jahr wieder auf. Aber in Straßburg lebt der junge Dichter unter den Baronen von Kleist nicht freier. Immerhin: Pädagogische Fragen interessieren die Stürmer und Dränger sehr. Schon die Aufklärung hat angefangen, neue pädagogische Ansätze zu entwickeln – Hofmeister gehören nicht mehr dazu. Zumindest theoretisch. Denn auch andere Stürmer und Dränger, die finanziell nicht so abgesichert wie Goethe sind, müssen nach wie vor das demütigende Hofmeister-Dasein erdulden: Neben Lenz gehören Boie, Wagner und Schubart dazu.

Der Titel des Lenz-Dramas *Der Hofmeister oder Vortheile der Privaterziehung* ist ironisch gemeint, denn das Stück führt die Privaterziehung durch Hofmeister schnell ad absurdum und plädiert für öffentliche Gemeinschaftsschulen. Dabei ist es 1774 durchaus üblich, dass sich adlige Familien für ihre Kinder einen Hofmeister oder Erzieher leisten. Dies sind häufig Akademiker ohne Aussicht auf eine feste Stelle. Als Privatlehrer sind sie den Wünschen ihrer Brötchengeber und deren pädagogischen Vorstellungen bedingungslos ausgeliefert. So ist es auch bei Läuffer aus Lenz' Drama. Sein Name ist Programm: Als Schachfigur wird er über das Spielbrett geschoben. Sein Vater (mal wieder der Vater!) hat ihn in die Position gebracht. Nun ist er bei der adligen Familie von Berg einem cholerischen Major ausgeliefert, der sein Gehalt ständig nach unten korrigiert; einer Ehefrau, die sich zu Tode langweilt und von ihm unterhalten sein will; einer Tochter, einer anfangs verzogenen Göre, der er Zeichnen beibringen soll, die aber gar kein Talent und Interesse daran hat; und einem Sohn des Hauses, der ihm Backpfeifen gibt, ohne dass er sich wehren kann. Ihnen allen gegenüber muss Läuffer buckeln, „mit viel freundlichen Scharrfüßen" voll Demut an ihnen vorbeilaufen. Der Hofmeister soll alles können, dafür aber nach Möglichkeit nichts fordern. Verkehrte Welt! Und dann gibt es noch den Onkel, Geheimer Rat, der Läuffer am liebsten entlassen würde, da er als überzeugter Aufklärer strikt gegen die Erziehung durch Hofmeister ist. Von was die Hofmeister dann allerdings leben sollten, würden sie entlassen, erklärt auch der Geheime Rat nicht, denn hinter der

Institution des Hofmeisters steht das Problem der stellungslosen Akademiker. Kurzum: Läuffer ist ein unfreier Mensch, genau wie sein Schöpfer zu diesem Zeitpunkt, der unter der Kuratel seiner Arbeitgeber, der Brüder von Kleist, steht. Und so lautet das Fazit des Dramas schon zu Beginn des zweiten Akts, bezeichnenderweise aus dem Mund des Geheimen Rats, der Lenz' eigene Position wiedergibt:

„Ohne Freiheit geht das Leben bergab rückwärts, Freiheit ist das Element des Menschen wie das Wasser des Fisches, und ein Mensch der sich der Freiheit begibt, vergiftet die edelsten Geister seines Bluts, erstickt seine süßesten Freuden des Lebens in der Blüte und ermordet sich selbst."

Freiheit ist für die Stürmer und Dränger ein wichtiges Schlagwort, doch leider sind ihre äußeren Lebensumstände häufig nicht frei. Lenz wird im September einen ersten Befreiungsversuch unternehmen.

Derweil muss sich sein Hofmeister Läuffer in sein trostloses Leben fügen, und es kommt, wie es kommen muss: Eine Affäre mit Gustchen, der verzärtelten und ständig schwärmenden Tochter des Hauses, wird offenbar. Beide fliehen. Läuffer findet Aufnahme bei dem Dorfschullehrer Wenzeslaus, der ein mehr als dürftiges Leben führt, aber immerhin frei ist. Dort verfällt Läuffer auf die kuriose Idee sich zu kastrieren – weshalb, bleibt im Dunkeln. Auch Gustchen läuft fort und bringt bei einer alten Frau, der blinden Marthe, ein Jahr später, ein Kind zur Welt. Die Schwangerschaft von zwölf Monaten, denn alles deutet daraufhin, dass Läuffer der Vater sein soll – er erkennt sich später im Antlitz des Kindes selbst wieder –, bleibt ein großes Rätsel des Dramas. Ebenso das Geschlecht des Kindes, das einmal ein Mädchen und am Ende ein Junge ist. Vielleicht macht sich Lenz auch über seine Leser lustig.

Im Drama geht es währenddessen stürmisch zu: Der Major stöbert Läuffer in seinem Versteck bei Wenzeslaus auf und schießt dem armen Hofmeister in den Arm. Was folgt, ist unverhohlene Adelskritik: Der Geheime Rat will, dass ein Chirurgus geholt werden soll, um Läuffers Arm zu kurieren, die Kosten will er übernehmen. Da rastet der Dorfschullehrer Wenzeslaus aus und nennt die beiden Adligen kurzerhand „Straßenräuber": Sie nehmen sich das Recht, willkürlich in seine Stube einzudringen, schießen seinen Gast über den Haufen und das alles nur, weil sie dazu die Macht und das Geld haben. Gustchen, die sich nach einer schweren Geburt auf den Weg gemacht hat, ihren Vater zu suchen, und ihr Kind bei der blinden Marthe zurückgelassen hat, stürzt sich unterwegs in einen Teich. Der Major kommt hinzu, springt seiner Tochter nach und rettet sie, während der adlige Verehrer Gustchens von ehedem, ein Graf Wermuth, zimperlich am Teichrand steht: Er kann nicht schwimmen und bleibt bei der Rettungsaktion lieber vornehm an Land. Immer mehr gibt Lenz das Personal seines Dramas der Lächerlichkeit preis.

Gänzlich turbulent wird es am Schluss: Ein zuvor gewalttätiges Personal produziert auf einmal eine völlig unglaubwürdige Harmonie, alles löst sich scheinbar in Wohlgefallen auf: Gustchen heiratet ihren Cousin Fritz von Berg, den Sohn des Geheimen Rats, der ihr ihren Fehltritt verzeiht, das Kind als seines annimmt und beschließt, es nie durch einen Hofmeister erziehen zu lassen. Läuffer findet sein Auskommen bei Wenzeslaus und heiratet trotz Kastration die Dorfschöne Lise. Fritz von Bergs Studienfreund Pätus gewinnt in der Lotterie, kann seine gesamten Schulden zurückbezahlen und die Jungfer Rehaar heiraten, die er dadurch entehrt hatte, dass er nachts heimlich bei ihr eingestiegen war. Dass freie Sexualität gegen die Standesgrenzen und die Regeln der Gesellschaft so folgenlos und harmonisch endet, das, so wusste der zeitgenössische Leser nur zu gut, gibt es nur im Drama, nicht aber in der Realität. Bewusst überspitzt Lenz hier und führt eine Idylle vor, die Illusion ist. Ironisch verdreht der Autor die Welt.

Realistischer sind da schon die allgegenwärtigen Gewalttätigkeiten: Vor allem bei den Studenten um Fritz von Berg und Pätus in Halle geht es nicht gerade feinsinnig zu. Pätus häuft Schulden über Schulden an, sodass Fritz von Berg, der für ihn gebürgt hat, in den Karzer muss. Pätus ist es auch, der das Kaffeegeschirr seiner Wirtin aus dem Fenster wirft, die daraufhin droht: „Ich kratz Ihm die Augen aus dem Kopf heraus." Bollwerk, ein weiterer Student, schlägt vor, den Schneider, der auf Pump keinen Rock machen will, die Fenster einzuschlagen. Wenig später soll Pätus das „Fell" über die Ohren gezogen werden. Aber auch zu Hause, in der Eltern-generation, geht es nicht friedlicher zu. Als die Majorin in Ohn-macht fällt, schüttelt ihr Mann sie und sagt: „Was fällst du da hin; jetzt ist's nicht Zeit zum Hinfallen." Seine Frau nennt er auch schon mal „Hure". Nette Leute. Ohrfeigen werden reichlich ver-teilt, es wird geschossen und Satisfaktion gefordert. Das ist gerade keine harmonische Welt, die hier vorgeführt wird – umso surrea-ler wirkt der Schluss.

Auch die Leser wissen um die mit vielen Mängeln belastete Realität um sie herum: Dass zwischen Russland und der Türkei gerade mal wieder Krieg herrscht, davon war bereits die Rede. In seiner Rührseligkeit und seinem Selbstmitleid träumt der adlige Major davon, in diesen Krieg zu ziehen. Das gilt in der Regel als Zeichen von Heroismus und Tätigkeit. Dennoch findet sich gerade in dem als äußerst verwahrlost, faul und gewalttätig geschilderten Studentenmilieu eine überraschende Bemerkung des Musikers Rehaar, der in seiner Armut darauf angewiesen ist, anderen Stu-denten Musikunterricht zu erteilen, so auch dem Neffen des Majors, Fritz von Berg. Diesem erklärt er, als er mal wieder fest-stellen muss, dass sein adliger Zögling die Laute noch nicht ange-rührt hat:

„Man sagt: die Türken sind über die Donau gegangen und haben die Russen brav zurückgepeitscht, bis – Wie heißt doch nun der Ort! Bis Otschakof, glaub ich; was weiß ich? So viel sag ich Ihnen, wenn Rehaar unter ihnen gewesen wäre, was meinen Sie? er wäre noch weiter gelaufen. Ha ha ha! [...]

Ich sag Ihnen, Herr von Berg, ich hab keine größere Freude, als wenn ich wieder einmal in der Zeitung lese, daß eine Armee gelaufen ist. Die Russen sind brave Leute, daß sie gelaufen sind; Rehaar wär auch gelaufen und alle gescheute Leute, denn wozu nützt das Stehen und sich totschlagen Lassen, ha ha ha."

Ganz nebenbei zeigt Lenz hier, wie unterschiedlich die Rollen in dieser Gesellschaft im Jahre 1774 verteilt sind. Während Adlige den Krieg rosarot sehen, ist der einfache Bürger viel eher Realist: Er hat nichts davon, sich für die Großen totschießen zu lassen. Daher sollte er besser die Füße in die Hände nehmen und rennen. Nicht einmal den Namen des Ortes, um den gekämpft wird, kennt man genau, und dafür soll man sein Leben opfern? Das ist Gesellschaftskritik vom Feinsten.

Lenz handelt sich mit dem Stück *Der Hofmeister oder Vortheile der Privaterziehung* großen Ärger ein – vor allem in der eigenen Familie macht er sich Feinde. In der eigenen Familie? Nun ja, Lenz hat es gewagt, einige Figuren im Stück nach noch lebenden Personen zu benennen, was diese natürlich nicht gut finden. Außerdem hat seine Großmutter einen bürgerlichen Hofmeister geheiratet, und Lenz wird nun als Nestbeschmutzer geschmäht. Die Story selbst hat sich so in einer bekannten Livländer Familie ereignet. Daher ist es Lenz' eigener Familie überaus peinlich, dass das schwarze Schaf der Familie, als das Jakob Michael Reinhold Lenz angesehen wird, den Vorfall ans Licht der literarischen Öffentlichkeit zerrt.

Die Rezensentenwelt reagiert wie immer – völlig unentschieden. Während Johann Joachim Eschenburg den *Hofmeister* ablehnt und glaubt, „zur Vorstellung wird dieß Stück [...] doch wohl nie gelangen", ist Schubart hellauf begeistert. Während Eschenburg tadelt, dass Lenz die festgeschriebenen Regeln der Kunst und vor allem die drei Einheiten nicht einhält, so fasziniert gerade dies Schubart. Da traut sich einer mal, die drei Einheiten, die seit Aristoteles nicht angetastet werden, diese „Krücken für Lahme", wie Schubart findet, hinwegzufegen.

Was aber genau sind die drei Einheiten? Seit Aristoteles gilt die sogenannte „Einheit der Handlung, der Zeit und des Ortes". Dies bedeutet, dass ein Drama eine einheitliche Handlung ohne Nebenhandlungen haben muss. Es sollte an einem Ort spielen, d. h. Ortswechsel sollten nur selten vorkommen. Und schließlich sollte ein Drama keine Zeitsprünge beinhalten, in der Regel sollte es einen Zeitraum von vierundzwanzig Stunden nicht überschreiten. An diese poetologische Regel haben sich die Dichter bislang gehalten, Lenz aber nicht.

Der erste, der mit den drei Einheiten gebrochen hat, war Goethe. In seinem *Götz* hat er sich grandios über alle Regeln hinweggesetzt. Dass Schubart und die meisten Rezensenten ihm daher auch den anonym erschienenen *Hofmeister* zuschreiben, ist nachvollziehbar. Matthias Claudius sieht zu Recht im *Hofmeister* den „jüngern Bruder" des *Götz*. Beide, Goethe wie Lenz, ignorieren in diesen Werken die bisherigen poetologischen Regeln und nehmen sich neue Freiheiten heraus. Schubarts Irrtum dauert daher bis August, als er immer noch schreibt: „Ich kann's allen aufgeklärten Deutschen zumuthen, daß sie diese neue ganz eigenthümliche Schöpfung unsers Shakespeares, des unsterblichen Dr. Göthe, schon werden gelesen, empfunden, angestaunt haben."

Die Autoren veröffentlichen ihre Werke im 18. Jahrhundert in der Regel anonym, wie wir schon gehört haben. Meist spricht sich jedoch recht schnell herum, wer der Verfasser ist. Nicht so beim *Hofmeister*. Die Verwechslung, wenn auch aufgrund des gemeinsamen neuen Literaturstils nachvollziehbar, ist dennoch symptomatisch: Nie wird Lenz wirklich mit seinem Frankfurter Freund mithalten können. Es fehlt ihm an Goethes Charisma, an dessen Kontakten und dessen Geldbeutel. Nie wird Lenz von den Zeitgenossen als gleichwertig angesehen werden, auch von Goethe selbst nicht. Daran wird ihre Freundschaft letztlich zerbrechen. Immerhin sollte der Rezensent Johann Joachim Eschenburg nicht recht behalten: Lenz' *Hofmeister* wurde 1778 in Hamburg urauf-geführt, wenn auch in einer stark veränderten Fassung. Tatsäch-lich blieb *Der Hofmeister* das einzige von Lenz' Stücken, das zu seinen Lebzeiten auf die Bühne gebracht wurde. Auch in dieser Hinsicht also muss Lenz Goethe den Vortritt lassen.

Dabei ist es Lenz, der schließlich das poetologische Manifest des Sturm und Drang formuliert. Zwar erscheinen seine *Anmer-kungen übers Theater* erst zur Herbstmesse 1774, aber ihr Inhalt beeinflusst maßgeblich alle Dramen der jungen Genies, die in diesem Jahr erscheinen. Lenz hat die *Anmerkungen übers Theater* bereits seit dem Winter 1771/72 niedergeschrieben und der Straß-burger Société vorgelesen. Er beschreibt darin das künstlerische Programm der Stürmer und Dränger: Es geht um die Nachah-mung der Natur. Das poetische Genie hat die Aufgabe, mit seiner Schöpfungskraft den Gegenstand zurückzuspiegeln, sodass Ge-mälde und Wirklichkeit beinahe miteinander verwechselt wer-den könnten. Nicht einem Ideal soll nachgeeifert werden, nicht eine besonders schöne oder sittlich gute Handlung dargestellt werden, sondern die Welt, wie sie ist. Den idealischen Dichter verabscheut Lenz. Das Genie hingegen bezieht Stellung und zeigt die Natur. Deshalb sind die großen Vorbilder der Genies auch Rousseau und Shakespeare; deshalb lehnen sie das französische Theater ab.

Auch bei Lenz findet sich diese Shakespeare-Verehrung, wenn er das Genie des englischen Dramatikers lobt, dieser habe „Thea-ter fürs ganze menschliche Geschlecht" gemacht, „wo jeder stehn, staunen, sich freuen, sich wiederfinden konnte, vom obersten bis zum untersten". Shakespeare, so Lenz, zeige wahre Menschen in ihrer Natur, echte Gefühle und keine leeren, formelhaften Puppen.

Darüber hinaus liefert Lenz in seinen *Anmerkungen übers Thea-ter* eine ganz neue Definition von Komödie und Tragödie. So habe die Komödie immer eine Sache als zentralen Mittelpunkt, die Tra-gödie aber eine Person. Lenz' *Hofmeister*-Komödie hält sich an diese neue Definition. Die Sache, um die es hier geht, ist die Bildung, die demokratisiert und an staatliche Schulen für alle verlagert werden soll. Obwohl Lenz eine theoretische Abhandlung über das Theater formuliert, offenbart seine Schrift einen durchaus humorvollen Verfasser, der sich erlaubt, die zuhörenden Herren „beim Arm zu zupfen", und der sich entschuldigt, wenn er die Geschichte des Theaters, „die Bühne aller Zeiten", auf die Schnelle „zusammengenagelt" hat. Am Ende bilanziert der Schreiber müde, aber selbstkritisch und auch etwas spöttisch: „Denn es ist eine verdrüßliche Sache, von Dingen zu schwätzen, die sich nur sehen und fühlen lassen, über die nichts gesagt sein will [...]." Also genug der Theorie und ab ins Theater!

Nachdem sich also schon Lenz' *Hofmeister* in diesem Frühjahr pädagogischen Fragen widmet, kommt Schubart am 9. Mai noch einmal darauf zurück. Er druckt ein angebliches Schreiben an ihn selbst, den Verfasser der *Deutschen Chronik,* ab. Da das Schreiben genau Schubarts eigene Meinung widerspiegelt und Schubart abgedruckte Leserbriefe häufig selbst verfasst, darf man auch bei diesem Leserbrief getrost von seiner eigenen Urheberschaft ausgehen.

So übt der „Leserbrief-Schreiber" harte Kritik an der Schule. Ist bei Lenz die Dorf- bzw. Stadtschule gegenüber der Hofmeisterei ein Lichtblick, so werden diese Hoffnungen nun gänzlich zerstört, indem der eintönige Schulalltag als Schreckensbild geschildert wird: Die Schule beginnt für die Knaben (wohlgemerkt: nur die Knaben) um acht Uhr morgens; nach Gebet und Buchstabieren folgt das Rezitieren des Katechismus „ohne Verstand"; danach „müssen Gesänge, Psalmen, Sprüche, Lieder, ellenlange Antworten auf ellenlange Fragen hergeleiert werden". Das Schlimmste dabei ist: Die Schüler pauken und leiern auswendig Gelerntes herunter, ohne es wirklich verstanden zu haben. Und über allem schwebt das Damoklesschwert ständiger Prügel durch den Lehrer. Mit dem Lateinischen geht es nicht besser: Deklinieren, Konjugieren und Vokabelpauken ohne echtes Verstehen. Das ist sinnlos und keine Schule fürs Leben.

Wenn soeben davon die Rede war, dass Lenz' *Anmerkungen übers Theater* die Dramen der jungen Wilden des Jahres 1774 beeinflusst haben, so gibt es eine Ausnahme: Goethe neues Projekt, das ungewohnt konventionell daherkommt. Bei den Zusammenkünften des Freitagszirkels mit seinem Mariage-Spiel wird erwartet, dass bei jedem Treffen etwas Neues vorgelesen wird. Ausgerechnet an einem Freitag, dem 13., gelingt Goethe ein Glücksgriff: Er bringt die Memoiren des französischen Abenteurers Pierre Augustin Caron de Beaumarchais mit, die im Februar erschienen sind und Goethe gleich begeisterten. Auch bei der Freitagsgesellschaft kommt das Werk gut an, und Goethes „Ehepartnerin" Susanna Magdalena Münch fordert ihn auf, die Memoiren zu einem Schauspiel zu machen. Das lässt sich Goethe nicht zweimal sagen, und er verspricht, eine Woche später, beim nächsten Freitagstreffen, das geforderte Theaterstück vorzulegen. Nachdem er seine „Ehegattin" nach Hause begleitet hat, nimmt Goethe einen großen Umweg in die eigene Stube im Hirschgraben, sinnt über das zu entstehende Stück nach und setzt sich gleich an den Schreibtisch: Sieben Tage später ist sein Trauerspiel *Clavigo* fertig. Die Freitagsgesellschaft spendet reichlich Beifall.

Das Stück spielt in Madrid. Clavigo, aufstrebender Archivarius des Königs und Schriftsteller, hat seine mittellose Geliebte Marie Beaumarchais verlassen. Der völlig verzweifelten Frau eilt ihr Bruder aus Frankreich zu Hilfe. Er presst Clavigo ein Schreiben ab, das die Ehre seiner Schwester wiederherstellt. Sollte sich Clavigo weigern, das Schreiben zu veröffentlichen, so will er ihn zum Duell fordern. Doch Clavigo ist erneut für Marie entbrannt und bittet sie um Vergebung – und Marie vergibt ihm. Aber da kommt Carlos, Clavigos Freund, dazwischen. Er appelliert an seine Vernunft: Eine Heirat mit Marie würde Clavigos gesellschaftlichen und beruflichen Aufstieg, seinen Erfolg als Schriftsteller, zum Erliegen bringen. Die Gesellschaft würde die Heirat nicht verstehen und daher missbilligen. Mit Marie, die zudem an Schwindsucht leide und ihm keine gesunden Nachkommen gebären könnte, würde Clavigo eine stille bürgerliche Ehe führen. Auf der anderen Seite würden reiche, einflussreiche und schöne Frauen auf den Aufsteiger Clavigo warten. Vielleicht winke sogar ein Ministeramt!

Clavigo, wankelmütig und nicht entschlusssicher, entscheidet sich erneut um und verlässt Marie ein zweites Mal. Das ist zu viel für die angeschlagene junge Frau, sie stirbt. Unterwegs begegnet Clavigo dem Leichenzug. Verzweifelt stürzt er sich auf die Tote und fällt vor dem Sarg nieder. Es kommt zum Kampf mit Beaumarchais, Maries rachedurstigem Bruder, der Clavigo die Schuld am plötzlichen Tod seiner Schwester gibt. Im Verlauf des Gefechts stößt Beaumarchais Clavigo den Degen in die Brust. Clavigo stirbt kurz darauf am Sarg seiner ehemaligen Geliebten, verzeiht seinem Mörder aber noch und gibt Carlos den Auftrag, Beaumarchais zu retten.

Anders als bei der Freitagsgesellschaft findet das Stück bei Goethes Freund Merck kein Gefallen: „Mephistopheles Merck", wie Goethe seinen kritischen Freund scherzhaft nennt, hält *Clavigo* für „Quark". Er befindet es für zu gewöhnlich, Goethe könne Besseres. Dabei trägt die Figur des grillenhaften und beredten Carlos durchaus Züge von Merck selbst. Goethe ist natürlich anderer Meinung und schickt das Manuskript Ende Mai an seinen Verleger Weygand in Leipzig. Auch Schubart, der die Werke der Stürmer und Dränger in der Regel enthusiastisch bejubelt, mag den *Clavigo*, als er veröffentlicht ist, nicht. In seiner direkten Art befindet Schubart, Clavigo schwatze, obwohl tödlich verwundet, „noch so albern, wie ein altes Weib". Und weiter meckert er: „Und die arme Marie! Gott weiß, warum die stirbt. Offenbar nur, damit man im 5ten Akt eine Leiche hat etc." Wieland gar versucht, an dem Stück zu belegen, dass bei Goethe zum großen Dichter „noch viel fehlt". Nun, dass Wieland dem jungen Literaten nicht unbedingt versöhnlich gesonnen ist, verwundert im Gegensatz zu Schubart nicht unbedingt. Nicht alle sehen das Stück aber so nüchtern und kritisch, gibt es doch auch Leser, die beteuern „eine Tonne Wasser bei Durchlesung dieses Stücks herausgeweint" zu haben. Das behauptet jedenfalls der Komponist Ernst Wilhelm Wolf in einem Brief an Carl Ludwig von Knebel, den Prinzenerzieher am Weimarer Hof. So unterschiedlich können Leseerfahrungen sein!

Auch der labile Clavigo, unentschieden hin- und hergerissen zwischen den Möglichkeiten des Lebens, trägt wie Werther Züge seines Schöpfers, der manchmal noch ein Suchender ist und nicht weiß, wohin ihn sein Lebensweg führen wird. Noch liegt Weimar in weiter Ferne. Wie im *Werther* werden äußerlicher Erfolg und gesellschaftliches Ansehen hinterfragt. Und Carlos, zwar Gegner der Heirat und mephistophelischer Einflüsterer, gibt Clavigo mit auf den Weg: „Was ist Größe, Clavigo? Sich in Rang und Ansehn über andre zu erheben? Glaub es nicht!" Carlos kann den schwankenden Clavigo beeinflussen, der durch seine mangelnde Standfestigkeit Verrat begeht und schuldig wird. Ebenso wie Clavigo schwankt auch sein Schöpfer Goethe in diesem Jahr immer wieder in Bezug auf seine Sympathien und Antipathien und schüttet beides mit dem Suppenlöffel aus.

Der Mai macht viele neue literarische Werke der Öffentlichkeit bekannt. Das ist kein Wunder: Es ist der Monat der ersten großen Buchmesse im Frühjahr. Auch Herders aktuelles Werk, das ihn schon seit Jahresanfang beschäftigt, ist endlich auf dem Markt. Allerdings handelt es sich weder um einen Roman noch um ein Drama, sondern um eine philosophische Abhandlung: *Auch eine Philosophie der Geschichte zur Bildung der Menschheit*, so heißt die Schrift, die eine neue Geschichtsbetrachtung entwirft. Herder wendet sich darin gegen einen Geschichtspessimismus, der die

Welt dem Untergang geweiht sieht, redet aber auch nicht den Optimisten nach dem Mund, die ein Fortschreiten der Menschheit bis zum gegenwärtigen Zeitpunkt beschwören und verächtlich auf die Vergangenheit blicken. Vielmehr wählt Herder einen dritten Weg und stellt die Epochen der Menschheit gleichberechtigt nebeneinander. Die Gegenwart glorifiziert er nicht, sondern äußert harte Kritik. Vor allem das vermeintlich aufgeklärte Europa kommt nicht gut weg: Herder kritisiert, die Europäer erfänden immer neue Mittel, um andere Völker und Weltteile zu unterdrücken, zu unterjochen und auszuplündern. Interessanterweise befindet sich der Theologe und Philosoph hier auf einer Linie mit Schubart, mit Lenz und dessen Prinzen Tandi, von dem in diesem Jahr noch die Rede sein wird.

Da Herder Freiheit und Gleichheit der Menschen beschwört und anti-absolutistische Tendenzen vermuten lässt, befürchtet er Probleme mit seinem Arbeitgeber. Daher kommt Herder im Gegensatz zu Lenz die übliche Anonymität des Autors beim Erscheinen eines Werkes gerade recht. Seinen Freund und Verleger Johann Friedrich Hartknoch, der gerade zu Besuch war, instruiert er mit ungewöhnlichen Anweisungen: „Lügen, trügen, fingieren Sie lieber gleich einen Namen". Für einen Pfarrer ist solch eine direkte Aufforderung zu Lüge und Betrug sicherlich überaus ungewöhnlich, doch Herder braucht das Geld aus seiner Bückeburger Anstellung: Demnächst muss er eine Familie ernähren, seine Frau Karoline ist schwanger.

Trotz des neuen Werks auf dem Markt, für das er von seinem Briefpartner Johann Georg Hamann Lob bekommt, trotz des erquicklichen Besuchs seines Rigaer Freundes Hartknoch und trotz der Aussicht auf das baldige Anwachsen der Familie gibt sich Herder nach wie vor miesepetrig. Immer noch sitzt er isoliert im unbedeutenden Bückeburg, immer noch stören ihn die Druckfehler in der neuen Schrift, und viel Zustimmung zu ihrem Inhalt erwartet er auch nicht: „Ein Theil wird schreien ein ander Theil es aus altem Vorurtheil anstaunen, was kümmerts mich?" Das ist dann doch arg untertrieben: Natürlich kümmert Herder die literarische Welt und ihre Meinungen. Schon wenig später klagt er, dass er von Hamanns neuen Veröffentlichungen noch nichts gesehen hat, dass er in seiner „Höle Lokalursachen halb immer der letzte seyn m u ß u. doch wollte u. sollte ich gern, Einer der Ersten seyn die Sie lesen". Aber das ist keineswegs nur Herders Problem. Wir haben schon gesehen, dass es 1774 gar nicht einfach ist, immer an die neuesten Veröffentlichungen zu kommen.

Mit Johann Georg Hamann tauscht sich Herder übrigens gerne über die aktuellen literarischen Entwicklungen aus. Der vierzehn Jahre ältere Hamann ist so etwas wie ein Lebensfreund Herders, aber auch ein Wegbereiter unserer Stürmer und Dränger. Ebenso wie sie steht er einer rein rational orientierten Aufklärung kritisch gegenüber. Kennengelernt hat Herder den christlich geprägten Schriftsteller, als er dessen Vater, einen Augenarzt, wegen seines Augenleidens konsultierte. Zwölf Jahre kennen und schätzen sie einander nun, und Herder klagt ihm immer wieder sein Leid.

Auch wenn Herder sich über das Schreien der Kritiker echauffiert, die sein Werk zerreißen, geht er selbst mit den anderen keineswegs sanft um, ja, er teilt kräftig aus. Gegenüber Hamann bekommt die gesamte literarische Gesellschaft des Jahres 1774 denn auch ihr Fett weg! Lessing? Ein ordentlicher Mann, aber Herder steht in keiner Verbindung zu ihm. Also auch kein Wort weiter über ihn. Lavater? Mit dem versteht sich Herder sehr gut, trotzdem ist seine nächste Schrift, die bald erscheinen wird, die *Urkunde*, „viel zu harte Speise" für den Züricher. Klopstocks neuestes Werk? „Knabenwerk u. Spiel!" Zwar habe es einen schönen Stil, das ist aber schon alles. Dann zieht Herder alle Register und schreibt Klopstocks *Gelehrtenrepublik* in Grund und Boden: „Unausstehlich dem Einen Einfall Umfang gegeben! Sauersüß die Sprache Luthers mißbraucht! ohne Detailkenntniß über Alles u. über Nichts geredet. Kurz kein Mensch wird das Buch ganz lesen u. anwenden können [...]". Das sind wahrlich starke Worte über einen Mann, den Herder durchaus schätzt. Und weiter geht's: Winckelmann? Den würde Herder tatsächlich gern lesen, aber er hat noch nichts bekommen. Der Hamburger Verleger Johann Joachim Christoph Bode? Ein „Dickbauch", auf den man sich nicht verlassen kann. Pfenninger in Zürich? Grundsätzlich mag Herder den Theologen, aber Pfenningers *Vorlesungen über die Wahrheit*? Sie sind dann doch „ein mittelmäßiges Buch". Kein Wunder, dass Herder weder mit Pfenninger „noch mit aller Autorschaft in Deutschland in Briefwechsel" steht.

Und Herder setzt noch einen drauf: In einer Zeit, in der jeder jedem schreibt, in der Briefe das zentrale Kommunikationsmittel sind, das Freundschaften anbahnt und aufrechterhält, fragt er missmutig und gereizt: „Wozu das Schreiben?" Noch deutlicher wird Herder Ende des Monats, als er über die deutsche Literaturszene ein hartes Urteil fällt, das negativer kaum möglich ist: „Auf unserm oder um unsern deutschen Helikon [Sitz der Musen] lauschen so viel Uhus, schnattern, schreien, brummen so viel Gänse, Frösche, Bären und am allermeisten Echos von Midasstimmen [...]". Der Midas der antiken Sage war übrigens bekannt für seine Gier und seine Dummheit. Kein Wunder, dass Herder sich mit seiner Kollegenschelte zurzeit nicht viele Freunde in der Literaturszene macht.

Aber Herder hadert nicht nur mit der literarischen Welt. Auch der alte Streit mit Merck aus dem letzten Jahr belastet ihn immer noch. Von dem Zwist war schon die Rede: Die ehemaligen Freunde haben sich überworfen, und der Darmstädter Kreis ist daraufhin auseinandergebrochen. Doch auch jetzt, viele Monate später, ist Herders Unmut auf Merck noch nicht verblasst. So lässt er gegenüber Johann Georg Hamann eine regelrechte Hasstirade auf den einstigen Freund niederfahren. „Heuchler, heimlicher Betrüger, Lästerer, Verhetzer" – das sind die Schimpfworte, mit denen Herder Merck bedenkt. Der ehemalige Freund habe ein anvertrautes Geheimnis ausgeplaudert, ihn darüber hinaus verleumdet und sein Wissen auch noch falsch und verunstaltet dargestellt.

Kurzum: Herder ist immer noch tief enttäuscht und beleidigt. Merck ist für ihn die „höllische Katze".

Die „höllische Katze" sieht das Ganze übrigens nicht so dramatisch: Eine „Trätscherey", sagt Merck, sei für den Unfrieden verantwortlich, die auf Herders Freund Hartknoch zurückgehe und die von diesem nicht aufgrund böser Absicht in die Welt gebracht worden sei. Tatsächlich hatte Hartknoch seinem Freund Herder im Herbst des letzten Jahres vermeldet, Merck habe auf seiner Russlandreise mit der Landgräfin bei ihm Station gemacht. Zwar bezeichnet Hartknoch Merck als rechtschaffen, berichtet aber gleich im folgenden Satz tatsächlich Zweifelhaftes über Merck, der damals noch Herders Freund ist: „Er schien etwas gegen Sie zu haben, wollte aber nicht mir [sic!] der Sprache heraus." Ob dies allein auf einen Eindruck Hartknochs zurückgeht oder ob Merck sich wirklich despektierlich über Herder geäußert hat, muss im Dunkeln bleiben. Jedenfalls greift Hartknoch das Thema noch einmal auf, als er Herder erzählt, Merck habe von Herders Bemühen um eine Stelle in Sankt Petersburg gesprochen, sei aber „ganz und gar dawider", über die Gründe müsse er Merck selbst interviewen. Offensichtlich liegt hier der Beginn des Zwists begründet. Herder fühlt sich verraten, von einem Freund bei seinem besten Freund! Hat Merck hier wirklich intrigiert oder Hartknoch etwas nicht richtig verstanden und unglücklich oder falsch weitergegeben? Schwer zu entscheiden, wer hier recht hat! Auf jeden Fall herrscht Funkstille zwischen den beiden einstigen Freunden.

Zu allem Unglück ist Herder auch noch gesundheitlich angeschlagen, daher plant er für den Sommer eine Kur in Pyrmont und klagt Lavater: „Ich muß in Pyrmont seyn, der hämorrhoidalischen Kolik wegen, die mich vorigen Sommer bis zum Entsetzlichen gequält." Hämorrhoiden also? Der Herder-Biograf Michael Zaremba vermutet, dass es sich bei der sogenannten „Kolik" um eine Thrombose mit einer Entzündung im Gesäßgeflecht gehandelt habe, die Herder schwere Schmerzen zugefügt habe. Trifft diese postmortale Diagnose tatsächlich zu, muss allerdings in Frage gestellt werden, ob das Pyrmonter Heilwasser hier helfen konnte. Auf jeden Fall wird Herder aufgrund seines Pyrmont-Aufenthalts Lavater verpassen, der im Juni nach Schwalbach kommt.

Am 10. Mai wird Ludwig XVI. König von Frankreich, nachdem Ludwig XV. einen Tag zuvor gestorben ist. Ludwig XVI. bleiben noch fünfzehn Jahre, bevor ihn die Französische Revolution hinwegfegen wird – da helfen auch Schubarts Vorschusslorbeeren nichts, der es nicht versäumt, den neuen König immer wieder zu loben. Am 19. Mai weiß Schubart in Augsburg allerdings noch nichts von dem Thronwechsel in Frankreich. Er berichtet lediglich, dass Ludwig XV. mit Blattern im Bett liege. Eine Woche später, am 26. Mai, hat dann aber auch Schubart Kenntnis vom Tod Ludwigs XV. und stellt pragmatische Nachbetrachtungen zu dessen Tod an: „Was half Ludwigen sein Königreich, das schönste der Welt? Was half ihm sein Versailles, sein Marli und sein hochgethürmtes Paris?" So kann man den Tod eines Herrschers auch sehen.

Derweil brennt in Weimar das Schloss ab. Schubart berichtet von dem verheerenden Brand: „Weimar hat seinen prächtigen Pallast mit dem meisten Geräthe, der vortreflichen Gemäldesammlung, und der kostbaren Bibliothek im Feuer verlohren." Er weiß angeblich auch, dass der Erbprinz bei dem Feuer fast sein Leben geopfert hätte, ein Stallmeister habe ihn gerade noch retten können. Dem mutigen Erbprinzen werden wir im Dezember in Frankfurt wieder begegnen, wenn er den Verfasser des *Werther* kennenlernen möchte. Ob sich die Weimarer Schubarts Sichtweise in Bezug auf den Tod des französischen Königs, dass ja aller Besitz und alle Königsschlösser im Tod belanglos sind, zu eigen machen konnten? Schließlich kann keiner der Herrscher sein Schloss mit ins Jenseits nehmen.

Auch in Frankfurt brennt es, in der Nacht vom 28. auf den 29. Mai in der Judengasse, und auch Goethe schleppt Wasser, um den Brand zu löschen. Die Abenteuerlust treibt ihn herbei, und er gibt mal wieder ein seltsames Bild ab: In schicken Schuhen und seidenen Strümpfen macht er sich ans Werk. Brände waren im 18. Jahrhundert allgegenwärtig, schnell konnte sich ein kleines Feuer auf das ganze Haus oder sogar auf ein ganzes Viertel ausbreiten. Die enge und schmale Frankfurter Judengasse bot einem Feuer günstige Bedingungen. Breitete sich ein Brand aus, wurde jede Hand dringend gebraucht, denn in Eimern musste das Wasser eigenhändig vom Brunnen zum Brandort geschleppt werden.

Dieses Bild bietet sich nun auch dem herbeieilenden jungen Goethe: Menschen mit vollen Eimern drängen in die enge Gasse hinein und mit leeren Eimern wieder hinaus. Es herrscht Chaos. So kann es nicht funktionieren, der Brand nicht gelöscht werden! Goethe macht sich daran, das Chaos zu organisieren, und gleichzeitig setzt er sich mal wieder ein bisschen in Szene: Er lässt vom Anfang der Gasse bis zu dem brennenden Gebäude eine Kette aus Menschen bilden, die die Eimer einander weiterreichen. Natürlich genießt seine Eitelkeit den Beifall für die Tat, und Spaß hat er auch bei der Aktion, bei der er im Mittelpunkt steht und Stadtgespräch wird. Entschieden greift er ein, als kurzzeitig Schadenfreude der Umstehenden gegenüber den armen, nun obdachlos gewordenen Juden aufbrandet. Dies unterbindet er. Und Goethe wäre nicht Goethe, wenn er nicht auch noch während der Löscharbeiten Betrachtungen über das einfache, mit ihm Hand in Hand arbeitende Volk angestellt hätte, das er sehr verehrt: „Ich habe bei dieser Gelegenheit das gemeine Volk wieder näher kennen gelern[t], und binn aber und abermal vergewissert worden dass das doch die besten Menschen sind."

Apropos „einfaches Volk": Das sogenannte „einfache Volk" zieht die Stürmer und Dränger geradezu mythisch an. Herder sammelt Volkslieder und will sie veröffentlichen. Auch Schubart verehrt das einfache Volk. Ganz in der Tradition Rousseaus und seines

Rufs „Zurück zur Natur!" stehend, sieht er, wie in den indigenen Völkern auch, in dem einfachen Volk Natur und Natürlichkeit am Werk, während die höheren Schichten sich von der Natur entfernt haben. Dass diese Vorstellungen vom einfachen Volk dabei sehr idealisierte sind, versteht sich von selbst.

Die höheren Schichten haben sich von der Natur entfernt und sind verhätschelt? Das gilt auch für die Frauen, findet jedenfalls Schubart, und nicht nur er denkt so. Verzärtelt seien sie. Modepuppen. Französischer Gefühlsduselei würden sie anheimfallen. Von Romanen ließen sie sich verderben. Zwar liebt er sie, begehrt sie, und kein Rock ist vor ihm sicher, aber Schubarts Frauenbild ist durch und durch konservativ, patriarchalisch. Und so spottet er am 30. Mai tüchtig über Jacobis geplante Frauenzeitschrift *Iris*, die Spitze der Dekadenz und der Verzärtelung in seinen Augen:

> „Herr *Jacobi*, der es der Welt schon tausendmal gesagt
> hat, daß er das zärtlichste empfindsamste Herz besitze, hat
> den süßen Einfall gehabt, den Abbt nach seiner neusten Mode
> zu spielen und sein Leben an Ihrem Putztische wegzutändeln.
> Er schreibt deswegen seine *Iris* – ein Teelöffelchen, in
> welchem Sie den Fünftelsaft aller Weisheit Morgens oder
> Abends ohne Beschwerde sanft hinabschlürfen können."

Das ist ganz schön gemein und frauenfeindlich, was Schubart hier von sich gibt. Gebildete Frauen, die lesen, sind ihm suspekt. Es sei denn natürlich, es sind die Leserinnen der *Deutschen Chronik*. Die sind dann doch ganz praktisch. Aber Frauen, die Romane lesen? Nein, das geht gar nicht. Sie sollen gute Ehefrauen sein, einen bürgerlichen Haushalt führen und repräsentieren können. Klavier spielen zu können, ist dabei durchaus von Vorteil. Aber weiter sollte es dann doch nicht gehen. Emanzipation, nein danke.

Mit seinen Ansichten ist Schubart beileibe nicht allein: Der Ehemann Cornelia Schlossers hat dieselben Erwartungen an eine Ehefrau, und selbst Goethe hätte nie eine eigenständige literarische Karriere seiner Schwester gefördert. Auch die anderen Stürmer und Dränger denken ähnlich, wie wir noch erkennen werden. Darüber hinaus hat Schubarts Spott nicht nur mit den Frauen zu tun, sondern sehr konkret auch mit einem Mann: Wie Goethe kann er Johann Georg Jacobi, den Herausgeber der *Iris,* nicht leiden.

Für Wagner wird es im Mai in Saarbrücken brenzlig. Ein zweiter Skandal bahnt sich an: Sein Dienstherr von Günderode ist beim Fürsten in Ungnade gefallen. Wagner, der bereits erkennt, dass seine Zeit im Saarland zu Ende geht, sieht sich heimlich nach etwas Neuem um, aber die Günderodes wollen ihn nicht ziehen lassen. Wagner übernimmt viele unliebsame Aufgaben für seinen Dienstherrn und fällt dabei selbst in Ungnade: Er legt sich mit einem Bediensteten an, tröstet die „gnädige Frau" und kommt mit ihr ins Gerede, ein unschickliches Verhältnis zu unterhalten. Es wird im nicht gerade großstädtischen Saarbrücken über ihn geklatscht.

Während sich Wagner um die desolaten Finanzen seines Dienstherrn kümmert, erhält er von Ludwig von Nassau-Saarbrücken, der ihm sowieso nicht wohlgesonnen ist, den Befehl, die Stadt innerhalb von zwei Tagen zu verlassen. Ende Mai zieht Wagner also erzwungenermaßen von Saarbrücken über Zweibrücken nach Gießen. Die gnädige Frau ist tief erschüttert.

Ende Mai kehrt auch Merck mit seiner schwangeren Frau zurück nach Darmstadt. Die beiden fallen sofort dem Stadtklatsch anheim – und nicht nur dem: Denn auch bei den Freunden und Bekannten außerhalb Darmstadts sind sie Gesprächsthema Nummer eins.

Sogar Herder in Bückeburg beschäftigt der weibliche Fehltritt, und er ist der Meinung, Merck hätte seine Frau lieber für einige Zeit im Kloster verstecken sollen, statt sie in die Stadt zu bringen. Wie dem auch sei: Das Kind wird bald darauf geboren, getauft und in Frankfurt in Pflege gegeben. Es stirbt schon wenige Wochen später.

Der frühe Tod des unerwünschten Kindes beschwört indes Verdächtigungen herauf. Die Regierung ordnet eine gerichtliche Untersuchung an. Sie spricht das Ehepaar Merck von jeglicher Schuld am Tod des Kindes frei. Eine bereits angesetzte Geldbuße setzt der Landgraf herab. Dennoch ist es für das Paar zweifelsfrei eine schwere Zeit, ein Spießrutenlaufen. Louise Merck traut sich kaum noch aus dem Haus, besucht nur noch Karoline Herders Schwager Hesse, der mit den Mercks befreundet ist, der aber seinerseits nicht mit Vorwürfen spart. Heftig bewegt urteilt Herder: „Kurz, es bleibt eine schauderhafte Geschichte eines Falls, von dem man sich unter solchen Umständen schwer oder gar nicht erholet." 1774 war das wohl so. Doch auch über diese Sache wächst Gras, und Merck vergibt seiner Frau.

Kaiser Joseph II. reist nun übrigens doch nicht nach Frankreich, um die Franzosen mit seiner Anwesenheit zu beehren. Die Preußen belagern immer noch Danzig, aber um den Gesundheitszustand des preußischen Königs Friedrich II. soll es nicht zum Besten bestellt sein. Der Pugatschow-Aufstand in Russland ist inzwischen zu Ende, und Zarin Katharina hat nebenbei noch Diderot, den berühmten Enzyklopädisten und Philosophen, in Ungnade nach Hause geschickt. So schildert es jedenfalls mal wieder Schubart.

Sommerloch, Lavater
und ein Todesfall in Mainz

„Was giebts Neues?" – „Hm! Nicht gar viel." Auch 1774 hat man es schon mit einem Sommerloch zu tun, und so muss Schubart enttäuscht konstatieren: „Aus sechzehn Zeitungen, die so eben vor mir liegen, läuft die höchstwichtige Nachricht ein, daß – – die Novellisten so wenig Neues wissen, als ich." Der Mann hat Humor und schafft es trotzdem, alle drei Tage seine *Chronik* zu füllen. So weiß er, dass die Polen weiter von den Preußen geärgert werden und dass die Blatternimpfung erfolgreich ist. Ludwig XV. von Frankreich aber wird die Blatternimpfung nicht mehr helfen. Um vom Schicksal seines Vorgängers verschont zu bleiben, hat der neue Ludwig sich die Blattern einimpfen lassen, was auch dringend nötig ist, denn in Frankreich wüten die Pocken noch immer.

Da Sommerloch ist, kann man sich auch etwas über Goethes Satire auf Wieland aufregen. Schubart missbilligt sie zutiefst: „Hier liegt eine Posse vor mir, die mich fast zu tod ärgert. – – Götter, Helden und Wieland betitelt." Zwar muss er zugeben, dass es sich um ein handwerkliches Meisterstück handelt, aber der Angriff auf den verdienten Gelehrten sei nicht in Ordnung, findet er.

Überhaupt sieht Schubart eine Gefahr darin, wenn sich Deutschlands Gelehrte untereinander bekriegen: „Und Gefahr ists' für unsre Literatur, wenn sich die besten Köpfe entzweyen, und ihr Feuer, das sie zu unsterblichen Werken verschwenden sollten, in Zank und Schmähschriften weglodern lassen." Er kennt sie nämlich, die deutschen Gelehrten, und findet, sie seien „zu Ungezogenheiten, Zänkereyeien und wechselseitigen Beschimpfungen geneigter" als die in anderen Nationen. Den Schweizer Johann Jakob Bodmer habe es schon getroffen, Klopstock und nun auch noch Wieland! Aber Schubart kann schimpfen, wie er will, für Goethe sind genau diese Zänkereien das Salz in der Suppe, die das Literatenleben erst interessant machen.

Und wie zum Beweis für Schubarts Kritik entbrennt eine Auseinandersetzung um Klopstocks *Gelehrtenrepublik*. Goethe hat sie am 10. Juni endlich erhalten und gleich gelesen! Von seiner Begeisterung berichtet er dem Diplomaten Schönborn: „Das alles aus dem tiefsten Herzen, eigenster Erfahrung mit einer bezaubernden Simplizität hingeschrieben!" Ganz anders sieht das ja bekanntlich der kritische Herder. Sogar gegenüber Boie, um dessen Klopstock-Verehrung Herder natürlich weiß, urteilt er vernichtend: „Klopstocks Werk ist ein völliger Banquerot an Ideen vor ganz Deutschland." An Klopstock scheiden sich die Geister: Entweder wird er wie von den Jungs des Hainbundes enthusiastisch verehrt und zum Heiligen erklärt, oder er wird, wie von Herder, abgelehnt. Dazwischen gibt es nichts. Die deutschen Literaten neigen in der Tat zu Entzweiung und Dissens.

Von Herder erscheinen seine neuesten Werke, und sie sorgen für noch mehr Dissens. Erstens hat er die *Aelteste Urkunde des Menschengeschlechts* drucken lassen. Das Buch trägt den geheimnisvollen Untertitel *Eine nach Jahrhunderten enthüllte heilige Schrift*. Herder hat sich hier des ersten Kapitels des ersten Buches Mose angenommen – der Erfolg ist überschaubar. Goethe will Schönborn das Werk übers Meer nach Algier schicken. Zweitens kommen auch Herders *Provinzialblätter* auf den Markt. Und damit beginnt der Ärger erst richtig. Sie sind, wenn Herder dies auch abstreitet, gegen den Berliner Neologen Johann Joachim Spalding gerichtet, den Herder ursprünglich einmal verehrt, von

dem er sich aber, seit er in Bückeburg ist, zunehmend entfrem-
det hat.

Worum geht es? Spalding, eigentlich ein ruhiger, besonnener
Mann, versucht als Neologe, die Aufklärung auf das Christentum
zu übertragen. Das Ergebnis gefällt Herder nicht. Seiner Meinung
nach will Spalding aus dem Christentum eine allgemeine Tugend-
lehre machen und Christus zu einem Wahrheits- und Tugend-
lehrer stilisieren, der mit dem Religionsstifter nichts mehr zu tun
hat. Aktuell geht es vor allem darum, was und wie ein Prediger zu
sein hat. Spalding, so glaubt Herder, wolle einen Lehrer der Weisheit und der Philosophie als Prediger. Für ihn, Herder, aber hat der
Prediger Verkündiger des Wortes Gottes zu sein. Im Vergleich zu
Spalding kehrt Herder eher zu einer konservativen Predigervor-
stellung zurück. Der Streit entzündet sich zwar an dem Verständnis des Predigeramtes, aber letztlich zeigt er das grundsätzliche
Problem der Stürmer und Dränger mit der Aufklärung, die sie
zwar nicht ablehnen, aber doch deutlich modifizieren wollen. Was
im Bereich der Literatur Wieland ist, ist für Herder in der Theologie Spalding. Spalding gehört zur Vätergeneration, gegen die
man rebelliert.

Das Ergebnis von Herders Rebellion sind eben nun die *Provinzialblätter*. Jedem der fünfzehn Kapitel stellt er ein Zitat voran, auf
das er dann Bezug nimmt. Einigen Kapiteln sind Spalding-Zitate
vorgeordnet, wodurch Spalding schon eindeutiger Adressat der
Schrift wird. Herder wirft ihm Kälte vor, eine Predigt aber müsse
Herz und Sinne treffen. Gefühl und Empfindung sind für Herder,
wie für die Stürmer und Dränger, das, was der Aufklärung fehlt.
Und Herder geht noch weiter: Der Gedanke der göttlichen Offenbarung gehe in der angeblich kalt-moralischen Tugendlehre-
Religion der Aufklärung verloren: „Gott offenbarte sich dem
Menschengeschlechte zu mancher Zeit und auf mancherley Weise;
so viel ich aber sehe, waren seine Offenbarungen nicht immer und
fast nie moralische Diskurse, Vorträge, Predigten, die Pflicht oder
Thema auf der Nadelspitze mit sich führten." Die Aussage zeigt,

dass Herder mal wieder nicht in der Lage ist, sachlich und nüchtern zu bleiben, schnell wird er polemisch. „Wie sollen wirs denn nennen, meine Herren?", fragt er überaus ironisch, als er auf die neue Vorstellung von Kirche zu sprechen kommt und sarkastisch anfügt: „Bildungsakademie für Bürger und Unterthanen Sr. Majestät?" Viel zu sehr, so bemängelt Herder, machten sich Kirche und Prediger zu Untertanen der bürgerlichen Gesellschaft, statt auf ihre göttlichen Rechte zu pochen. Diesem „Modeton" will er nicht folgen. Damit sind die Positionen abgesteckt. Das Problem sind auch weniger die divergierenden Positionen, als Herders Tonfall, der stürmisch, dramatisch, aber auch spöttisch und gereizt ist.

Ganz anders ist der Ton, den Herder gegenüber Spalding in einem Brief anschlägt, in dem er sich zur Autorschaft der *Provinzialblätter* bekennt: „Der bescheidne, stille S p a l d i n g wird allerdings befremdet werden, hie u. da Stellen aus seinem Buch vor Blättern zu erblicken, die oft gerade den entgegengesetzten Weg zu laufen sich bestreben: wenn ich aber, mit völliger Auslassung Ihres mir so theuren Namens, u. mit dem was ich in der Vorrede gemeldet, noch nicht genug gethan, um allen Anschein von Zänkerei, Ketzermacherei u.s.w. zu entfernen: so thue ichs hier auf die heiligste Weise."

Offenbar dämmert Herder, dass Spalding vielleicht nicht erfreut sein wird, seine Zitate über einzelnen Kapiteln in Herders Werk zu lesen und anschließend auseinandergenommen zu finden. Fast demütig biedert sich Herder dem Berliner an und beteuert, nicht gewollt zu haben, was nun im Raum steht: Zank. Dennoch fordert er das Schicksal weiter heraus und bittet Spalding um eine Antwort und um eine Beurteilung seiner Schrift, die er ihm höchstpersönlich geschickt hat. Damit tut er sich keinen Gefallen.

Zunächst beginnt für die jungen Genies im Juni eine aufregende Zeit: Johann Caspar Lavater bricht am 12. Juni in Zürich auf zu einer Reise an den Rhein und wird sie alle besuchen, was im Falle

Herders aber leider nicht klappen wird. Der Züricher mit dem unverkennbaren Schweizer Dialekt will nach Ems zur Kur: „Brusthusten" plagt ihn, die heißen Emser Quellen genießen einen guten Ruf. Ems zählt zu den angesehensten Kurorten Deutschlands. Da er ja leidenschaftlich Schattenrisse und Porträts sammelt, hat Lavater auf seiner Reise den Zeichner und Kupferstecher Georg Friedrich Schmoll dabei, der von allen Menschen, die Lavater auffallen, sofort Zeichnungen anfertigen muss. Unsere Stürmer und Dränger sehnen den Züricher jedenfalls sehnsuchtsvoll herbei.

Und dann kommt Lavater tatsächlich früher! Lenz ist ganz durch den Wind, dass der Schweizer Theologe eher eintreffen wird als gedacht. Das bringt ihn völlig aus dem Konzept. Denn die Briefe, die das ankündigen, verspäten sich – die langsame Post mal wieder! Lavaters Mai-Brief ist sogar ganze zwei Tage später angekommen als sein Juni-Brief! Eigentlich hatte Lenz damit gerechnet, nicht mehr Diener der livländischen Barone zu sein, wenn Lavater käme. Doch da der Schweizer nun früher kommt, ist Lenz noch nicht frei, kann Lavater nicht, wie geplant, entgegenreisen. Zu schade.

Das hindert Lenz aber nicht daran, Pläne zu schmieden. Nach Colmar will er mit ihm, dann nach Straßburg, den ersten Abend allein und „frei" mit Lavater feiern. Die gemeinsame Einsamkeit genießen. Denn Lenz weiß: Wenn erst einmal die Kunde von Lavaters Anwesenheit sich herumspricht, ist die Ruhe vorbei. Und ihn in die Kur begleiten, kann Lenz nicht. Resigniert schildert er seine bedrückende Situation und stellt fest: „[...] ich bin nicht frei – ich bin vieles nicht." Doch gleichzeitig ist da auch die Hoffnung in Lenz, dass dies nicht so bleiben wird: „[...] meine Freiheitsstunde (das hoff ich zu Gott) wird auch schon einmal schlagen und dann will ich anders sein."

Während Lenz also noch von dem bevorstehenden Besuch träumt, ist Lavater schon unterwegs. Der erste, den Lavater auf seiner Reise trifft, ist Gottlieb Konrad Pfeffel in Colmar. Der siebenunddreißigjährige Freund leidet am grauen Star und ist fast blind. Dennoch hat der im Sinne Rousseaus und der Aufklärung lehrende Pädagoge ein Jahr zuvor eine Akademie gegründet, die École militaire, die großen Zulauf hat. Natürlich ist es einmal mehr nur wieder eine Schule für Knaben, protestantisch und adlig sollten die Jungen ebenfalls sein. Auch Sophie La Roche schickt später ihren Filius hierhin. Daneben arbeitet Pfeffel als Schriftsteller.

Lavater trifft ihn nun im Kreise seiner Schüler an, man sitzt gerade beim Abendessen. Als Pfeffel hört, dass Lavater angekommen ist, reagiert er überschäumend: „Sie Lavater! Mein Freund Lavater! O mein Gott! Setzen Sie sich. Rücken Sie doch, meine Herren! Lassen Sie mich neben ihm sitzen!" Solch enthusiastische Reaktionen ruft Lavater bei seinen Anhängern, die in ihm einen Heiligen sehen, regelmäßig hervor.

Lob und Zuspruch berauschen Lavater, und so reist er munter frohgemut weiter. Endlich ist er in Straßburg. Aber bei seiner Ankunft trifft Lavater Lenz zunächst nicht an, lediglich die plappernde und indiskrete Hauswirtin ist da: ein altes Mütterchen, Witwe und selbst in Lumpen gekleidet. Lenz kann sich kein besseres Quartier leisten. Sie plappert munter drauflos und berichtet dem Schweizer aus Lenz' Alltag: „Hören Sie alles! unser lieber Junge – meinen Sie doch daß noch was aus ihm wird? – Er ißt ja nicht. Ja, der wird seine Zeit zu verantworten haben – da sitzt er an einer Ecke mit einem Buche, oder mit der Feder – ißt seine Supp – Weck – und flugs wieder in seine Kammer … Lieber Gott! alle Morgen, wenn die liebe Sonne aufgeht, machen wir alles rein, Bett, Kammer und alls fort – aber da kommt er mit seinen Büchern und Schriften, hinten d'rein – gehen Sie einmal in sein Zimmer – sag' nichts, ist ein herzguter Jung – aber ob was noch aus ihm wird, soll mich wundern." Vater Lenz würde der Hauswirtin unumwunden zugestimmt haben. Ihn plagen im fernen Livland dieselben Befürchtungen. Lenz hat der Hauswirtin Briefe des Vaters gezeigt, und sie wünscht sich, dass sich Lenz mit seinem Vater versöhnt. Doch dazu wird es nicht kommen. Auch über die Barone von Kleist, mit denen Lenz reist, hat die Wirtin eine eigene Meinung, mit der sie gegenüber Lavater nicht hinter dem Berg hält: Dumm und ungebildet seien sie, lebten auf großem Fuß.

Für Lenz in seiner trostlosen Lage ist Lavater der Sonnenschein! Die Wirtin erzählt, sie hätten Lavater bereits einen Tag zuvor erwartet, Lenz sei voller Ungeduld gewesen, und sie hätte ihn geneckt, indem sie ihm immer wieder verkündet hätte, Lavater auf der Straße zu sehen, und ihn so ans Fenster gelockt hätte. Als Lavater Lenz dann tatsächlich trifft, werden es schöne und unvergessliche Tage. Lenz, voller Enthusiasmus für den väterlichen Freund, schickt ihm Grüße hinterher: „Aber bring Göthen von mir – – was? Dich. Ich möchte ihm meine Seele schicken, denn ich habe Hoffnungen zu ihm". Lenz, Goethe und Lavater – ein Dreierbündnis fürs Leben, so scheint es.

In Karlsruhe trifft Lavater am 19. Juni Schlosser nicht mehr an, aber dafür dessen schwangere Frau Cornelia, Goethes Schwester. Es sind Cornelias letzte Tage in der badischen Residenzstadt, schon eine Woche später wird sie ihrem Mann nach Emmendingen folgen. Lavater beschreibt sie als „eine lange, blaße, weißgekleidete, himmlischerhabene Dame".

Goethe selbst geht mit seiner Schwester weniger fein zu Gericht, zeigt sich arrogant, nennt sie ernst, starr und lieblos. Ein Porträt zeigt sie mit hoher Stirn, ausdrucksstarken Augen, die Haare hochgesteckt, eine feine Perlenkette um den Hals, nachdenklich und ernst wirkt sie, keinesfalls kalt. Die markante Nase erinnert an den Bruder. Eine schöne junge Frau ist zu sehen, und trotzdem empfindet sich Cornelia zeitlebens als hässlich. Über diese junge Frau gilt es zu sprechen: Sie ist intelligent, begabt, gebildet, belesen und außerordentlich musikalisch. Aber das sind Eigenschaften, die 1774 an einer Frau nicht unbedingt geschätzt werden. Eine Frau in dieser Zeit soll eine liebende Ehefrau, eine gute Hausfrau und eine hingebungsvolle Mutter sein – Bildung ist da nicht so wichtig. Doch genau für das alles steht Cornelia nicht, und so misslingt ihre Flucht in eine Ehe, die nicht ihre Erwartungen erfüllt. Schon ein halbes Jahr nach der Heirat zeichnet sich in diesem Sommer bei beiden Ehepartnern Enttäuschung ab.

Davon ahnt Lavater natürlich nichts. Cornelia erkennt den Schweizer bei seiner Ankunft sofort und führt ihn in das große Studierzimmer ihres Mannes. Leider hat sie gerade Besuch, und so muss sich Lavater gedulden, bis die Gesellschaft weg ist. Er sieht sich unterdessen in Schlossers Bibliothek um, liest in den *Frankfurter Gelehrten Anzeigen* und trinkt Tee – an der Wand hängt Goethes Profil in Gips. Als Cornelia ihren Besuch verabschiedet hat, widmet sie sich Lavater, und ein lebhaftes Gespräch entspinnt sich. Die beiden wandeln durch Cornelias Garten, den sie selbst angebaut habe, wie Lavater später betont. Abends speist man zusammen, und Lavater ist begeistert von der offenen und herzlichen Atmosphäre. Anschließend sitzt er an Schlossers Schreibtisch und formuliert einen Brief an den abwesenden Freund: „O Liebster Schloßer, glücklich durch deine Frau, u. deine Tugend! Ach hier sitz ich ohne dich u. denke, wie du glücklich bist, könnt ich dich an mein Herz drüken, so oft du hier sitzest Weisheit zu lesen, zu denken, u. in Thaten zu beweisen." Hier spricht der sentimentale Schwärmer Lavater, der die Schlossers ganz anders als Bruder und Schwager Goethe sieht. Drei Tage bleibt Lavater bei Cornelia, die an Schwangerschaftsübelkeit leidet, und fertigt natürlich eine Silhouette von ihr für seine Physiognomien-Sammlung an. Sie singt ihm mit der Zither alte Volkslieder vor. Das ist es, was die begabte Cornelia gerne macht.

Wenige Tage nach Lavaters Besuch, vermutlich am 26. Juni, bricht Cornelia zu ihrem neuen Zuhause nach Emmendingen auf. Schlosser wird dort Oberamtmann von Hochberg, ein Amt, in dem er hofft, sein eigener freier Herr zu sein. Cornelia reist den Rhein aufwärts, Richtung Straßburg, wo sie einen kurzen Zwischenaufenthalt einlegt. Jakob Michael Reinhold Lenz trifft sie nicht, sie lernt ihn erst ein Jahr später kennen, als er sie mit dem

Bruder in Emmendingen besucht. Das Wetter ist während der ganzen Reise zum Haareraufen, richtig kalt ist es, und für die zweite Etappe braucht Cornelia sogar eine Bettflasche für unterwegs, wie sie ihrer Freundin Friederike Hesse nach Darmstadt berichtet.

In Emmendingen angekommen, erwartet Schlosser von seiner Ehefrau, dass sie ein herrschaftliches Haus mit mehreren Dienstboten führt und organisiert. Ihre Lebensvorstellungen und Wünsche haben dabei in den Hintergrund zu treten. Es bleibt für Cornelia in den folgenden Monaten keine Zeit für Bücher, Briefe und die geliebte Musik. Die anfangs enthusiastische Liebe zwischen den Eheleuten wird in diesem Alltag innerhalb kurzer Zeit aufgerieben. Der Bruder kann da als Mann ganz frei leben.

Goethe bekommt derzeit viel Besuch. Bevor Lavater endlich bei ihm in Frankfurt anlangt, ist Merck aus Darmstadt da. Und der *Werther* entgeht nur knapp der Vernichtung durch das Feuer. Wie es dazu kommt? Bisher hat Goethe Merck nur in allgemeinen Grundzügen von seinem neuesten Werk erzählt. Immer war der Freund zu beschäftigt gewesen, nachdem er aus Russland zurückgekommen war. Nun ist Merck endlich einmal in Frankfurt, aber nicht sehr gesprächig. Goethe beginnt also dem auf einem Kanapee sitzenden Freund Brief für Brief des *Werther*-Romans vorzutragen. Natürlich hofft der manchmal selbstverliebte Goethe auf Beifall – doch nichts passiert. Also meint Goethe, seinen Vortrag dramatischer gestalten zu müssen, und setzt erneut an. In einer kurzen Pause dann erfolgt der Kommentar Mercks, der Goethe zutiefst erschüttert und zweifeln lässt: „Nun ja! es ist ganz hübsch". Mit diesem lapidaren Kommentar erhebt sich Merck vom Sofa und geht.

Goethe ist wie vor den Kopf geschlagen! Sein *Werther* erfreut ihn, und er ist stolz darauf, aber er weiß auch, dass Merck ein Rezensent und Kritiker mit Verstand und Ruf ist. Goethe zweifelt an sich selbst – was nicht oft vorkommt: Hat er das falsche Thema gewählt, sich im Ton oder Stil vergriffen? Angesichts der Neuartigkeit des *Werther* ist das gut möglich. Noch in seiner Autobiografie räsoniert Goethe darüber, dass glücklicherweise kein Kaminfeuer brannte, sonst hätte er sein neues Werk sofort dem Feuer überlassen, und die Öffentlichkeit hätte Werther, Albert und Lotte nie kennengelernt.

Schmerzvolle Tage vergehen, bis Merck dem Freund gesteht, dass er auf dem Kanapee während Goethes Vortrag geistig mit seiner desolaten Familiensituation in Darmstadt beschäftigt war. Er habe überhaupt nicht zugehört, wovon in dem Manuskript eigentlich die Rede war. Goethe ist unendlich erleichtert – sowohl, dass sein *Werther* nicht durchgefallen ist, als auch, dass der Freund seinen Humor wiederfindet. Allerdings, so urteilt er, hat dieser Humor einen bitteren Zug angenommen – so ganz spurlos geht die Affäre also nicht an Merck vorbei.

Für Merck läuft es derzeit einfach nicht gut. Bei Nicolai in Berlin beschwert er sich, dass sich in Darmstadt seit dem Tod der Landgräfin alles verändert habe – und damit meint er nicht nur seine private Situation. Der Hofstaat löst sich auf, die Prinzessinnen gehen fort, und ein Großteil seiner einstigen Bekannten, die meist zum Kreis der Landgräfin gehörten, sind mittlerweile verstorben. Darmstadt, „unser kleiner, sonst nicht unangenehmer Ort", hat sich zu „einer völligen Wüsteney" entwickelt. Bei denen, die nun in Darmstadt am Ruder sind, hat Merck zudem Missfallen erregt; hinzu kommt die soziale Isolation durch den Fehltritt seiner Frau. Da verwundert es nicht, dass Merck seine Fühler nach Berlin ausstreckt und bei Nicolai anfragt, ob sich dort keine Stelle für ihn finden ließe. Immerhin käme er nicht mit leeren Händen, und für eine etwaige Bewerbung führt er an: „Schreiben kann ich Gottlob auch; in CameralSachen bin ich kein Fremdling. Kein Bettler bin ich nicht". Da müsste sich doch etwas finden lassen? Er würde Darmstadt gerne den Rücken kehren, spürt den Druck „einer ungewissen Existenz".

Doch trotz seines Kummers, das muss man ihm lassen, bleibt Merck fair gegenüber seinem einstigen Freund Herder. Anders als Herder, der Gift und Galle spuckt, wenn er den Namen „Merck" nur hört, empfiehlt Merck Herder nach Berlin. Zwar höre er von ihm nur noch aus den Zeitungen, habe also keinen direkten Kontakt mehr, aber Nicolai soll Herder nach Möglichkeit als Autor der *Allgemeinen Deutschen Bibliothek* halten, denn der Autor Herder „macht Ihnen Ehre". Herders neuestes Buch hat Merck allerdings noch nicht gelesen – wir haben ja schon gesehen, dass es nicht immer einfach ist, sich mit dem Neuesten auf dem Buchmarkt zu versorgen.

Auch von Goethe, von dem er ja gerade kommt, kann Merck Nicolai Neues vermelden: „Goethe arbeitet indessen an vielerley dramatischem (Un)wesen." Mit dieser lakonischen Feststellung erfasst Merck den derzeitigen übermütigen Schaffensdrang seines Freundes, der nicht selten auf Kosten anderer geht, genau.

Nach Merck sind Hofrat und Kammersekretär Meyer nebst Gattin aus Hannover bei Goethe zu Gast. Meyers sind Freunde der Kestners und daher von Goethe natürlich gern gesehen. Am 15. Juni speist man abends zusammen, und Goethe ist ergriffen, als er von Meyers Frau hört, dass Lotte, obwohl gerade Mutter geworden, noch an ihn denke. Abends will Goethe gleich an Lotte schreiben, doch er kann nicht, zu bewegt ist er. Stattdessen spricht er mit Lottes Schatten, ihrer Silhouette, die an der Wand seines Zimmers hängt. Offenbar hat er, entgegen seinen Beteuerungen, die Zeit mit Lotte in Wetzlar mit der Arbeit am *Werther* doch noch nicht völlig überwunden. Am nächsten Tag formuliert er dann einen Brief an Lotte, und die alte Verzweiflung angesichts einer unerfüllbaren Liebe blinkt einmal mehr auf: „Soll ich denn niemals wieder, niemals wieder deine Hand halten Lotte?"

Gleichzeitig wird deutlich, dass es Goethe gar nicht mit so großer Freude erfüllt, dass Lotte im Mai Mutter geworden ist, obwohl der Kleine seinen Namen trägt. Viel lieber hat er das Bild der jugendlichen Geliebten von ehedem im Kopf; als reife Frau und Mutter will er sich Lotte nicht vorstellen, das passt nicht in sein stürmerisches Konzept: „[…] Ich schwöre dir Lotte das ist für meinen sinnlichen Kopf eine Marter, dich als Mamagen zu dencken und einen Buben der dein ist und der einen seiner Namen durch meinen Willen trägt." Wenn Goethe an diesem Junitag die alte Zeit wieder vor seinem inneren Auge Revue passieren lässt, so erscheint es nur folgerichtig, dass er seiner Lotte im selben Schreiben einen Freund ankündigt, den er ihr bald schicken werde und der viel Ähnlichkeit mit ihm habe. Der Freund heißt Werther.

Neben Lotte beschäftigt den Frankfurter Jungspund auch Maxe zumindest noch gedanklich, nachdem er das Haus Brentano ja nach wie vor meidet. Ein besonderes Opfer sei das, meint Goethe und schreibt Sophie La Roche großspurig: „Glauben Sie mir dass das Opfer das ich Ihrer Maxe mache sie nicht mehr zu sehn, werther ist als die Assiduität des feurigsten Liebhabers. Ich will gar nicht anrechnen was es mich gekostet hat". Goethes Zurückhaltung ist also mehr wert als die Beharrlichkeit eines Liebhabers? Das ist ganz schön dick aufgetragen, und man könnte meinen, nicht Brentano als Ehemann habe Anlass zur Klage gehabt, sondern Goethe!

Donnerstag, der 23. Juni: Der nächste Gast reist an. Lavater kommt abends um halb neun nach Frankfurt und trifft sogleich auf Goethe, dem er freudig entgegenruft: „bists"? Die Begrüßung ist herzlich, Küsse werden ausgetauscht, auch wenn Lavater sich Goethe wohl ganz anders vorgestellt hatte. Natürlich wird der Freund sofort porträtiert. Schon einen Tag später liest Goethe dem Schweizer Theologen aus dem *Werther* vor, Lavater ist begeistert: „eine Sentimental Geschichte in Briefen", „Scenen – voll, voll wahrer, wahrester Menschen Natur – ein unbeschreiblich naives wahres Ding."

Auch Merck aus Darmstadt kommt wieder herüber. Und natürlich spottet Merck gerne ein bisschen, vor allem über die große Lavater-Verehrung des weiblichen Publikums. Als sich einige Frauen sogar Zutritt zu Lavaters Schlafzimmer verschaffen, kommentiert Merck dies laut Goethe mit der Bemerkung, „die frommen Seelen wollten doch sehen, wo man den Herrn hingelegt habe". Der Spötter Merck spielt hier auf die Grablegung Jesu an und die Frauen, die das leere Grab entdecken, da sie sehen wollen, wo der Herr hingelegt wurde. Lavater, so Merck, wird quasi als neuer Heiland bejubelt.

Ein bisschen hetzt man auch über die anderen, über Herder zum Beispiel. Goethe habe, so Lavater treuherzig in seinem Tagebuch, zu Merck gesagt, „daß doch Herder nicht deütlich nicht simpel schreiben kann, wenn er doch ganz ungekünstelt schrieb; er wär ein trefflicher Mann – wenn er doch nur so plan so heiter schriebe wie ich". Der Junge ist überzeugt von sich. Man beachte den Konjunktiv in Goethes Rede, der schnell beleidigte Herder wäre vermutlich entsetzt gewesen. Doch nicht nur Herders schriftstellerisches Talent ist Thema in Frankfurt; auch seine finanziellen Probleme kommen aufs Tableau. Herders Versuche vom Februar, sein Bückeburger Amt schönzureden, sind also definitiv gescheitert: Alle Welt weiß um seine ökonomische Situation. In Frankfurt urteilt man hart, Bückeburg sei schließlich auch nur „ein mittelmäßiges Ammt".

Besuche und erfüllte Tage folgen. Angenehme Gespräche und Unternehmungen lassen die Zeit viel zu schnell vorbeigehen. „Ein Genie ohne seines Gleichen", urteilt Lavater über den Frankfurter Dichter.

Am 25. Juni, zwei Tage nach Lavaters Ankunft, besuchen Goethe, der Zeichner Schmoll und Lavater zusammen Susanna Katharina von Klettenberg. Am nächsten Abend sind sie schon wieder dort, nachdem sie tagsüber in Bockenheim waren. Die fünfzigjährige Susanna von Klettenberg ist mit Goethes Mutter befreundet und darüber hinaus verschwägert mit ihr. Sie lebt allein in einem gro-

ßen Frankfurter Haus. Die Stiftsdame, von Goethe als heiter, herzlich und von zarter Statur beschrieben, ist unverheiratet, tief
gläubig und überaus gebildet. Sie lebt Religiosität, gleichzeitig
Toleranz und befasst sich auch mit Alchemie. Goethe verehrt sie
sehr. Frau von Klettenberg steht dem Theologen von Zinzendorf
und der Herrenhuter Brüdergemeine nahe. Darüber hinaus
schreibt die Dame auch: geistliche Gedichte und religiöse Schriften. Seit 1768 ist die immer schon kränkliche Frau an einem
Lungenleiden erkrankt, aber sie betrachtet ihre Erkrankung als
notwendiges Übel ihres vergänglichen irdischen Daseins und
erträgt sie mit viel Geduld.

Auf Lavater macht Susanna großen Eindruck, sie wird seine
„Cordata". Noch in diesem Jahr widmet ihr Goethe das Gedicht
Sieh in diesem Zauberspiegel, das seine Zuneigung zu dem Fräulein
in liebevolle Worte fasst:

> „Sieh in diesem Zauberspiegel
> Einen Traum, wie lieb und gut
> Unter ihres Gottes Flügel
> Unsre Freundin leidend ruht."

Der Spötter kann also auch anders. Ganz empfindsam zeigt er sich
hier. Doch zunächst einmal findet sich der in Glaubensdingen
noch unentschiedene, zweifelnde Goethe, der sich nicht für einen
Christen hält, sondern das Göttliche in der Natur aufgehen sieht,
mit Lavater und Susanna von Klettenberg zwischen zwei entschiedenen orthodoxen, frommen Christen wieder, die ihn jeder von
seiner Seite bearbeiten. Weil sie beide Goethes Christusbild aber
so gar nicht gelten lassen wollen, quält er sie mit „allerlei Para-
doxien und Extremen" und flüchtet sich in seine Scherze. Am
nächsten Abend geht es weniger religiös zu: Goethe deklamiert
vor Lavater seine neuesten Satiren.

Doch die Kur in Ems ruft, Lavater denkt an seine Gesundheit!
Und obwohl es Juni und ausgesprochen heiß ist, hat er sich „einen

wollenen Surtout von Molton" machen lassen und „ein tüchen braun Kleid". Welche Vorstellungen Lavater von Ems hat? Die Freunde hätten ihm dazu geraten, seiner Gesundheit wegen, so berichtet er seiner Frau. Er habe gehört, dass es abends und morgens am Brunnen kalt sei. Und da habe er mitten im Sommer eben mit warmer Kleidung, insbesondere einem warmen Mantel, vorgesorgt. Dennoch hat es Lavater in Frankfurt ausnehmend gut gefallen, Goethes Mutter nennt er schon nach so wenigen Tagen „Mamma". Zum Abschluss besucht er am 27. Juni abends noch einmal die seelenverwandte Susanna von Klettenberg.

Fünf Tage mit Lavater reichen einfach nicht aus. Daher hat Goethe seinerseits beschlossen, den Freund nach Ems zu begleiten. Am 28. Juni um halb fünf Uhr morgens brechen sie in Frankfurt auf. Die Stadt schläft noch, als sie losfahren. Sie reden über Spinoza, während sie in der Kutsche sitzen und es draußen regnet. Der fromme Lavater muss sich dabei Goethes enthusiastische Reden über den unter Atheismusverdacht stehenden niederländischen Philosophen Baruch Spinoza anhören. Dessen Rationalismus, Religionskritik und Pantheismus müssen für den streng gläubigen Schweizer ein Gräuel gewesen sein, dennoch erträgt er Goethes Lobrede geduldig. Übrigens gehört auch Herder zu den Spinoza-Verehrern. Nach einer Pause unter einem Baum – Goethe genehmigt sich ein Glas Wein, Lavater nimmt mit einem Glas Himbeeressig vorlieb – erzählt Goethe von seinem Plan, ein Drama über Julius Caesar zu schreiben. Doch das Drama wird ein Plan bleiben.

Die erste Station auf der Reise nach Ems ist Wiesbaden, für das Lavater keine positiven Worte findet, „voll trostloser Melancholey" sei der Ort. Dennoch bleibt man zu Mittag, schaut die Bäder an und nascht zusammen Erdbeeren. Um zwei Uhr geht es weiter: Lavater schläft erst einmal, und Goethe ist mit seinem neuen literarischen Projekt beschäftigt. Er rezitiert aus seinem *Ewigen Juden*, an dem er gerade arbeitet. Doch dem Geschmack des orthodoxen

Lavater entspricht die Religionssatire, in der Kirche und Priester so schlecht wegkommen, wohl nicht – er hält es für ein „seltsames Ding in Knittelversen". Gegen halb sechs am Abend werden die beiden Reisenden bei der Abfahrt ins Tal ordentlich durchgeschüttelt, und dann ist man mit Lavaters Worten „nach einigen harten Stößen" auch schon am ersten Etappenziel, in Schwalbach, angelangt. Seit dreizehn Stunden ist man unterwegs, achtundfünfzig Kilometer sind es von Frankfurt, dem Startpunkt, nach Schwalbach. Allein für die sechzehn Kilometer von Wiesbaden nach Schwalbach hat man dreieinhalb Stunden gebraucht. Goethe und Lavater steigen im Gasthaus zum weißen Ross ab. Reisen ist anstrengend im Jahr 1774! Darauf trinkt Lavater erst einmal einen Himbeeressig und schreibt dann mit Goethe zusammen einen Brief an seine Frau.

Am nächsten Tag reist man weiter. Wieder heißt es, früh aufzustehen, denn um halb sechs am Morgen fährt die Kutsche ab. Von Kälte keine Spur, es herrscht herrliches Sommerwetter. Die nächste Station ist Nassau. Hier lebt Henriette Caroline Freifrau vom und zum Stein. Die Baronin ist dreiundfünfzig Jahre alt, Goethe und Lavater sind überaus angetan von der Dame und ihrem Wohnsitz, umso weniger sagt ihnen Nassau zu. Der Schweizer notiert lakonisch: „Ein prächtiges Haus. In einem elenden Nest." Die Einladung der Baronin zum Mittagessen nehmen die beiden nicht an, sie wollen schnell weiter, später werden sie die Freifrau noch einmal besuchen. Stattdessen essen sie rasch in einem Wirtshaus: Aal in Essig. Danach schläft Lavater wieder in der Kutsche ein. Um halb fünf Uhr nachmittags ist man endlich am Ziel der Reise, in Ems. 1772 war Goethe auf dem Rückweg von Wetzlar schon einmal hier.

Goethe und Lavater wohnen im Nassauer Hause Nr. 48/49, eine noble, herrschaftliche Adresse. Der Schweizer ist von dem Trubel in Ems begeistert: Adel, hochrangige Militärs, die oberen Zehntausend der Gesellschaft sind zu Gast. Hier treffen Goethe und Lavater auch erneut auf Geheimrat Meyer, der noch vor Kurzem mit seiner Gattin bei Goethe in Frankfurt zu Besuch war. Wieder ist Goethes Satire über *Götter, Helden und Wieland* Gesprächsthema. Goethe findet in Lavater einmal mehr einen geistreichen und teilnahmsvollen Gesprächspartner, der aber auch von den anderen Kurgästen heftig umlagert wird. Am 30. Juni reist Goethe daher zurück nach Frankfurt, wo es für ihn gerade sehr gut läuft und Geschäfte nach ihm verlangen.

Lavater beginnt derweil mit seiner Kur und stellt sich erst einmal dem Badmedikus vor. Der Arzt rät zu Wasser mit Milch und einem nachmittäglichen Bad. Dr. Kämpf, so heißt der Badearzt, plaudert mit Lavater noch ein Dreiviertelstündchen, macht einen abschließenden Spaziergang mit ihm und stellt ihn den anderen Kurgästen vor. Tatsächlich liegt die Aufgabe des Mediziners wohl eher im moralischen und unterhaltenden denn im medizinischen Bereich. Er verspricht Lavater eine erfolgreiche Kur und hinterlässt die angenehmsten Gefühle in jenem. Psyche und Physis hängen eben doch zusammen! Natürlich muss sich Dr. Kämpf zeichnen lassen für Lavaters Physiognomie-Sammlung. Auch das macht er geduldig mit, wenngleich Lavater mit dem Ergebnis nicht ganz zufrieden ist. Das Porträt ist nicht genau getroffen, Augen und Mund hat der Zeichner Schmoll, der Lavater nach wie vor begleitet, nicht richtig hinbekommen.

Fortan trinkt Lavater brav sein Emser Wasser mit Milch und denkt dabei an seine Lieben zu Hause. Zudem ist so eine Kur eine nette Abwechslung: Der Schweizer lernt jede Menge interessante Leute kennen, ziert sich auch nicht lange, als man ihn auffordert zu predigen, und unternimmt den ein oder anderen Ausflug in die Umgebung. Mit den anderen Gästen macht er eine Schiffspartie und besichtigt eine Eisenschmelzhütte. Auf dem Rückweg geht es flussaufwärts zurück – das funktioniert aber nur, indem ein Pferd das Schiff den Fluss hinaufzieht, schließlich gibt es keinen Schiffsmotor. Ab und an wechseln die Gäste aufs Land und laufen neben dem Schiff her, Entschleunigung pur. Überall, wo er hinkommt, steht Lavater im Mittelpunkt des Interesses, und man schart sich um ihn, was er aber doch sehr genießt, und so konstatiert er angesichts seiner Popularität: „Ich geniere mich aber doch im mindesten nicht."

Während Goethe frohgemut durch die Lande reist und Lavater ebenso fröhlich kurt, wird Lenz in Straßburg in die unglückselige Affäre um die neunzehnjährige Susanna Cleophe Fibich verwickelt. Er hat das Mädchen durch die Barone von Kleist kennengelernt. Sie ist die Tochter des angesehenen Straßburger Ratsherrn und Juweliers Johann Philipp Fibich. Vater Fibich ist ehrgeizig und hofft, seine Tochter an einen Adligen verheiraten zu können. Tatsächlich spinnt sich ein Verhältnis zwischen dem älteren der Kleist-Brüder, dem dreiundzwanzigjährigen Friedrich Georg, und Cleophe an. Des Vaters Aufstiegsträume scheinen Realität zu werden.

Lenz ist fest eingebunden in das Verhältnis, wird von beiden Liebenden als Überbringer der gegenseitigen Briefe eingesetzt und dichtet für Friedrich Georg liebevolle Verse, die dieser Cleophe schenkt. Sehr groß gewachsen, schlank, dunkelhaarig und hübsch ist das Mädchen. Doch der Baron zögert. Als schließlich ein Nebenbuhler auftritt, gibt der Baron ein Eheversprechen, eine sogenannte „promesse de mariage", bei einem Straßburger Notar ab. Das ist durchaus üblich. Er verpflichtet sich, 14.000 Livres, eine veritable Geldsumme, zu zahlen, sollte er sein Eheversprechen nicht innerhalb von fünfzehn Monaten einlösen. Lenz, ganz in seinem Element als Heiratsvermittler, setzt den Text des Eheversprechens auf; der jüngste und dritte der Kleist-Brüder, der mittlerweile auch in Straßburg ist, hilft ihm dabei.

Ende Juni reist der ältere Kleist-Bruder, Friedrich Georg, aus Straßburg ab, vorgeblich, um zu Hause die Einwilligung des eigenen Vaters zu der Heirat einzuholen. Er wird nie wieder zurückkehren, doch das weiß zu diesem Zeitpunkt höchstens er selbst. Für alle anderen wird die Wahrheit erst nach einem Jahr des Wartens, im Sommer 1775, deutlich. Dass sich junge bürgerliche Mädchen in adlige Offiziere verliebten und Hoffnungen auf einen gesellschaftlichen Aufstieg machten, war in der Militärstadt Straßburg nicht ungewöhnlich; dass die adligen Militärs die jungen Frauen skrupellos ausnutzten und anschließend sitzen ließen auch nicht. Doch damit beginnt die eigentliche Affäre für Lenz erst, im September wird sie ihren Höhepunkt erreichen.

Aber nicht nur in Lenz' Leben sorgt eine Frau für Verwirrung. Auch in Klingers ruhigem Gießener Studentendasein tut sich etwas. Im Haus des Professors Höpfner hat der junge Mann Albertine von Grün kennengelernt.

Über diese ungewöhnliche junge Frau ist zu reden: Zwar hinkt Albertine von Geburt an, leidet sie doch an einem Hüftleiden; aber sie ist gewitzt, schön, liebenswürdig, geistvoll und interessant. Alle rühmen ihre Offenheit, ihren Humor und ihre Empfindsamkeit, kurzum: Sie scheint völlig dem idealen Frauenbild der Kraftkerls zu entsprechen. Albertine stammt aus Hachenburg im Westerwald. Marianne Höpfner ist ihre Cousine, und Albertine ist regelmäßig bei den Höpfners zu Gast, die Höpfners sind ihre Freunde und Vertrauten. Außerdem ist Albertine eine Freundin von Charlotte Kestner. Überhaupt steht sie den Stürmern und Drängern nahe: Goethe ist ihr Held, mit Merck ist sie eng befreundet. Sie ist eine begeisterte, witzige und unterhaltsame Briefeschreiberin, liest die neueste Literatur, die ihr Professor Höpfner jeweils besorgen muss, sehnt sich nach geistigem Austausch und schreibt selbst. Doch leider muss auch Albertine unter der mangelnden Freiheit der Frauen im 18. Jahrhundert leiden, denen sich nur wenige Lebensperspektiven bieten. Und so darf Albertine ihre vielversprechenden Talente nicht ausleben, wird von der Familie in die Pflicht genommen und muss ein eintöniges Leben im Elternhaus führen. Später wird sie ihre Halbschwester Charlotte pflegen müssen.

In dieser äußeren Einsamkeit und Eintönigkeit wird die Literatur für Albertine innere Flucht und Rettung. Dabei schafft sie es

immer wieder, einen heiteren Ton anzuschlagen und sich selbst
mit Selbstironie zu betrachten. Im Juni 1774 schreibt sie Marianne
Höpfner über ihre eigenen Schreibversuche:

„Kann ich nicht schöne Verse machen? Mich fürchtet,
Herr Voß wird mir kommen, wenn er von mir hört. Aber
Um so einen geringen Preis, wie ihm die anderen Schöngeister
Arbeiten, mache ich keinen Bogen Gedichte, denn das
Fastenkönnen soll sehr ungesund sein, und ist vielleicht
schuld, daß so viele Schöngeister so jung in die Ewigkeit
reisen. Die armen Leute! Ist das nicht eine Art von
Selbstmord?"

Das ist schon eine kecke Vorstellung: Die armen mittellosen
Schriftsteller, zu denen ja beispielsweise Lenz und Klinger gehören, als Selbstmörder anzusehen! Das Zitat zeigt Albertine aber
auch als eifrige Leserin des *Göttinger Musenalmanachs* von Boie
und Voß.

Bei Höpfners lernt Albertine nun 1774 Friedrich Maximilian
Klinger kennen. Es entwickelt sich eine Verliebtheit zwischen beiden. In demselben Brief an Marianne Höpfner neckt sie Klinger
und lässt ihm ausrichten: „Demütige Bitte an den Hund Barbon,
daß er doch seinen Herrn in die Füße möchte beißen, weil er mich
durch Worte am Samstag so sehr gebissen." Barbon ist Klingers
Pudel. Humor besitzt die Dame also tatsächlich.

Der gleiche Brief offenbart aber auch durchaus konservative
Ansichten Klingers: Albertine beschreibt, wie sie eine junge Nachtigall, die von einem Nesträuber verletzt worden sei, gepflegt
habe, diese dann aber gestorben sei. In diesem Zusammenhang
bemerkt sie, Klinger habe recht, dass „das Lesen alle Herzen verdirbt". Ihre Argumentation ist etwas kurios: Hätte sie nicht so viel
gelesen, hätte sich nicht so intensives Mitleid in ihr ausgebildet,
und die Geschichte mit der Nachtigall hätte sie nicht so mitge-
nommen. Gleichzeitig spiegelt sich in Albertines Bemerkung der

im 18. Jahrhundert weit verbreitete Vorwurf, Lesesucht sei schädlich, vor allem bei Frauen. Klinger ist wohl davon überzeugt. Auch bei Schubart finden sich ja ähnliche Ansichten.

Kurz darauf ist Albertine wieder bei Höpfners zu Gast, und die Liebesgeschichte dringt nun an die Öffentlichkeit, was Höpfner offenbar unangenehm ist. Der Professor, der geglaubt hatte, nur er und eine eingeweihte Freundin wüssten von der Affäre, leugnet diese nach außen. Vor allem will er verhindern, dass Albertines Schwestern, die teilweise ganz schön gemein sein können und ihr oft das Leben schwer machen, Wind von der Sache bekommen. Höpfner sucht nach einem Rezept, um Albertines Leidenschaft zu kurieren, die wohl ausgeprägter als die Klingers ist, denn das Mädchen liegt ihm am Herzen. In einem Schreiben an den Professor schildert ihm Albertine den hypothetischen Fall, wenn Höpfner und Klinger in Lebensgefahr wären und sie könnte nur einen von beiden retten, so würde sie Höpfner wählen und Klinger umkommen lassen, um sich dann sofort Klinger in den Tod nachzustürzen.

So weit kommt es dann doch nicht: Die Liebelei geht vonseiten Klingers recht schnell vorbei: Klinger interessiert sich für andere Frauen, und es gibt eine alte Frankfurter Flamme. Dass Albertine mehrere Jahre älter als Klinger ist, möglicherweise auch der Standesunterschied – beides verhindert eine dauerhafte Verbindung; zudem ist Klinger mittellos. Albertine, für die diese Liebe ein ganz anderes Gewicht als für Klinger hatte, wird ihr ein Leben lang nachtrauern. Sie bleibt Klinger auf ewig schwärmerisch verbunden, heiratet nie und stirbt mit nur zweiundvierzig Jahren.

Nicht nur in Bezug auf Frauen wirkt der Wechsel nach Gießen für Klinger belebend. In seinem ersten Gießener Sommer beschäftigt ihn sein Erstlingsdrama. *Otto* wird es heißen, und es misslingt. Das jedenfalls sagt die Kritik bis heute. Offenbar hat auch Klinger es so empfunden, denn aus der Sammlung seiner Werke schloss er das Drama später aus. Zunächst aber erzählt er Höpfner auf Spaziergängen von seinen Ideen für das Trauerspiel.

Ein Ritterstück, das im mittelalterlichen Deutschland spielt, soll es werden. Natürlich haben ihn dabei Goethes *Götz* und auch Shakespeares *King Lear* inspiriert. Aber im Gegensatz zu Goethe verzettelt sich Klinger schnell. Das liegt an der komplizierten und unübersichtlichen Handlung sowie an dem reichhaltigen Personal. Insgesamt achtunddreißig Personen oder Personengruppen treten auf. Sogar der geübte Leser verliert hier schnell den Überblick. Da gibt es den Herzog Friedrich, der mit seinem Lieblingssohn Karl im Zwist liegt. Mal wieder der Vater! Aber auch das bei den Stürmern und Drängern beliebte Motiv der verfeindeten Brüder taucht auf. Karls Bruder Konrad, der schwach und frömmelnd daherkommt, macht ihm den Thron streitig. Daneben gibt es noch die schöne Schwester Gisella und Karls heldenhaften Freund Otto, den Namensgeber des Dramas. Im Gegensatz zu Goethes *Götz* sind die Figuren nicht historisch, sondern frei erfunden. Manche Rezensenten sehen auch darin eine Schwäche des Dramas.

Neben der zerstrittenen Familiensippe ist da auch der intrigante Bischof Adelbert. Der hat den noch hinterhältigeren und intriganteren Grafen Normann im Schlepptau. Zu Karl, der wegen seiner vermeintlichen Missheirat mit Adelheide in Ungnade gefallen ist, gehört neben Otto der empfindsame Graf Ludwig. Otto und Ludwig lieben beide Gisella. Wie gesagt, es wird schnell verwickelt! Zum Tableau kommen noch die Herren von Hungen und von Wieburg sowie die Familie von Hungen, ehemalige Vasallen des Bischofs, bei diesem ebenfalls in Ungnade gefallen, verbannt und nun in Rom lebend. Sie haben nur am Rand mit der eigentlichen Handlung zu tun, sind eigentlich überflüssig und verkomplizieren die Sache maßgeblich. Dass von Hungen letztlich von der Inquisition gefangen genommen und ermordet wird, bleibt völlig unmotiviert und spielt für die Dramenhandlung auch keine Rolle.

Blicken wir zurück nach Deutschland. Während der Herzog zunächst die mit Hintergedanken angebotene Hilfe des Bischofs gegen Karl verschmäht, verbündet er sich doch mit diesem, als er von Normann hört, dass die meisten Ritter zu Karl übergelaufen sind. Damit beginnt sein Untergang, auch wenn er immer wieder zwischen seiner Liebe zu dem in Ungnade gefallenen Karl und den Reden Normanns schwankt. Als Karl in eine Schlacht zieht und Otto zurücklässt, um seine Gattin zu schützen, folgt auch der Beginn von Ottos Niedergang. Dem Ritter, der zur Untätigkeit verdammt ist, wird von Normann eingeflüstert, er sei Opfer einer Intrige: Ludwig solle durch seine Verdienste in der Schlacht Gisella als Belohnung erhalten. Otto läuft in einer kopflosen Eifersucht zu dem Herzog, dessen Sohn Konrad und dem Bischof über, wo er aber sein Glück nicht findet. Im Gegenteil: Der Zorn über Karls vermeintlichen Verrat, sein eigener Treubruch, seine Eifersucht und die Zurückweisung durch Gisella machen ihm das Leben schwer. Die Briefe, die Karl schreibt, um das Missverständnis aufzuklären, werden abgefangen. Der Herzog aber besinnt sich, will sich nun mit Karl versöhnen und ihm die Regentschaft abtreten. Dies passt nun gar nicht in das Konzept von Konrad, Adelbert und Normann. Sie wollen den Herzog ins Kloster stecken und Konrad auf den Thron setzen. Dafür soll Normann als Belohnung Gisella bekommen. Doch der kocht derweil sein eigenes Süppchen und will selbst das Herzogtum an sich reißen. Der Herzog erhält schließlich durch einen Unbekannten die Warnung, dass Konrad und der Bischof ihn stürzen wollen. Er flieht. Als die Verschwörer die Rothenburg des Herzogs einnehmen, ist keiner mehr da.

Es kommt zum furiosen Finale: Da die von Normann geschickten Mörder scheitern, vergiftet der Graf den Herzog eigenhändig. Der stirbt in den Armen seines Sohnes Karl, der gegen seinen Bruder und den Bischof gesiegt hat. Konrad und der Bischof fliehen. Ludwig entsagt Gisella, da er Otto für den Würdigeren an ihrer Seite hält. Diese Großmut ist angesichts von Ottos Verrat nicht ganz einfach zu verstehen. Doch auch Otto bekommt Gisella nicht. Nachdem ihm von dem Jungen Gebhard, der Otto grenzenlos verehrt, die Augen über die Intrige geöffnet wurden und Otto erkannt hat, dass er benutzt wurde, tötet er Normann und ersticht sich angesichts seiner so empfundenen Schande selbst. – Sie haben den Überblick verloren? Dann lassen Sie uns schweigen über den Einsiedler, die alte Hexe mit den prophetischen Gaben, den Wahnsinnigen und seine Mutter oder die von Hungen'schen Kinder – sie alle kommen nämlich auch noch vor.

Obwohl Klinger sein Drama *Otto* nennt, ist nicht ganz klar, wer eigentlich die Hauptperson ist: Otto oder Karl? Beide treten als Kraftkerls und Selbsthelfer auf, die laut Dramentext als „rechtschafne Kerls" ritterlich „für Vaterland und Freunde heiß streiten". Damit ist das Ideal der Stürmer und Dränger genau umrissen. So sollen sie sein, die wilden, kraftvollen Kerls. Vor allem der hitzige und rauhe Otto poltert durch das Drama, das häufig einfach über das Ziel hinausschießt. Emotionen und Leidenschaften dominieren über nachvollziehbare Motive, wodurch viele Auftritte unrealistisch und fast ein wenig lächerlich wirken.

Von Goethe hat sich Klinger den „Scheißkerl" abgeguckt, der – da schimmert noch die gute Erziehung durch – in der Regel durch Auslassungsstriche angedeutet wird, darum aber nicht weniger derb wirkt: „S -- -- kerl". Doch auch sonst geht es ordentlich zur Sache, und der an sich so langweilige Klinger eifert Goethe nach. An Schimpfwörtern, Rasenden und Ausrufezeichen herrscht kein Mangel. Karls Ehefrau Adelheide bringt es auf den Punkt. „Wilde, die ihr seyd!", schimpft sie Otto und Karl, nachdem diese angekündigt haben, „Fäuste und Schwerter" gegen Adelbert einzusetzen. Die Frauen sind Engel, sanftmütig und empfindsam, die Männer sind wilde Kerls, die sich schlagen und rasen. Ob Adelbert, der „Bluthund", und „sein stinkender Anhang" geschmäht werden, ob der kleine Hans von Hungen seinen Lehrer einen „dicken Wanst" nennt, oder ob der erwachsene von Hungen konstatiert: „Mir stinkt's hier alles an" – mit seinen Gefühlen hält hier keiner hinter dem Berg, außer vielleicht der empfindsame Ludwig, der zumindest sprachlich Mäßigung übt.

Über die Sprache hinaus hat Klinger die neuen Dramenregeln bzw. die nicht mehr vorhandenen Regeln verinnerlicht. Zwar gibt es noch fünf Akte wie im klassischen Drama, doch die Orte wechseln permanent, und ein einheitliches Zeitkontinuum existiert nicht mehr. Ganz zu schweigen von einer Einheit der Handlung. Hauptsache, es geht wild zu, und die Leidenschaften werden ausgelebt!

Dass Klinger durchaus über Humor und Selbstironie verfügt, demonstriert er, als er den ungeduldig auf die Schlacht wartenden Otto über den Müßiggang sinnieren lässt: „So geht's, wenn man so lang nicht dran war, aus langer Weile jagt, aus Müßiggang Bücher liest, die die Kerls in Müßiggang gemacht haben." Damit meint sich der Autor natürlich selbst, und natürlich ist auch er ein „Kerl"! Ein bisschen schimmert hier die verbreitete Meinung durch, dass Lesen eher schade als nutze, da man sich damit dem Müßiggang, der Untätigkeit hingibt. Noch an anderer Stelle blitzt der Autor auf: Wenn sich der Titelheld über „kaltblütige Vernünftler" echauffiert, die nicht das Herz beachten, so legt Klinger hier Otto das Glaubensbekenntnis der Stürmer und Dränger in den Mund.

Während Klinger in diesem Sommer und in diesem Drama also seine Leidenschaften auf dem Papier auslebt, wendet sich für Heinrich Christian Boie im Juni das Blatt, und es beginnt eine überaus angenehme Zeit: Er geht ebenfalls auf Reisen. Nach dem Misserfolg mit seinem alten Schützling im Februar, der ihn noch eine Weile beschäftigt hat, wird er erneut Hofmeister bei einem jungen Engländer. Vaughan, sein neuer Schützling, soll seine Eltern in der Kur in Spa besuchen – und Boie soll mit und ihn begleiten. Anfang Juni bricht man auf und kehrt erst im Oktober wieder zurück. Auf der Reise werden sich Boie und Klinger übrigens zum ersten Mal begegnen.

Boie führt während der Reise ein Brieftagebuch, allerdings schafft er es nicht mehr, seine Übersetzung von *Th. Martons*

Geschichte der englischen Poesie fertigzustellen. Herder hatte ihn sehr dazu ermuntert, aber Boie bringt sie nicht zum Abschluss, das Projekt versandet.

Bald sind sie alle unterwegs: Auch Herder macht sich mit Karoline bereit, nach Pyrmont aufzubrechen. Um drei Wochen Urlaub bittet er Seine Durchlaucht. Lavater kann er wegen seiner Reise ja leider nicht treffen, also schreibt Herder ihm. Hat er im vergangenen Monat den Sinn des Briefeschreibens noch angezweifelt, so ist er jetzt „begierig" auf Lavaters Briefe. Überhaupt hat sich seine Stimmung offenbar leicht gehoben. Trotzdem vergisst Herder nicht, Lavater vor Merck zu warnen.

Schließlich hat Schubart im Juni noch einen Todesfall zu beklagen: Am 11. Juni, abends um fünf Uhr, ist der populäre Kurfürst und Erzbischof von Mainz, Emmerich Joseph von Breidbach zu Bürresheim, einem Schlaganfall erlegen. Schubart war ein großer Verehrer des Kurfürsten, da dieser mit „vortreflichen Schulanstalten" von sich reden gemacht habe und der erste deutsche Fürst gewesen sei, der die päpstliche Anordnung, die Jesuiten abzuschaffen, umgesetzt habe. Ebenso wie Schubart gute Schulen schätzt, hasst er die Jesuiten. Kein Wunder also, dass der verstorbene Kurfürst seine Hochachtung genoss.

In den folgenden Monaten muss er mit ansehen, wie die Nachfolger des Kurfürsten dessen Errungenschaften langsam wieder zurücknehmen. Der Tod des Geistlichen bzw. das, was nach seinem Tod geschieht, wird noch hohe Wellen schlagen.

Goethe, Boie und die Herders
auf Reisen

Boie und Herder fahren also erst einmal nach Pyrmont. Pyrmont
im Weserbergland ist ein beliebter und berühmter Bade- und Er-
holungsort, seine Heilquellen nutzten schon die Römer. Gerade
ist es sehr in Mode, in Pyrmont zu kuren.

Zunächst trifft Boie bei einem morgendlichen Spaziergang niemand Geringeren als den großen Aufklärungsphilosophen Moses
Mendelssohn. „Wir sprachen viel und lange über Philosophie,
Literatur und Freunde und Bekannte, wie Zimmermann und nicht
lange hernach Herder kam dazu", berichtet Boie. Die Welt ist doch
klein, und so kommt Boie in den Genuss, einen ganzen Tag mit
Herder und seiner Frau zu verbringen. Schon seit 1770 kennt er
Herder, und seit zwei Jahren ist er mit ihm, den er sehr liebt, befreundet. In Ems bedauert indes Lavater sehr, den so nahen Herder nicht sehen zu können. Aber alles geht nun einmal nicht, und
auch bei Boie währt die Freude nur kurz: Schon am nächsten Tag
muss er weiter, während Herders ja noch eine Weile kuren.

Aber wie könnte es bei Herder anders sein, auch Pyrmont wird
kein voller Erfolg. Von dem großen Philosophen Moses Mendelssohn ist das Ehepaar Herder enttäuscht, es befindet ihn für stur
und leidenschaftslos, für zu rationalistisch. Eine engere Beziehung entsteht nicht, auch wenn Herder gegenüber Lavater sein
Urteil ein klein wenig abschwächt: „Ich habe Moses Mendelssohn
kennen lernen, der klarste, heiterste Kopf, den ich beinah auf

einem Menschlichen Rumpfe gesehn, stark ausgeprägt für sich – ich aber habe, vielleicht eben vorbemeldeter Ursache wegen, wenig oder gar keine Punkte der Anhänglichkeit an ihn gefunden, halte ihn aber in sich für sehr glücklich, obgleich, wies mir scheint, künstlich auf einem weiß nicht wie selbstgemachten Bollwerk". Die Chemie zwischen den beiden Gelehrten stimmt einfach nicht, und das ist sicher auch ein Generationenproblem. Der um fünfzehn Jahre ältere Mendelssohn gehört zur Generation der Aufklärungsväter, die die Stürmer und Dränger oft als kalt und leidenschaftslos empfinden.

Wenn also Mendelssohn schon eine Enttäuschung ist, so ist Herder wenigstens von dem deutlichen Erfolg der Kur überzeugt. Glaube versetzt bekanntlich Berge. Doch trotz der Bekanntschaft mit Mendelssohn, dem kurzen Treffen mit Boie und trotz des medizinischen Erfolgs langweilt sich das Ehepaar ganz fürchterlich. Finanziell leisten können sich die Herders die teure Reise übrigens nur durch Unterstützung von Verlegerfreund Hartknoch, der bei seinem Besuch im April Herder eine Geldsumme für die anstehende Kur übergeben hatte.

Boie und Vaughan reisen währenddessen über Arolsen und Marburg nach Gießen. Und auch hier trifft Boie einen alten Freund wieder: niemand anderen als Ludwig Julius Friedrich Höpfner, bei dem der junge Klinger wohnt. Die Welt ist wirklich klein. Auch Wagner ist ja noch in Gießen, und ihn lernt Boie nun ebenfalls bei Professor Höpfner kennen. Von Gießen geht es weiter über Wetzlar nach Koblenz, das den beiden Reisenden, Boie und seinem Schützling, außerordentlich gut gefällt.

Natürlich hat Boie gehört, dass sich gerade ganz in der Nähe in Ems Goethe, Lavater und Basedow aufhalten – die literarische Szene steht schließlich in intensivem Austausch miteinander. Und sogar Schubart vermeldet in der *Deutschen Chronik*, dass Lavater, der „Vertraute des Himmels", wie er ihn nennt, zur Kur in Ems weile – also weiß es ganz Deutschland. Schweren Herzens muss sich Boie aber von der Idee verabschieden, die drei dort zu besuchen – es wird ihm keine Zeit dazu gelassen.

Rasch müssen Hofmeister und Schüler weiterreisen: rheinabwärts über Köln und Aachen nach Spa, wo ja Vaughans Eltern warten. Immerhin nehmen sie Boie freundlich auf, und er fühlt sich im Kreis der dort kurenden Engländer wohl, die ihn zunächst selbst für einen Engländer halten. Trotz seiner Anglophilie langweilt sich Boie schnell in Spa, und diese Langeweile wächst mit jedem Tag. Sieben weitere Wochen wird er sich noch gedulden und diese Ödnis aushalten müssen.

Seine Jungs vom Hainbund feiern währenddessen in Göttingen Klopstocks Geburtstag. Der Meister wird am 2. Juli fünfzig Jahre alt. Anwesend ist er selbst nicht bei der Feier, daher berichtet Johann Friedrich Hahn „Vater Klopstock" Ende Juli davon. Zugleich ist Hahn voll Vorfreude: Klopstock wird zu ihnen nach Göttingen kommen!

Aber der Reihe nach. Wie alles beim Bund immer etwas dramatisch und überenthusiastisch ist, so auch die Geburtstagsfeier für Klopstock: Um Mitternacht sucht man zusammen die Eiche auf, wo man vor zwei Jahren im September feierlich den Bund geschlossen hat. Zum ersten Mal seit damals wird der „heilige" Ort wieder betreten. Eichenzweige will man in weihevoller Atmosphäre brechen. Natürlich ist die Eiche nicht irgendein Baum, sie ist *die* Bundeseiche, ein überweltliches Wesen von besonderem Glanz. Ein Stern steht über ihr, die Jünglinge laufen ihr ehrfürchtig entgegen, rufen Wodans Gesang und kündigen sich der Eiche als altbekannte Besucher, als „Bund fürs Vaterland" an.

Die Eiche kann sich nicht wehren und muss das folgende Schauspiel klaglos ertragen: Still und langsamen feierlichen Schrittes nähern sich die Jungs dem Baum, fassen die Äste, brechen Zweige und rufen dabei dreimal „Unserm Vater Klopstock!". So jedenfalls schildert Hahn das Spektakel – und damit nicht genug. Hahn bleibt fast der Atem weg: In dem Moment, wo sie Klopstocks Namen ausrufen, beginnt es in der Eiche zu rauschen, der Wind fegt durch sie hindurch, und die sich biegenden Äste verhüllen die Häupter der Jünglinge. Das kann kein normaler Wind sein, das steht fest für Hahn, das muss ein Zeichen sein. Für Klopstock flechten sie einen besonders schönen Zweig. Der wird bis zu Klopstocks Ankunft im September natürlich verdorren, das wissen sie schon. Trotzdem wollen sie ihn aufbewahren, und fast ängstlich fragt Hahn an: „[…] aber Sie schlagen uns es doch nicht ab, Sich mit jenem unter der Eiche selbst umkränzen zu lassen?"

Was Klopstock geantwortet hat, wissen wir nicht, aber die Eiche hat ihn nie gesehen. Das Spektakel schien ihm dann wohl doch etwas obskur und kindisch. In Göttingen wird er es vorziehen, inkognito in Boies Zimmer zu bleiben. Aber Hahn ist erst einmal nicht zu bremsen. Etwas verräterisch charakterisiert er sich und die anderen als „tatenlose aber tatdürstende Jünglinge". Das haben die Professoren genauso gesehen, wir haben es schon gehört. Hahns Schreiben an Klopstock endet furios: „O schone mein! wie wehet dein heiliger Kranz! Wie gehst du den Gang der Unsterblichen daher." Unglaublich, dass trotz solcher Unsterblichkeit die Post erst am Montag kommt und Hahn bis dahin warten muss.

Doch der 2. Juli ist noch nicht vorbei. Der Bund bekommt an diesem Tag nämlich Nachwuchs: Johann Anton Leisewitz tritt bei. Die Hainbündler halten ihn für würdig, zu ihrem Kreis zu gehören, er habe „Treuherzigkeit und Ehrlichkeit, Liebe zur Freyheit und zum Vaterlande; Tugend und Religion, und ächten deutschen Witz".

Zweiundzwanzig Jahre ist er alt, und seit vier Jahren studiert er in Göttingen Jura. Daneben arbeitet Leisewitz in diesem Sommer schon an seinem berühmten Trauerspiel *Julius von Tarent*, das allerdings erst 1776 erscheinen wird. Er hat viele literarische Pläne, auch eine Geschichte des Dreißigjährigen Krieges will er schreiben. Im Gegensatz zu den anderen Hainbündlern ist Leisewitz in erster Linie aber Dramatiker, und er liefert daher für die nächstjährige Ausgabe des *Göttinger Musenalmanachs*, die gerade in Arbeit ist, zwei dramatische Skizzen: *Der Besuch um Mitternacht* und *Die Pfandung*.

Böse Fürstenschelte übt er in letztgenanntem Stück: Es geht um ein Bett. Ein armer Mann und seine Frau liegen in ihrem Ehebett, doch es ist ihre letzte Nacht darin. Am nächsten Tag soll das Bett gepfändet werden. Der Grund: „Der Fürst hat's verpraßt." Wenn der arme Mann nicht Angst um seine Seele hätte, so hinge er sich sogleich aus Verzweiflung am Bettpfosten auf, bevor das Bett weg ist. Hier blitzt wieder kurz das alte Selbstmordverdikt auf.

Die Eheleute stellen Betrachtungen über die Unterschiede zwischen sich und dem Fürsten an. Und letztlich bleibt den Armen nur die Kapitulation: Der Fürst soll das Bett haben, die Unsterblichkeit aber kann er ihnen nicht nehmen. So bleibt den Armen nur die Hoffnung auf ein besseres Jenseits.

Goethe schickt derweil dem „Bruder" Lavater aus Frankfurt „eine Bouteille Himbeerensafft" und ist noch immer erfüllt von dessen Tätigsein, Entschlossenheit, Herzlichkeit, Liebe und seinem unschuldigen Wesen. Dass jener dennoch ein Fantast ist, weiß der Dichter aber auch.

Während Goethe also wieder in Frankfurt sitzt, widmet sich Lavater ganz seiner Kur. Er trinkt Wasser, spaziert und parliert mit den anderen Kurgästen, hält Vorträge über die christliche Religion. Als er gebeten wird, sonntags zu predigen, zögert er nicht lange. Zwischendurch einen Kaffee mit Schmoll, ein bisschen Lesen im *Werther* und dann schon wieder zu Tisch. Mit Klopstocks *Republik*, die ihn sehr vergnügt, geht er sogar ins Bad. Zurück in seinem Zimmer schreibt der Prediger Briefe über Briefe und abends Tagebuch:

Akribisch und nicht ganz uneitel zählt Lavater auf, wen er tagsüber getroffen hat bzw. wer ihn besucht und ihm gehuldigt hat. Kein bisschen genervt von der Aufmerksamkeit, die ihm überall zuteilwird, berichtet er: „überhaupt bin ich hier sehr beobachtet. Ich geniere mich aber doch im mindesten nicht."

Ständig hat Lavater „Briefweh", wartet sehnsüchtig auf Post, vor allem auf die von seinem „Weibchen". Ja, so nennt er seine Ehefrau tatsächlich. Eigentlich heißt das „Weibchen" Anna Lavater, geborene Schinz, ist mit der Kinderschar, insbesondere einem kranken Kind, und der Hausarbeit daheim in der Schweiz geblieben. Klaglos erfüllt sie die Rolle der protestantischen Pfarrfrau. Am Mittwoch, dem 6. Juli wacht der heimwehkranke Ehemann um fünf Uhr morgens auf und schickt seinen Bediensteten sogleich zur Post, der dort aber – wen wundert es – erfährt, dass der Postmeister noch schläft. Eine Dreiviertelstunde später darf der Diener wiederkommen. Lavater geht derweil ins Bad und trinkt sein Wasser.

Mittags ist dann endlich die Post da, doch sie bringt schlechte Nachrichten: Sein jüngster Sohn, der schon bei seiner Abreise krank war, ist gestorben. Lavater klagt und weint, wird von einem Fräulein von Maßebach und von Dr. Kämpf getröstet. Schon wenig später macht er sich Gedanken, dass schon Mittag und er noch nicht angezogen ist. Der Nachmittag sieht Lavater dann bei Dr. Kämpf zum Kaffee. Die beiden sinnieren über das braune Getränk: In Kasseler Landen ist der Kaffee nämlich gerade verboten worden, und Lavater hat gehört, dass sogar vornehme Leute wegen Übertretung des Kaffee-Verbots hart bestraft wurden. Abends schreibt der Schweizer Theologe schon wieder Briefe, und Schmoll muss Geheimrat Meyer zeichnen, doch es kommt Regen auf, wird dunkel, und die Zeichnung kann nicht vollendet werden.

Zwar gedenkt Lavater auch am nächsten Morgen noch des toten Söhnchens, aber als Baron von Stein aus Nassau eine offene Kutsche schickt, genießt Lavater die herrliche Fahrt mit Aussicht auf die Lahn, öffnet seine Haare im Fahrtwind und liest „mit vielem Vergnügen u. Nutzen in Klopstocks Republiq". Schnell findet er wieder zu seinem grundsätzlich frohen Gemüt zurück. Der Aufenthalt in Nassau sagt Lavater außerordentlich zu. Nach dem Abendessen spaziert er noch eine halbe Stunde mit der Baronin im Zimmer umher und unterhält sich bestens.

Aus heutiger Sicht mag Lavaters schnelle Rückkehr in seinen Kuralltag hartherzig und schwer nachvollziehbar wirken, aber 1774 ist der Tod, insbesondere der Tod von Kindern, allgegenwärtig. Die Kindersterblichkeit ist hoch. Und es bleibt nicht der einzige Verlust eines Kindes bei den Lavaters. Insgesamt erreichen von den acht Jungen und Mädchen von Johann Caspar und Anna nur drei das Erwachsenenalter. Das ist kein Einzelfall: Von Goethes späteren fünf Kindern überlebt nur der älteste Sohn August, Charlotte Kestner erlebt zu ihren Lebzeiten den Tod von drei Kindern, und bei Mercks sterben von sechs Kindern drei in jungem Alter. Auch die Herders verlieren einen Sohn im Alter von nur fünf Monaten. Dass Lavater überhaupt seelenruhig allein zur Kur fährt, während er sein Kind krank zu Hause lässt, erscheint mit heutigem Blick egoistisch und fragwürdig. 1774 aber gehören Geburt, Kinder und Kindererziehung in den häuslichen Bereich der Frau. Und so bleibt Anna Lavater allein mit dem kranken Sohn zurück und findet dies wahrscheinlich nicht einmal seltsam.

Auch in den folgenden Tagen unterhält sich Lavater in Nassau und Ems bestens. Der Schweizer ist in seinem Element: Neue Menschen kennenlernen, über Gott und die Welt plaudern, das liebt er über alles. Dabei scheinen die Themen Lavaters und seiner Kurfreunde unerschöpflich zu sein: Man spricht über Voltaire, Rousseau, Lenz, Goethe und andere Größen der Zeit, über den Selbstmord, die Physiognomik, die Hypochondrie, das Baden, das Sezieren eines Kaninchens, über Floheier, die Vorteile der Ehe, die Unsterblichkeit, den Verfall der menschlichen Natur, das Wetter, den Tod und das Leben. Und das sind nur einige wenige der Sujets, die erörtert werden. Manchmal kann sich Lavater gar nicht mehr an alle Themen ganz genau erinnern.

Auch Susanna von Klettenberg schreibt „Bruder" Lavater lange
und empfindsame Briefe über religiöse Inhalte nach Ems. Ganze
Predigten und Bibelstellen bespricht die Frankfurterin darin mit
Lavater. Unsterblichkeit, Sünde und Gerechtigkeit – Susannas
Briefe sind keine leichte Kost, aber der Kurende liegt diesbezüg-
lich mit ihr auf einer Wellenlänge.

Neben den vielen Briefen, die Lavater verfasst, kommt er mit
seinem Tagebuch, das ihm eigentlich sehr wichtig ist, kaum mehr
nach. Akribisch notiert er seinen exakten Tagesablauf, jedes Gespräch, jedes Porträt und jede Bekanntschaft. Seine Lieben daheim
sollen später die ganze Reise minutiös nacherleben können, sollen
erfahren, mit wem er wann über was gesprochen hat. Außerdem
ist das Tagebuch für Lavater ideal geeignet, seinem Innersten
nachspüren zu können, seine religiösen Gefühle auszudrücken.
Ungeachtet des gewaltigen Schreibpensums, das er sich durch
Briefe und Tagebuch auferlegt, findet er trotzdem noch Zeit, an
einem eigenen literarischen Werk zu arbeiten: Ein religiöses
Drama über Abraham und Isaak soll es werden. Auf seine Art ist
Lavater ebenfalls ein Tausendsassa: Erst ein Emser Wasser trinken, dann ein bisschen am *Abraham* arbeiten, hier ein Blick in
Basedows neuestes Werk, da ein kleiner Spaziergang und ein
Schwatz mit Dr. Kämpf, schließlich sich etwas vorlesen lassen und
zum Kaffee.

Dennoch kann das bunte Treiben in Ems nicht verhindern, dass
Lavater immer noch sein „Weiblein" vermisst. Es geht ihm jedoch
nicht nur um die Sehnsucht, sondern um ganz praktische Belange.
Als er im Bad sitzt, notiert er: „tauche wasche u: reibe mich, aber
ach – kein weiblein, das mir hilft, u: sich freüt meiner Sorgfalt für
meine Gesundheit." Machos waren sie damals noch alle. Nach
dem Bad begibt er sich zum Ruhen ins Bett und anschließend
gleich weiter zum Essen. Am Abend unternimmt der Schweizer
Experimente vor einem Schwefelloch: „Ein Hühnchen starb gleich",
notiert der sonst so zart besaitete Lavater lakonisch und löscht das
Feuer, um zum Tee zu gehen.

Lavater besucht wieder den Brunnen, bei dem es sich um einen Keller mit heißen Dämpfen handelt. Hier flanieren die Kurgäste, Lavater sieht „Schlafröke von allen Farben u: Negligés aller Arten herumwandeln". Buden und Lotterien laden zum Verweilen ein, während man sein Wasser schlürft. Zwischendurch beobachtet er „Physiognomien" und teilt sie in Kategorien ein, in „leidende, edle Phisiognomien", „himmlisch erhabne" oder „furchtbare". Wer ihm auffällt, den lässt er von Schmoll zeichnen.

Selbst ein gutes Gasthaus schützt nicht vor Ungeziefer: Am 13. Juli sieht sich Lavater genötigt, Quecksilber in Scheidewasser, also in 50-prozentiger Salpetersäure, aufzulösen und damit die Wände seines Zimmers zum Schutz gegen Wanzen anzustreichen. Ob die Wanzen oder das Quecksilber der Gesundheit eines Kurenden abträglicher waren, muss offen bleiben.

Währenddessen erhält Goethe in Frankfurt schon wieder Besuch: Der Aufklärungspädagoge Johann Bernhard Basedow macht am 9. Juli Station in der Stadt am Main, nachdem er in Weimar schon Wieland besucht hat. Auf seiner Reise sucht Basedow reiche Gönner für eine neue Erziehungsanstalt in Dessau zu gewinnen. Wie gesagt, Erziehung ist gerade ein großes Thema, und Lavater liest ja in Ems schon einmal Basedows neuestes Werk.

Goethe beschreibt den Pädagogen als „tief im Kopfe, klein, schwarz, scharf, unter struppigen Augenbrauen hervorblinkend"; er habe eine „heftige rauhe Stimme" und ein „gewisses höhnisches Lachen". Basedow ist kein ganz gemütlicher Zeitgenosse: Sein ungepflegtes Äußeres, sein penetrantes Qualmen von schlechtem Tabak, sein Spott und seine heisere Stimme machen das Zusammensein mit ihm gewöhnungsbedürftig. Begabung und Verwahrlosung mischen sich in seiner Person indes zu einem ungewöhnlichen Konglomerat. Sein pädagogisches Konzept sieht vor, Unterricht naturgemäß und lebendig zu gestalten; das Tätigsein des Schülers soll gefördert werden. Das findet auch Goethes Zustimmung. Die methodischen Mängel in Basedows Werk missfallen dem Frankfurter Dichter jedoch. Ähnlich kritisch sieht der Lavater-Biograf Friedrich Wilhelm Bodemann den Pädagogen, der „voll revolutionärem Enthusiasmus marktschreierisch eine neue Heilsordnung des Unterrichts und der Erziehung" in deutschen Landen verkünde. Auf jeden Fall hat er recht: Leise geht es nie zu, wenn Basedow auftaucht.

Als Basedow hört, dass Lavater in Ems weilt, reist er ihm am 11. Juli hinterher. Am 12. Juli kommt er in Ems an. Beim Mittagessen trifft er erstmals auf Lavater, der den Unbekannten sofort erkennt und seine Physiognomie untersucht: „Ich ging näher, drehte der unbekannten Person den Kopf – aber – – Sind Sie – nicht Basedow – weiß Gott … Sie sinds – u. Er wars". Basedow wird herzlich begrüßt, bis Mitternacht wird geredet. Basedow berichtet von seinem Besuch bei Wieland in Weimar. Er hofft auf Unterstützung bei seinen pädagogischen Projekten durch den jungen Herzog Carl August. Überhaupt will er auf dieser Reise Geld erbetteln. Dass er es schafft, die, die ihm geben sollen, im selben Augenblick auch noch zu beleidigen, ist ein Phänomen.

Lavater und Basedow also – ungleicher geht es nicht mehr: da der sanfte und höfliche Prediger, der die Bibel wortwörtlich versteht; auf der anderen Seite der flegelhafte Basedow, der kirchliche Lehren spitzfindig in Zweifel zieht und den Gedanken der Dreieinigkeit ablehnt. Dass dieses Zusammentreffen spannend wird, vermutet auch Schubart, der Basedows Besuch in der *Deutschen Chronik* bald vermeldet und den die Gespräche der beiden ungleichen Gelehrten brennend interessieren: „Möchte doch wissen, was sie miteinander sprächen! Lieber wollt ich da ein Mäusgen seyn, als wenn zween große Fürsten, mit dem ganzen stralenden Pompe ihrer Hoheit umgeben, bey einander Besuche abstatten."

Zunächst einmal spricht man über Goethe und über Wieland. Schließlich kommt Basedow gerade von beiden und hat es tatsächlich geschafft, den Weimarer Dichter auf die Palme zu bringen – und sich wieder mit ihm zu versöhnen. Wie gesagt, Basedow ist ein Phänomen. Auch mit Spalding, mit dem Herder sich ja gerade befehdet, ist Basedow zusammengetroffen und hätte ihn fast nach Ems mitgebracht. Als Lavater schließlich ins Bett geht, ist er so erfüllt von den Gesprächen, dass er zunächst keinen Schlaf findet: „Dank, Seüfzer, Sehnsucht, Angst, Heiße", schreibt er erschöpft in sein Tagebuch. Doch schon einen Tag später ist Lavater von dem Neuankömmling nicht mehr ganz so angetan, denn er notiert: „Zu Basedow. schrecklicher Schweißgeruch."

Auch Basedow lässt Lavater natürlich sofort von Schmoll zeichnen. Dann diskutiert er mit dem christlichen Zweifler über das Abendmahl und den Zustand der Seelen nach dem Tod. Es kommt, wie es kommen muss: Basedow gibt den Zweifler in Glaubensfragen, Lavater will ihn zum Christentum bekehren. Nach dem Bad macht es sich Lavater mit Klopstocks *Republik* im Bett gemütlich, doch die Ruhe währt nicht lange, sofort springt er wieder auf, da er Basedow im Nebenzimmer tanzen zu hören glaubt. Er spricht mit ihm über dessen Pläne, eine pädagogische Akademie zur Verbesserung des Schulwesens zu gründen, und bleibt auch nach dem Nachtessen bei Basedow, um sich mit ihm über Wieland, Goethe und Lessing auszutauschen, den er für einen furchtbaren Atheisten hält.

Auch der nächste Tag bringt Lavater und Basedow einander näher. Nachdem Lavater morgens mit einem tiefen Seufzer aufgewacht ist und einen Brief von seiner „Cordata", Susanna von Klettenberg, erhalten hat, spaziert er gemeinsam mit Meyer und Basedow in der Allee. Das Gespann zieht viele Zuhörer in seinen Bann. Mittags besuchen Lavater, Basedow und ihre Entourage, die sie immer um sich scharen, Nassau. Basedow wird der im Bett liegenden Frau von Stein vorgestellt. Man spricht vom Sterben, von Glück und Unglück, vom weiblichen Geschlecht und vom allgemeinen Verderben. Man beachte dabei die Zusammenstellung der Themenbereiche! Zurück in Ems bleibt man auch nach dem Nachtessen zusammen, und Lavater notiert in sein Tagebuch: „Wir konnten kaum von einander – – und – Mit schwerem heißem Herzen legt' ich mich nach 1 uhr zu Bette, seüfzte, weynte, angstete, schlief ein –". Lavater seufzt viel an diesem Tag.

Lange hält es der reiselustige Goethe ohne Lavater und Basedow in Frankfurt nicht aus: Am 15. Juli ist auch er zurück in Ems. Rasch hat er in der Mainmetropole alle anliegenden Geschäfte auf Vater und Freunde verteilt und von Vater Goethe 14 Gulden und 24 Kreuzer Reisegeld erhalten. Dann hat sich der junge Dichter aufgemacht. Gerade in Ems angekommen, stößt er auf den aus dem Bad kommenden Lavater. Während Goethe die Anmut und Reinlichkeit Lavaters bewundert, nimmt er den spöttischen und rauchenden Basedow erst einmal hin.

Nach Goethes Ankunft essen er und Lavater zusammen Mittag, und natürlich dreht sich das Gespräch um die gemeinsamen Bekannten. Man unterhält sich über Herder, Lenz, der Goethe ein Gedicht geschickt hat, und über Basedow, dessen Stärken und Schwächen. Noch am selben Tag setzt Lavater nachmittags auch seine *Werther*-Lektüre mit dem zweiten Teil fort und kann nicht aufhören, bis er ihn um zwei Uhr nachts verschlungen hat. Lavaters Urteil: „schrekliche Geschichte", was den Geistlichen aber nicht hindert, nach einem tiefen Seufzen einzuschlafen.

Lenz ist übrigens an diesem 15. Juli ebenfalls anwesend, zumindest brieflich. Er hat Goethe ein Gedicht geschickt, in dem er seine Freundschaft zu ihm feiert:

> „Herr, ach, Herr, was soll ich bitten,
> Seh hinauf zu deinem Himmel,
> bitt' um dieses Stückgen Himmel!
> u: ein wenig Sonnenschein!
> aber laß mir Bruder Goethe,
> den du mir gegeben hast.

Dessen Herz so laut zu dir schlägt.
o für ihn bitt' ich mit Tränen
halt ihm nur den Rücken frei"

Ein wenig Sonnenschein kann Lenz wirklich brauchen. Und
Goethe und Lavater sind für Lenz die helle Sonne. Dass er seinen
Freund Goethe und dessen überschwängliches Selbstbewusstsein
gut kennt, beweist der nächste Vers, nachdem er darum gebeten
hat, Goethe den Rücken freizuhalten: „Platz wird er sich selber
machen". Im Vorwärtsstürmen ist Goethe gut. Dann bittet Lenz
noch darum, der Herr möge Goethe mehr noch als vor seinen
Feinden vor den Freunden beschützen, „die an seinen Arm sich
henken u: den Arm ihm sinken machen". Lenz hat Angst, dass die
vielen Freunde, die sich mittlerweile um den berühmten Frankfurter Dichter scharen, diesem seine Energie rauben. Dass Goethe
in einigen Jahren auch ihn, Lenz, zu einem solch energierauben-
den Freunde zählen wird, kann sich der Straßburger wahrlich
nicht vorstellen.

Lavater jedenfalls ist ganz hingerissen von diesem eindrucks-
vollen Dokument der Freundschaft und notiert das Gedicht als
Andenken in seinem Tagebuch.

In Ems ist sich das Dreiergespann Lavater, Basedow und Goethe
der großen charakterlichen und äußeren Unterschiede durchaus
bewusst: Der zweiunddreißigjährige sanfte Lavater und der neun-
undvierzigjährige rüpelhafte Basedow nehmen den jungen, vor
Energie und Fantasie berstenden vierundzwanzigjährigen Goethe
in den Schlepptau. Den jungen Mann aber nervt es, Anhängsel
der beiden Großen zu sein, die überall bejubelt werden, während
er seiner Meinung nach nicht genügend gewürdigt wird. Von
nun an hängen sie ständig zusammen und haben sich schnell so
aneinander gewöhnt, dass sie beschließen, gemeinsam weiterzu-
reisen.

Am 18. Juli, einem Montag, verlassen die drei Ems und brechen zu einer Rheintour auf. Der Morgen beginnt denkwürdig: Während Lavater bereits um halb sechs Uhr in der Frühe die Seiten seines Tagebuchs füllt, sitzt Goethe im Bett gegenüber und diktiert dem Freund sein Wohlbefinden: „Es schläft sich, ißt sich, trinkt sich und liebt sich auch wol an jedem, Orte Gottes, wie am andern [...]". Goethe, der Kosmopolit, fühlt sich offenbar überall wohl. Von Goethe aufgefordert, die Zeilen weiterzuschreiben, beginnt Lavater tatsächlich, die Zimmertapete zu beschriften und mit Datum zu signieren. Und damit nicht genug, jetzt diktiert ihm auch Goethe noch seinen Abschiedsgruß:

„Goethe schrieb an die Wand.
Wenn Du darnach fragst,
Wir waren Hier
Du, der Du nach uns kommen magst,
Hab wenigstens so frisches Blut
Und sey so leidlich, fromm und gut
Uns leidlich glücklich, als wir!
Den 18. Jul. 74   Goethe."

Ob der Wirt begeistert war, als er die Schmierereien an der Zimmerwand vorfand, ist nicht überliefert. Überliefert ist aber sehr wohl eine Bleistiftbemerkung, die von fremder Hand später zu Goethes Eintrag hinzugefügt wurde: „Er Hr Verfaßer ist noch ein wilder Vogel, den Gott ganz anders wird Pfeiffen lernen."

Der wilde Vogel sitzt derweil reimend auf einem Schiff auf der Lahn, während Basedow wie üblich raucht und Lavater in seinem roten Dragonermantel mit Messingschließen einmal mehr Tagebuch schreibt. Darüber wird Kaffee getrunken und über das Wetter geredet. Der Tag nimmt einen überaus heiteren Verlauf. Als das Schiff anlegt, spaziert Basedow einfach in ein unbekanntes Haus, wo gerade zu Mittag gegessen wird – Bohnen und Speck. Kurzerhand quartiert sich Basedow mitsamt der Schiffsgesellschaft am Mittagstisch ein. Die Kerls amüsieren sich prächtig, die Reaktion der unverhofften Gastgeber wird möglicherweise nicht so enthusiastisch ausgefallen sein.

Zurück auf dem Schiff geht es von der Lahn auf den Rhein bis nach Koblenz. Dort erregen die drei großes Aufsehen: Basedow und Goethe wetteifern, wer sich am schlechtesten benehmen kann, und auch Lavater, der das Herz auf der Zunge trägt, fällt auf. Bei Tisch sitzt Goethe zwischen seinen beiden Freunden und dichtet:

„Und, wie nach Emmaus, weiter ging's
Mit Sturm- und Feuerschritten:
Prophete rechts, Prophete links,
Das Weltkind in der Mitten."

Das „Weltkind" ist natürlich Goethe selbst, der frohgemut verfolgt, wie Lavater einen Landgeistlichen über die Offenbarung des Johannes belehrt, während Basedow auf der anderen Seite einem Tanzmeister zu beweisen versucht, dass die Taufe überholt sei – zwei Extreme auf jeder Seite, und Goethe mittendrin. Fröhlich konstatiert er:

„Und ich behaglich unterdessen
Hätt einen Hahnen aufgefressen".

Um drei Uhr nachmittags geht es weiter. Goethe wandert per pedes schon einmal bis Vallendar voraus. Dass Goethe zu Fuß schneller ist als Lavater und die anderen per Schiff, zeigt, dass eine Schiffsreise im 18. Jahrhundert vor allem der Erbauung dient; schnelles Reisen ist hingegen nicht zu erwarten. Aber die drei haben ja Zeit und genießen den Tag in vollen Zügen. Schließlich steigen auch die anderen aus und wandern zu Fuß bis Bendorf, wo sie Tee trinken und eine Kirche besichtigen. Wieder auf dem Schiff genießen sie die untergehende Sonne. Nachdem man abends um halb acht in Neuwied angekommen ist und zur Nacht gespeist hat, stellt man sich bei Hofe vor und wird freundlich begrüßt. Vor allem Lavater wird neugierig und freudig aufgenommen.

Während Lavater am nächsten Tag die Mennoniten in der Gegend besucht und mit der Gräfin über die Höllenqualen diskutiert, macht sich Basedow bei den Angehörigen dieser protestantischen Freikirche mehr als unbeliebt, als er von ihnen wissen will, ob sie, die Strenggläubigen, auch einen Verneiner der Dreieinigkeit aufnehmen würden. Zum Abendmahl erscheint er nicht. Orthodoxie und Freigeist laufen hier auf direktem Konfrontationskurs.

Am 20. Juli ist man wieder auf dem Wasser, auf dem Rhein. Lavater sitzt neben Goethe und beobachtet, wie der „wie ein Wolff" sein Butterbrot hinunterschlingt und den weiteren mitgenommenen Proviant in Augenschein nimmt. Mit Basedow hat der Geistliche schon direkt nach dem Aufstehen um fünf Uhr morgens und dem ersten Kaffee über christliche Fragen diskutiert, und natürlich waren sich die beiden wieder einmal nicht einig. Auf dem Schiff nun herrscht einmal mehr Harmonie: Goethe liest aus seinem Singspiel *Erwin und Elmire* vor, das bei seinem Juni-Aufenthalt in Ems entstanden war, und man schlummert anschließend ein wenig. Beim Mittagessen in Bonn schickt Lavater einige Gedichte von Herder an Pfenninger. Danach geht es mit der Kutsche bei Regen weiter, und erst einmal trennen sich die Wege: Goethe fährt nach Düsseldorf, Lavater nach Mühlheim. Beim Schulhalter Tobsius, den er in Mühlheim aufsucht, findet Lavater ein „herrlich dehmüthig frommes weibchen" vor, das ihm sogleich Stiefelknecht und Pantoffeln bringt – ein wahrer Männertraum. Lavater trifft in Mühlheim dann seine frömmelnden Freunde Collenbusch und Hasencamp. Mit ihnen spricht er über Klopstocks *Messias* und mit ihnen zusammen reist er am nächsten Tag nach Düsseldorf.

Doch Goethe trifft er nicht an. Am 20. Juli abends mit dem Zeichner Schmoll am Rhein bei Düsseldorf angekommen, muss der Frankfurter Dichterjüngling bei einem Bauern übernachten, da er keinen mehr findet, der ihn zu so später Stunde über den Rhein übersetzt. Am 21. Juli sind Goethe und Schmoll dann tatsächlich um sechs Uhr morgens in Düsseldorf. Nach einem Besuch in der Gemäldegalerie muss Goethe feststellen, dass die Jacobis, die Brüder Johann Georg und Friedrich Heinrich, die er besuchen will, ausgeflogen sind. Tatsächlich, Goethe will die beiden Jacobis besuchen, genau die zwei, die in den letzten beiden Jahren immer wieder Gegenstand seines Spotts, seiner Selbstgefälligkeit und seiner Scherze waren. Wieder zeigt sich, dass Goethe zwar gerne die Reibereien sucht, aber auch schnell und großmütig über diese hinwegsehen kann. Mit Betty Jacobi, Friedrich Heinrichs Frau, versteht er sich ja ohnehin glänzend; also schreibt er ihr schnell. Tatsächlich ist Betty Jacobi sehr enttäuscht, als sie den Brief erhält und liest, dass Goethe vergeblich an ihre Tür geklopft hat. Es entfährt ihr ein lautes „Herrjemine", und ihrer Mutter fällt vor Schreck die Brille von der Nase.

Ob die beiden Jacobi-Brüder auch so begeistert von Goethes Ankunft sein werden? Goethe macht sich auf den Weg nach Elberfeld, um die Jacobis dort zu treffen. Ein mulmiges Gefühl hat er schon im Bauch, befürchtet er doch – aus Sicht der Jacobis durchaus berechtigte – Missstimmungen. Aber es soll anders kommen. Die Frauen sind es, die inzwischen Frieden gestiftet haben: Sophie La Roche, Johanna Fahlmer und Betty Jacobi haben sich der Disharmonie zwischen den Männern angenommen und die Wogen geglättet. Betty hatte in Frankfurt mit Goethes Schwester Cornelia Freundschaft geschlossen und so für eine freundlichere Stimmung geworben. Friedrich Heinrich Jacobi hatte daraufhin beschlossen, die Beleidigungen Goethes zu vergeben. Goethes *Götz von Berlichingen* sieht er als angemessenen Ausgleich an.

Selbst die Weltpolitik hat sich Harmonie verordnet. Nicht nur Jacobi schließt Frieden mit Goethe, auch Russland und die Türkei schließen Frieden: Sechs Jahre russisch-türkischer Krieg sind am 21. Juli zu Ende. Gesiegt hat Zarin Katharina die Große.

Am 22. Juli wird es erst einmal hektisch bei unseren Reisenden: Friedrich Heinrich Jacobi macht sich auf den Weg nach Düsseldorf, um Goethe zu treffen, weiß aber nicht, dass dieser schon auf dem Weg zu ihm nach Elberfeld ist. Unterwegs trifft er Lavater und seine Freunde Hasencamp und Collenbusch, erfährt, dass Goethe bereits in Elberfeld ist, setzt sich kurzerhand zu ihnen in die Kutsche und fährt gleich wieder retour. In der Kutsche plaudert man über Herder und Wieland.

In Elberfeld angekommen, erfahren sie, dass Goethe mit dem einstigen Straßburger Bekannten Heinrich Jung-Stilling zu Mittag gegessen hat. Jung-Stilling hat ja seinerzeit in Straßburg Medizin studiert und zur Tischgesellschaft von Johann Daniel Salzmann gehört. Dort hat Jung-Stilling auch Goethe und Herder kennengelernt und ist mit ihnen seitdem in Kontakt geblieben. Nun hat er sich als Augenarzt in Elberfeld niedergelassen, wo er in pietistischen Kreisen verkehrt und nebenbei als Schriftsteller arbeitet. Bei seiner Ankunft hat der kecke Goethe dem Arzt gleich einen Streich gespielt – ohne Frechheiten geht es bei Goethe eben nicht: Er ließ den Mediziner morgens in einen Gasthof zu einem angeblich fremden Patienten rufen. Der Arzt fand den Patienten mit einem Tuch um Hals und Kopf völlig verhüllt vor, untersuchte ihn und konnte keine Krankheit diagnostizieren. Als er dies aussprach, fiel ihm der angeblich Kranke um den Hals und gab sich als Goethe zu erkennen. Jung-Stilling, völlig überrumpelt, nahm den Dichter daraufhin mit zum Mittagessen.

Lavater und seine Freunde hören, dass sich Goethe nach dem Essen mit dem Pferd wieder auf nach Düsseldorf gemacht hat, da er erfahren hat, dass Jacobi dorthin unterwegs ist. Was also tun? Jung-Stilling reitet Goethe und seinem Begleiter Heinse nach und bringt sie wieder zurück.

Endlich sind sie alle versammelt – eine wahrlich merkwürdige Gesellschaft: Der alte Mystiker Teschenmacher, der strenge Pietist Hasencamp, der fromme, schwärmerische Lavater, der Autor Heinse und der Mediziner Jung-Stilling sitzen an einem Tisch mit dem Weltmann Friedrich Heinrich Jacobi und dem energiegeladenen Spötter Goethe. „Sitzen" ist mit Blick auf Goethe dabei nicht der richtige Ausdruck, denn immer ist der junge Frankfurter in Bewegung: „Goethe aber konnte nicht sitzen, er tanzte um den Tisch her, machte Gesichter und zeigte allenthalben, nach seiner Art, wie königlich ihn der Zirkel von Menschen gaudiere", so erzählt Jung-Stilling.

Goethe genießt auch in der Folge die Reise in vollen Zügen, bringt seine Gefährten zum Lachen und liebt es, endlich selbst im Mittelpunkt zu stehen. Tapfer verteidigt er Klopstock und Herder gegen den Pietisten Hasencamp und reitet schließlich mit Jacobi und Heinse zurück nach Düsseldorf. Heinse berichtet später seinen Freunden von der Bekanntschaft mit dem Dichtertalent und charakterisiert den Frankfurter überaus treffend:

> „Goethe war bey uns, ein schöner Junge von fünf und zwanzig Jahren, der vom Wirbel bis zur Zehe Genie und Kraft und Stärke ist; ein Herz voll Gefühl, ein Geist voll Feuer mit Adlerflügeln [...]."

Die Energie und der Tatendrang des jungen Goethe sprühen förmlich aus Heinses Beschreibung. Wo Goethe hinkommt, fasziniert er seine Umgebung.

Schon zwei Tage später steht wieder ein Ausflug auf dem Plan: Goethe fährt mit den beiden Brüdern Jacobi, Johann Georg und Friedrich Heinrich, mit der Kutsche zum rechtsrheinisch gelegenen Schloss Bensberg. Von dem auf einem Berg gelegenen Anwesen genießen sie eine wunderbare Aussicht. Man versteht sich bestens und philosophiert gemeinsam. Goethe spürt keine Divergenzen der Überzeugungen wie manchmal mit Lavater oder Basedow; vor allem in Friedrich Heinrich „Fritz" Jacobi findet er ganz unerwartet einen Geistesverwandten.

Nachmittags am 24. Juli geht es weiter nach Köln, in die Stadt, in der die Gebeine der Heiligen drei Könige ruhen sollen. Der Ausflug nach Köln wird dabei zu einem Kulturevent der morbideren Art. Denn in der St. Peterskirche besuchen die drei jungen Männer Rubens-Gemälde von der Kreuzigung des heiligen Petrus und sinnieren über die Leiden des Märtyrers und die Grausamkeit seiner Henker. In der Nähe des Gemäldes finden sie einen Altar mit Totenköpfen und das „castrum doloris" eines jungen Mädchens. Das „castrum doloris" war im 18. Jahrhundert und schon in den Jahrhunderten zuvor eine Trauerkapelle, die vorübergehend für die Trauernden eingerichtet wurde. Nicht unkritisch stehen die Freunde vor Altar und „castrum doloris" und fragen sich, wieso ein junges, unschuldiges, totes Mädchen mit Seelenmessen, die an dem Altar gehalten werden, aus einem vermeintlichen Fegefeuer herausgebetet werden müsse. Johann Georg Jacobi kann sich dies so nicht vorstellen und hält es eher mit der weniger strengen Antike.

Anschließend besichtigt man das Jabach'sche Haus und seinen Garten. Ergriffen fühlen die jungen Männer hier der häuslichen Gemütlichkeit einer Familie nach, die längst nicht mehr lebt und auf einem Bild Le Bruns verewigt ist. Besonders Goethe beschäftigt der Gedanke, dass alle auf dem Bild dargestellten Familienmitglieder bereits tot sind. Ob aber vielleicht ab und zu der Geist des alten Jabach das Gemälde durchwehe? Unerträglich findet Goethe den Gedanken, dass das Bild demnächst verkauft und in einer Galerie vor den Blicken „Unheiliger" ausgestellt werden soll. Weiter bestaunen Goethe und die Jacobis im Garten antike Urnen.

Die Stadt Köln selbst übt auf Goethe eine seltsame Anziehungskraft aus: Das Gefühl, dass hier „Vergangenheit und Gegenwart in eins" fallen, empfindet er als „etwas Gespenstermäßiges". Das hat vielleicht damit zu tun, dass er vor einer der größten Ruinen Europas steht. Seit fast dreihundert Jahren ruhen die Bauarbeiten am Kölner Dom, der langsam verfällt. Goethe stapft missmutig durch „diese merkwürdigen Hallen und Pfeiler". Ein Gebäude von Weltrang, das einfach so, vor seiner Vollendung, stehen gelassen wird, ruft seine tiefste Missbilligung hervor und lässt ihn über das Menschsein philosophieren: „Scheint es doch, als wäre die Architektur nur da, um uns zu überzeugen, daß durch mehrere Menschen, in einer Folge von Zeit, nichts zu leisten ist […]" Er sollte unrecht behalten: Nachdem der Dom 1794 vorübergehend zum Pferdestall degradiert wird, wird er doch weitergebaut. 1814 wird man alte mittelalterliche Pläne wiederfinden, und 1880 wird das Weltgebäude entgegen Goethes pessimistischen Überlegungen letztlich vollendet. Aber das wird Goethe nicht mehr miterleben.

Kehren wir daher erst einmal zu unseren drei Freunden zurück: Abends im Gasthof trägt Goethe mit viel Herzblut seine neuesten Balladen *Es war ein Buhle frech genug* und *Der König in Thule* vor:

„Es war ein König in Thule
Gar treu bis an das Grab,
Dem sterbend seine Buhle
Einen goldnen Becher gab."

Die Geschichte von dem alten sterbenden König, der vor seinem Tod seinen heiligen Becher den Fluten übergibt, macht Eindruck auf die Zuhörenden, fast schon gruselt sie der Vortrag ein wenig. Doch dann ist der Schauder auch schnell vergessen, und nach einer fröhlichen Abendmahlzeit zieht man sich auf die Zimmer zurück.

Allerdings hält es Goethe dort nicht lange. Nochmals sucht er Friedrich Heinrich Jacobi auf, und gemeinsam treten sie ans Fenster, betrachten den verträumten Mond über dem Rhein und über dem Siebengebirge, genießen ihre Jugend und das Gefühl der inneren Seelenverwandtschaft. Ein magischer Moment – der noch dem alten Goethe im Gedächtnis geblieben ist. Auch Fritz Jacobi erfreut sich an diesem Augenblick und erinnert sich ein Jahr später beim Anblick des Mondes über dem Rhein daran. Noch 1812 urteilt er über den denkwürdigen Abend: „Welche Stunden! Welche Tage!"

Köln hat Goethe tief berührt. Kein Wort mehr von Goethes Spott von ehedem. Das hätte sich der junge Dichter wenige Wochen zuvor selbst nicht vorstellen können. Solch eine geistige Nähe mit dem ehemaligen Gegner!

Und Goethe gönnt auch Betty Jacobi ihren Triumph, der Frau, die es geschafft hat, dass Goethe und Friedrich Heinrich Jacobi nun Freunde sind. Noch voller Enthusiasmus an die Begegnung mit Fritz denkend, berichtet Goethe Betty: „Nicht eingeführt, marschalliert, exküsirt; grad rab vom Himmel gefallen vor Fritz Jacobi hin! Und er und ich und er!" Goethe kann sowohl in seinen Sympathien wie auch in seinen Antipathien maßlos übertreiben.

Was macht eigentlich Lavater währenddessen? Er war in Wichlinghausen und reist mit dem Zeichner Schmoll am 23. Juli über Elberfeld, wo Schmoll noch schnell Jung-Stilling zeichnen muss, über Solingen nach Mühlheim am Rhein. Dort übernachten sie und ziehen am nächsten Tag weiter über Köln und Bonn nach Neuwied. Am 25. Juli sind sie wieder in Monrepos, am 26. verlassen sie Neuwied, speisen in Koblenz zu Mittag und sind abends zurück in Ems. Von dort geht es nach Nassau zur Baronin von Stein, wo man übernachtet. Ganz schwindelig wird einem bei so vielen Terminen! Am 28. Juli ist man noch bei dem Fürsten zu Schaumburg, und am 29. Juli kommt man abends in Frankfurt an – die Rheinreise Lavaters ist zu Ende.

Goethe hingegen ist wieder in Ems, wo er erneut auf Basedow trifft und das Leben in vollen Zügen genießt. Er treibt seine Späße mit der stark angewachsenen Badegesellschaft, verkleidet sich in einen Dorfgeistlichen und hält die Badenden zum Narren. Auch tanzt er die Nächte durch bis zum Morgen, zum Schlafen kommt er wenig. Zwischen den Tänzen büchst er ab und zu aus und springt nach oben zu Basedow, der im Zimmer sitzt, scheinbar nie ins Bett geht und unaufhörlich seine Ideen diktiert. Dann diskutiert Goethe mit dem Pädagogen in einem von Tabakqualm völlig verpesteten Zimmer, springt wieder auf, und weiter geht der nächste Tanz. Doch auch für Goethe endet die Reise einmal, wenn auch nicht sofort.

Am 31. Juli, einem Sonntag, meldet er sich mit Basedow im Schlepptau bei Sophie La Roche in Ehrenbreitstein zum Mittagessen an, wo die Autorin in einem stattlichen Haus mit Blick über das Rheintal lebt: hohe und geräumige Zimmer, Gemälde dicht an dicht an den Wänden und aus den Fenstern der freie Blick in die Natur. Goethe ist also zu Gast bei seiner Schriftstellerfreundin mit den feinen Zügen, die stets ein Flügelhäubchen trägt, sittsam braun oder grau gekleidet ist, Ruhe und Würde ausstrahlt und die er sogar „Mama" nennt. Angeblich soll der rüpelhafte Basedow jedoch keinen guten Eindruck bei ihr hinterlassen haben. Auch der stets heitere Herr La Roche ist anwesend, der sich allerdings keiner Illusion darüber hingibt, dass all die Gäste nur seiner Frau wegen da sind.

Basedow und Goethe bleiben noch bis zum 11. August in Ems, wo Basedow am letzten Tag trotz seines Alters von bald fünfzig Jahren noch schwimmen lernt.

Auch Herders Sommerfrische ist zu Ende: Nach zwei Wochen in Pyrmont kehren er und seine Frau zurück nach Bückeburg, wo sie am 21. Juli ankommen und einen Brief von Hartknoch vorfinden, den dieser schon im Juni geschrieben hat. Und die alten Probleme sind sofort auch wieder da! Kupferstiche brauche Hartknoch keine zu schicken, so Herder missmutig, da sie ja sowieso nicht in Bückeburg bleiben werden. Wozu also die Wohnung verschönern? Die finanzielle Misere ist ebenfalls nicht besser geworden und die Post eine Katastrophe! Längst schon hat Herder einen Brief an Hartknoch beantwortet, den dieser in seinem Juni-Brief nochmals anmahnt. Briefe überschneiden sich, brauchen Wochen oder kommen gar nicht an. In Pyrmont war Herders Schrift *Auch eine Philosophie der Menschheit* schon bekannt, auch von dieser Seite befürchtet er nun neuen Ärger. Kupferstiche wollen Herders zwar keine, aber einen Teppich könnte ihnen Hartknoch schon besorgen.

Spalding ist im Juli einmal mehr Thema bei Herder. Eigentlich hat der Berliner Theologe Herder eine sehr besonnene und verbindliche Antwort geschickt. Damit könnte die Sache ruhen. Trotzdem schreibt ihm Herder im Juli erneut. Wieder beteuert er, dass er die *Provinzialblätter* keineswegs gegen Spalding geschrieben habe: „Daß die Provinzialblätter g e g e n Euer Hochwürden geschrieben wären – ich wollte, daß Niemand andres als mein Feind das sagte." Dabei pfeifen genau das alle Spatzen von den Dächern, unabhängig davon, was Herder beteuert. Auch die Rolle der Eingangszitate in den *Provinzialblättern* versucht Herder herunterzuspielen. Dass seine Persönlichkeit nicht frei von Widersprüchen ist, darauf hat schon Goethe hingewiesen. Auch Spalding hat dies bemerkt und den abweichenden, widersprüchlichen Ton in Herders Brief und in seiner Schrift bemängelt. Und nun fängt Herder an zu eiern: Weitläufig führt er aus, dass ein geschriebenes Buch „w i r n i c h t s e l b s t, sondern e i n G e s p e n s t, eine A r t P h a n t o m v o n U n s sei". Daher sei auch Spaldings Buch ein Phantom gewesen, gegen das er angeschrieben habe; den echten Spalding habe er damit aber gar nicht gemeint. Das klingt nach Ausflüchten? Das fanden die Zeitgenossen auch. Zumal Herder nun anbietet, in einer künftigen neuen Ausgabe der *Provinzialblätter* die Spalding betreffenden Motto-Zitate auszutauschen. Dieses Angebot lässt vermuten, Herder habe eingesehen, dass er hier über das Ziel hinausgeschossen ist. Aber nein, ein neuer Widerspruch folgt, denn Herder erklärt trotzig-selbstbewusst: „Mein Buch g e r e u t mich bis auf den jetzigen Augenblick nicht". Nun könnte er es gut sein lassen, doch Herder holt erst zum eigentlichen Schlag aus: Jetzt wirft er Spalding auch noch Indiskretion vor! Spalding habe das Exemplar der *Provinzialblätter*, das er ihm zusammen mit seinem Brief nach Berlin geschickt habe, vor dem offiziellen Erscheinungsdatum weitergegeben. Diese Leser würden nun aufgrund der Lektüre des Buches und des Briefes verbreiten, er, Herder, würde sein Buch bereuen. Offenbar haben diese Leser auch den Widerspruch zwischen Brief und Buch bemerkt. Von den Berlinern bekommt Herder nun zu Recht zu hören, wenn man ein Buch veröffentliche, müsse man sich auch der Kritik stellen. Herder hat sich mit seinen Ausflüchten in eine Zwickmühle hineinmanövriert. Wie immer hat er gut ausgeteilt, kann aber nicht gut einstecken.

Bleibt Herder gegenüber Spalding noch bei einem überaus höflichen Ton, so reagiert er auf die Kritik des Aufklärers und Verlegers Christoph Friedrich Nicolai, der mit Spalding befreundet ist und der seine *Urkunde* angreift, ohne sie, wie Herder behauptet, gelesen zu haben, deutlich schärfer. Herder sieht in Nicolais Kritik einen „Patriarchen-Ribbenstoß", zu dem Nicolai nicht berechtigt sei. Nicolai, der später auch Goethes *Werther* kritisieren und ihn umschreiben wird, zählt wie Wieland und Spalding zu den Vätern, die nach Herder für eine rational-gefühllose Aufklärung stehen. Außerdem ist Nicolai ein Freund von Herders neuem Feind Merck, was die Sache nicht besser macht. Entsprechend entgegnet ihm Herder: „Meine Urkunde – das Phantastische, abscheuliche Ding, worüber Sie sich, wie Sie schreiben, so herzlich b e t r ü b e n etc. – könnte die doch mit Einmal Ihr Phantasieloser, aufgeklärter, ebner Genius oder Brief ändern – aber ach! (um in Ihrem Ton zu reden) ach nein! Das kann er nicht."

Fantasie versus Vernunft und Fantasielosigkeit: Herder zieht hier eine klare und unversöhnliche Trennlinie. Voller Selbstbewusstsein wendet er sich von dem Berliner Aufklärer ab, der zu allem Übel auch noch ein Freund Spaldings ist: „Kurz, mein Hochgeschätzter Herr es ist gut, daß das der Erste u. letzte Brief sei, den wir also wechseln. Denken Sie mit all Ihren Freunden, wie Sie wollen; laßen Sie mich auch denken, wie ich will, warum sollte mir die kleine Freiheit nicht gebühren?" Damit ist wieder das Schlüsselwort der Stürmer und Dränger gefallen: Freiheit. Nichts weniger als Freiheit für seine Gedanken und Toleranz gegenüber seinem Werk fordert Herder hier gerade von einem Aufklärer ein. Sicher wird Nicolai es auch als nicht sehr verbindlich empfunden haben, dass Herder seinen Brief damit schließt, dass er jetzt in Ruhe Abendessen geht und sich damit nicht weiter um ihn kümmert. Wie gesagt, Herder kann manchmal sehr wenig tolerant und schnell beleidigt sein.

Wenigstens Lavater, der die *Provinzialblätter* und die *Philosophie zur Geschichte der Menschheit* kurz vor seiner Abreise aus Ems noch erhält und schnell hineinschauen kann, erblickt überall „Licht", Basedow hingegen „nichts als Nacht". Er bleibt der ewige Zweifler. Wie Tag und Nacht verhalten sich die beiden ja auch zueinander.

Und noch mehr Zwist: In Augsburg ist Schubart, der in diesem Sommer daheim geblieben ist, gerade dabei, sich ebenfalls Ärger einzuhandeln.

Es geht um den am 11. Juni gestorbenen beliebten Mainzer Erzbischof Emmerich Joseph Freiherr von Breidbach zu Bürresheim. Der Kirchenmann hatte ja Schul- und Klosterreformen in Angriff genommen. Als Aufklärer hatte er auch versucht, die orthodoxen und wenig aufklärungsfreundlichen Jesuiten zurückzudrängen, hatte ihre Immunität aufgehoben und ihnen Privilegien entzogen. 1773 waren die Jesuiten vom Papst sogar verboten worden, haben aber nach wie vor eine starke Lobby und existieren trotz Verbots weiter. Der Tod des aufgeklärten Mainzer Kirchenmanns macht nun seine Reformen zunichte, das Mainzer Domkapitel nimmt seine Maßnahmen zurück: Lehrer werden entlassen, die geistliche Kommission wird abgesetzt, Professoren werden in den Kerker geworfen.

Doch was hat Schubart damit zu tun? Erstens lagen Schubart die Mainzer Schulreformen am Herzen. Zweitens stoßen ihm

Maßnahmen, die zu Unfreiheit führen, immer übel auf. Drittens gehören die Jesuiten für Schubart zur katholischen Orthodoxie – er hat sie schon lange auf dem Kieker. Das Zusammenspiel von orthodoxem Dogmatismus mit gemeinem Aberglauben geißelt Schubart immer wieder. Denn immer noch erfährt er gerade in Süddeutschland von Hexenprozessen, Ketzerhinrichtungen, Teufelsglauben – und das am Ende des 18. Jahrhunderts! Daher greift er die Mainzer Rückschritte sofort auf und verdammt sie. In der *Chronik*-Ausgabe vom 25. Juli empfiehlt Schubart seinen Lesern die Lektüre des *Hamburgischen Correspondenten* vom 28. Juni, um sich über die Zustände in Mainz zu informieren. Mehr nicht. Außer, dass er noch hinterherschickt (diesen Kommentar kann er sich mal wieder nicht verkneifen): „Wirst's mit Schaudern lesen, lieber Leser, was Pf*** zu thun im Stande sind, wenn sie die heilsamen Bande des weltlichen Regiments nicht mehr fühlen. Barbaren, Aberglauben – doch schluck's hinunter, Chronikschreiber, denn du schreibst ja nicht in Hamburg."

Der *Chronik*-Schreiber ist natürlich Schubart selbst, ab und zu spricht er von sich in der dritten Person, auch in seinen Briefen. Und er sitzt in Augsburg, wo die Zensur strenger wütet als in Hamburg. Die lässt, wie befürchtet, nicht lange auf sich warten. Schubart muss widerrufen, obwohl der Informationsgehalt seiner Nachricht korrekt war. Doch typisch Schubart: Sein Widerruf tropft vor Ironie, der die Kirchenmänner noch mehr geärgert haben dürfte. So widerrufe niemand als er mit „größerm Vergnügen und lebendigerer Hochachtung für diejenigen Männer, die eine so laute und kränkende Beschuldigung niemals verdient" hätten. Schließlich habe „das Domkapitel zu Mainz jederzeit die weisen Anstalten des vorigen Kurfürsten, die er zur Aufklärung traf, bewundert [...]". Der Spott ist mit Händen zu greifen. Natürlich weiß alle Welt, dass Schubart recht hat.

Katholische Geistliche haben es nicht immer einfach mit Schubart. Das erfährt auch der Bischof von Krakau, von dem Schubart berichtet, er habe sich beklagt, dass er 12 Millionen durch die Unruhen in Polen verloren habe. Eine genaue Währung nennt Schubart leider nicht, aber genüsslich berichtet der schwäbische Journalist weiter, dass man ihm geantwortet habe: „O begnügen Sie sich, mein Herr Bischof, alle 12 Apostel haben nicht so viel besessen und zu verlieren gehabt! – – –" Kein Wunder, dass Schubarts Zunge bei den Mächtigen und Reichen gefürchtet ist!

Tatsächlich kann Schubart ganz schön hart sein: Am 11. Juli begrüßt er eine Verordnung der Stadt Frankfurt, die den „unnatürlichen Luxus" bei Kindstaufen, Hochzeiten und Beerdigungen verbietet. Wozu soll man überhaupt eine Kindstaufe feiern – ist das Erscheinen auf der Welt nicht mit Mühe und Last verbunden? Mit den Worten Kleists ruft Schubart den Kindern zu: „Wehe dir, daß du gebohren bist! Das große Narrenhaus, die Welt, erwartet dich zu deiner Quaal!" Das ist ganz schön destruktiv, wo Schubart doch so gerne aus gerade diesem Narrenhaus Welt berichtet.

Dieses Narrenhaus Welt regt auch Klingers Fantasie immer wieder an. Obwohl sein *Otto* noch nicht von Vollendung zeugt, ist sein Schöpfer bester Laune. Auch er ist daheim in Gießen geblieben, etwas anderes wäre bei seinen finanziellen Verhältnissen gar nicht möglich gewesen. Aber Klinger ist zufrieden mit dem, was er schon erreicht hat, und er bilanziert frohgemut und durchaus stolz: „Ganz da unten auf der letzten Bank saßen wir, und jetzt schon sind mir so viele Plätze oben am großen Gastmahl der Welt."

Ein bisschen will er mit diesen Worten wohl seinen deprimierten Freund, den Komponisten und Musiker Philipp Christoph Kayser, trösten, was ihm aber nicht wirklich gelingt. Klinger freilich blickt optimistisch in die Zukunft, ist sicher, ein Stück von dem „großen Gastmahl" abzubekommen. Er weiß, dass er dafür hart arbeiten muss, doch davor scheut er nicht zurück. Er ist voller Selbstvertrauen und stützt sich auf sich selbst, ein Selbsthelfer par excellence, der Kayser schreiben kann: „Von Sclav red mir nicht, man ist nirgends Sclav." Die Großen und die Kleinen, sie alle müssen sich durch dieses Narrenhaus Welt kämpfen und sind sich dabei erstaunlich ähnlich.

Apropos „Große": Ludwig XVI. in Frankreich hat die Blatternimpfung gut überstanden … Schlechter geht es dem Papst in Rom: Er ist gesundheitlich angeschlagen.

Geburtstage und ein neues Drama von Lenz

Goethe schimpft. Basedows seltsame Einfälle haben ihn eine unbequeme Nacht auf dem Postwagen verbringen lassen. Immer muss der verdammte Pädagoge alles besser wissen!

Am 13. August kommt man in Frankfurt an, jetzt ist auch die Rheinreise dieser beiden vorbei. Goethe schwelgt in Erinnerungen. Im „Rauschtaumel" schreibt er noch in derselben Nacht an Fritz Jacobi: „Glaub mir, wir könnten von nun an stumm gegen einander seyn, uns dann nach Zeiten wieder treffen, und uns wärs, als wären wir Hand in Hand gangen." Am 14. abends setzt er sein Schreiben fort und bittet den Freund, Jung-Stilling seinen *Clavigo* zu schicken. Die Begeisterungsstürme sind keineswegs einseitig: Denn Fritz Jacobi berichtet Wieland Ende August noch immer tief ergriffen von seiner Begegnung mit Goethe, in dem er ein „Genie vom Scheitel bis zur Fußsohle" sieht, der „ein Besessener" ist. Die Freundschaft zwischen Goethe und Friedrich Heinrich Jacobi wird viele Jahre überdauern, aber der Enthusiasmus der ersten Begegnung wird schon bald verflogen sein. Bereits fünf Jahre später, als Jacobis Roman *Woldemar* erscheint, hat die Beziehung der beiden einen tiefen Riss, und Goethe urteilt unbarmherzig, dass er das Werk nicht leiden kann. Doch zum endgültigen Bruch kommt es dann doch nicht.

Kaum ist Goethe zurück in Frankfurt, schaut auch schon wieder Besuch vorbei: Sein alter Freund Friedrich Wilhelm Gotter, den er aus seiner Praktikantenzeit am Reichskammergericht in Wetzlar kennt und der mit Boie den *Göttinger Musenalmanach* gegründet hat, macht Station bei Goethe. Krank ist Gotter und reist mit seinen zwei Schwestern nach Lyon in Frankreich. Unglaublich, was in diesem Jahr zu Fuß, per Kutsche oder per Schiff gereist wird! Jetzt, in Frankfurt, schwelgen die beiden Freunde im Angesicht von Lottes Silhouette in alten Erinnerungen.

Und noch einen Freund trifft er: Am 27. August, einen Tag vor seinem Geburtstag, fährt Goethe nach Langen, um Merck zu sehen. Während er im regnerischen Langen sitzt und auf Merck wartet, sinniert er – vielleicht auch durch den Besuch Gotters vor einigen Tagen angeregt – sehnsüchtig, dass er genau zwei Jahre zuvor, am 27. August 1772, bei Lotte saß und sie ihn damals ihrer und Kestners Liebe versicherte. Daher schreibt Goethe ihr jetzt; Lotte lässt ihn einfach nicht los. Er kündigt ihr an, bald ein „Gebetbuch" bzw. „Schazkästgen" zu schicken. Natürlich meint er seinen *Werther*. Die Begriffe zeigen es: Goethe – mal wieder gar nicht bescheiden – tendiert schon jetzt dazu, seinen neuen Roman zu vergöttlichen. Und der große Trubel kommt erst ... Goethe hofft, dass Lotte am nächsten Tag, seinem Geburtstag, an ihn denken wird. Eigentlich *kann* sie ihn nicht vergessen, denn kurioserweise hat ihr eigener Mann Johann Christian am selben Tag Geburtstag. Manchmal sorgt das Schicksal eben für seltsame Zufälle: Die beiden Konkurrenten um dieselbe Frau haben denselben Ehrentag! Und ein Dritter hat am 28. August ebenfalls Geburtstag, der eng mit Goethe und Kestner verknüpft ist: Werther! Goethe lässt also sein literarisches Geschöpf am selben Tag feiern wie er selbst – das ist kein Zufall, die Parallele ist beabsichtigt, nicht umsonst trägt Werther so deutliche biografische Hinweise auf Goethe.

Mit Merck verbringt Goethe einen glücklichen Tag, wenn auch Merck kritisch beobachtet, dass der Ruhm Goethes mitunter fragwürdige Gestalten anzieht, „die in die Welt Wahres und Falsches" schreiben. Fake News sind also auch schon zur Zeit Goethes ein Problem.

Dann ist der Geburtstag da, und Goethe, der dieses Jahr schon so viel auf Achse war, bleibt ausnahmsweise mal zu Hause, begeht den Tag in Frankfurt. Fünfundzwanzig Jahre wird er alt, vom Vater erhält er 18 Gulden als Geburtstagsgeschenk. Fünf Tage zuvor ist sein *Clavigo* in Anwesenheit des realen Vorbildes Beaumarchais in Augsburg uraufgeführt worden – ein schönes vorgezogenes Geburtstagsgeschenk, auch wenn Goethe nicht persönlich anwesend war.

Merck ist an Goethes Geburtstag schon wieder zurück in Darmstadt und schreibt nach dem Treffen mit dem Frankfurter Freund seinem Freund Nicolai nach Berlin. Dieser hat sich für ihn verwendet, und es sieht so aus, als könnte Mercks Wechsel nach Berlin klappen. Aber Merck hat durchaus Ansprüche an die neue Stelle: Sein Gehalt mag er „nicht durch Sizen, auf einem angewießnen Stuhl einer DepartementsStube, bey Anhörung des betrübten Vortrags so manches langsam schreitenden Kopfs abverdienen", sondern er wünscht sich etwas Eigenes, ein Aufgabenfeld, das er selbst verantworten kann, wo er „das ganze Gewicht der Dependenz nicht so unmittelbar" fühlt.

Hier zeigt sich wieder das Freiheitsverlangen der Stürmer und Dränger: Auch Merck trägt es in sich, will frei über seine Zeit und sein Leben disponieren können. In Darmstadt hat seine Stellung ihm dies nach eigenem Empfinden weitgehend erlaubt, nur dass ihm sein Leben dort „wegen 1000 Umständen unerträglich fällt". Doch die alten Zeiten sind mit dem Tod der Landgräfin unwiederbringlich vorbei. Und auch noch nach mehreren Monaten leiden die Mercks unter der gesellschaftlichen Ächtung infolge Louises Fehltritt. Eine Rektorenstelle, die ihm Nicolai in Berlin in Aussicht stellt, schlägt Merck letztlich aus und bleibt doch in Darmstadt, wo er aber nicht mehr wirklich glücklich wird.

Merck, der ewige Kritiker, blickt in seinem August-Schreiben an Nicolai noch einmal auf Goethes Rheinreise und insbesondere auf die beiden Reisebegleiter zurück, die er kennengelernt hat. Er schildert seine Eindrücke von Lavater und Basedow. Überraschend positive Worte findet Merck für Lavater, dem er anfangs, wie er selbst zugibt, skeptisch gegenübergestanden habe – zu suspekt waren ihm der Schwärmer und „seine Art, auf Andre in der Welt einzuwirken". Jetzt hat Merck seine Meinung geändert, ein „ausserordentlich gute[r] Mensch" sei der Schweizer. Aber restlos kann Merck seinen Spott nicht verbergen, wenn er folgendes Bild heraufbeschwört: „Er ist hier herumgezogen in der Wüste, wie ein wandernder Methodisten-Prediger, von der ganzen Menge begafft und befolgt, und es fehlte Nichts als die umgekehrte Tonne, wo er drauf gestanden hätte, zur Vollendung des Gemäldes." Ganz ernst kann er Lavater, seine Predigten und Bekehrungsversuche also doch nicht nehmen. Etwas belustigt zollt Merck dem Schweizer Respekt, mit welcher Engelsgeduld dieser die Huldigungen der Menge ertragen habe.

Lavater ist übrigens am 16. August wohlbehalten bei seinen Lieben in Zürich angekommen. Sechs Tage zuvor hat er auf der Heimreise noch Station im württembergischen Kornwestheim bei Pfarrer Philipp Matthäus Hahn gemacht, den er bei Merck als „außerordentliches Mechanisches Genie" anpreist. Fasziniert hat Lavater, der, wie wir gesehen haben, eigenen Experimenten ja nicht abgeneigt und schnell zu begeistern ist, dort die mechanischen Erfindungen des Pfarrers besichtigt: eine astronomische Wunderuhr, eine hydrostatische Waage, eine Sonnenuhr. Besonders angetan hat es ihm dabei eine „universalrechnungs Maschiene", „die transportabel ist, nicht mehr als 8tt oder 10. wiegt, und die alle arithmetische aufgaben durch einfache bewegungen auflöset". Ein erster Vorläufer des Taschenrechners also, wenn auch noch nicht unbedingt für die Tasche geeignet.

Auch Goethe in Frankfurt lassen die Gedanken an Lavater keine Ruhe: Er schreibt ihm und will noch einmal genau wissen, wie das denn mit dem verbrecherischen Landvogt Grebel vor einigen Jahren war. Um was ging es also?

1762 – Lavater ist gerade eindundzwanzig Jahre alt – verfasst er unerschrocken ein anonymes Flugblatt gegen den ungerechten, selbstherrlichen und gefürchteten Landvogt Felix Grebel und bringt es unter die Leute. Kein Blatt nimmt er darin vor den Mund. Und dabei ist Felix Grebel der Schwiegersohn des zweiten Züricher Bürgermeisters. Eine Untersuchung wird angeordnet, die Verfasserschaft Lavaters und eines Mitstreiters wird offenbar. Aber es erweist sich auch: Sie haben recht, der tyrannische Landvogt flieht. Die beiden jungen Helden, die dies vollbracht haben, schickt man auf eine einjährige Bildungsreise, bis sich in Zürich die Wogen geglättet haben.

Goethe ist noch zwölf Jahre später begeistert von dieser Tat, sie ist ganz und gar eines großen Stürmers und Drängers würdig, und so schwärmt er: „Eine solche That gilt hundert Bücher, und wenn mir die Zeiten wieder auflebten, wollt' ich mich mit der Welt aussöhnen." Handeln, die Welt verändern, das wollen sie, die Genies! Und vielleicht plant Goethe ja bereits, das Ganze zu einem neuen Drama zu verarbeiten.

Lavaters Sommerreise hat also bei allen unseren Genies Spuren hinterlassen. In der *Deutschen Chronik* widmet sich Schubart noch einmal Lavater und konstatiert abschließend: „Mein Geist fliegt immer der Straße nach, darauf Lavater wandelt. Allenthalben, wo er hinkam, flogen die gelehrten, empfindsamen und christlichen Seelen herbey, diesen großen und liebenswürdigen Mann zu sehen."

Deutlich schlechter weg kommt Basedow im Urteil seiner Mitmenschen. Merck räumt dessen unausgegorenen Ideen zu einem pädagogischen Institut keine großen Chancen zur Verwirklichung ein. Darüber hinaus mache Basedow sich durch „unzeitige Dreustigkeit und sein historisches Christenthum" unbeliebt. Diesen Ruf hat sich Basedow erworben, und ihn wird er nicht mehr los. Als Schubart Anfang August Basedows neues Werk ankündigt, charakterisiert er ihn wie folgt: Er sei der „so offt verketzerte und von den Zeloten tief in die Hölle hinunter verdammte Basedow".

Aber zurück zu Mercks August-Schreiben an seinen Freund Nicolai: In der Zwischenzeit hat sich, wir haben es gehört, Herder ja auch mit Nicolai überworfen. Ja, mit Herder ist es wirklich nicht einfach.

Merck hat nun Herders Buch, die *Aelteste Urkunde des Menschengeschlechts,* gelesen. Trotz allen Zwists bemüht er sich nach wie vor um eine ausgleichende Position. Zwar sei Herders *Urkunde* „das abscheulichste Buch, das je geschrieben worden ist, und doch bleibt es mir allezeit als ein Abdruck seines Geistes lieb und werth", urteilt Merck. Im Gegensatz zu Herder, der völlig mit Merck gebrochen hat, ist bei Merck also noch eine Anhänglichkeit an den ehemaligen Freund zu spüren.

Trotzdem findet Merck, Herder habe sich verändert. Um diese Veränderung zu erklären, bemüht er ein plastisches Bild, das an das Märchen von des Kaisers neuen Kleidern erinnert: Herder sei „wie ein Mensch geworden, der sich im Schlaf-Rock zu Pferde setzt, durch die Gassen reitet und noch obendrein verlangt, daß es Jedermann gut heißen soll." Damit meint er: Herder verletze andere mit seiner Schreiberei, bemerke dies aber überhaupt nicht und verlange, dass ihm alle zujubelten. Zwar, so Merck, habe Herder mit manchen Urteilen über andere Autoren durchaus recht; trotzdem sollten sie nur im guten Freundeskreis laut ausgesprochen und nicht an die Öffentlichkeit hinausposaunt werden. Aber dieses Gespür fehlt Herder wohl. Dennoch findet Merck letztlich ein deutliches Lob, das auch Nicolai überrascht haben mag:

„Alle diese Artikel eingestanden verehre ich die Kraft,
die dieses Phantom hervorgebracht, und so wenig dies Ding
wie sein Urheber in unsre Zeit paßt, so glaube ich doch
mehr daran, als ich öffentl., oder überhaupt gegen jeden
Anderen gestehen mögte."

Das klingt sehr versöhnlich. Dass Herder ein bisschen aus der Zeit
gefallen sein mag, könnte eine zutreffende Beobachtung Mercks
sein. Und Herders zweites neues Buch auf dem Markt in diesem
Jahr, *Auch eine Philosophie der Geschichte zur Bildung der Menschheit*, findet der erfahrene Rezensent Merck sogar „brauchbarer"
als die *Urkunde*, sie könnte sogar „hier und da gefallen". Dass
Herders Schriften natürlich keine einfache Kost sind, weiß auch
der Darmstädter. Jetzt bleiben nur noch die *Provinzialblätter* zu
besprechen, aber die hat Merck noch nicht gelesen. Trotzdem kann
er Herders Verhalten gegenüber Spalding nicht für gut befinden.
    Dass diese wilden Kerle es sich einander so schwer machen und
sich aneinander abarbeiten müssen! Merck kann es nicht begreifen und konstatiert:

„Ich habe nun Nicolai und Basedow und Lavater und
Herder gesehen, Leute, die wenn sie 24 Stunden beysammen
wären, sich alle anerkännten, und als Brüder um ihrer
Talente, um ihrer Zwecke willen lieben und verehren
würden, und so können sie sich nicht verstehen, weil sie
an einander schreiben müssen."

Deutlich hört man Mercks Seufzen. Er kennt und schätzt sie alle,
weiß um ihre Talente. Aber wie es nun mal mit großen Talenten
ist: Sie können alle auch sehr egozentrisch und nicht ganz pflege-
leicht sein. Ihre Werke sind ihnen heilig, sie verteidigen sie bis
aufs Messer, und natürlich möchten sie sich durchaus profilieren.
Daraus entstehen dann Zwist und Hahnenkämpfe. Selbst wenn
Merck das Geburtstagkind Goethe nicht explizit nennt: Auch für

ihn gilt Mercks Fazit. Und das Schlimme ist, Merck macht sich da nichts vor: Es wird sich nichts ändern.

Während Merck sich am 28. August also mit Herders literarischem Werk beschäftigt, ist Herder in Bückeburg gleichfalls mit einem seiner Werke „zugange", allerdings ausnahmsweise nicht mit einem literarischen: Herders Sohn Gottfried wird an diesem Tage, der auch Goethes Geburtstag ist, geboren, nachdem man Karolines Wehen zunächst für Blähungen der Schwangeren gehalten hatte, wie der junge Vater Herder unumwunden, aber überaus glücklich seinem Freund Christian Gottlob Heyne berichtet. Der August ist wirklich ein Geburtstagsmonat!

Eigentlich hatte man erst in einem Monat mit der Geburt gerechnet, die der frisch gebackene Vater, der drei Tage zuvor seinen dreißigsten Geburtstag gefeiert hat, anschaulich beschrieben: „Den 28. hat mein liebes Griechenweiblein mir mein Ebenbild bis auf kleinste Züge, fast ohne Schmerzen, schnell u. unerwartet, wie Gott alles gibt, gebohren." Noch um halb fünf nachmittags hatten Herders Besuche gemacht, und kurz vor acht abends ist der kleine Gottfried schon da. Allen Bekannten und Freunden vermeldet Herder stolz die glückliche und schnelle Geburt: „Es ist ein braver, starker, schwarzköpfiger Junge, ganz bis auf Haut u. Haar mein Ebenbild".

Wie Herder es direkt nach der Geburt fertig bringt, das Neugeborene als sein völliges Ebenbild zu identifizieren, bleibt sein Geheimnis. Vaterstolz mag hier eine Rolle spielen. Doch die Ehe mit Karoline, die Geburt des Sohnes und das wachsende eigene Oeuvre können nicht verhindern, dass Herder zunehmend melancholisch und unruhig wird. Seine Stelle in Bückeburg nimmt ihm zu viel Freiraum; zu gerne wäre er Professor in Göttingen geworden. Dazu drücken Schulden. Herder fehlt die Lebensperspektive!

Wieland, obwohl eigentlich abgehakt, lässt Goethe dann doch selbst an seinem Geburtstag nicht los. Das Geburtstagskind bittet Sophie La Roche, es über den Weimarer Dichter auf dem Laufenden zu halten, und wird schon wieder spöttisch, nennt ihn den „Nachbar Gorgias". Das ist eine Figur aus Wielands Werk, allerdings keine positive: Der Oberzunftmeister Gorgias verbannt den Philosophen Stilpon. Die Achtung Goethes vor dem Älteren ist also schon wieder dahingeschmolzen. In der Nacht seines Geburtstags träumt er von Lotte.

Wagner orientiert sich nun zunehmend Richtung Goethe und Frankfurt. Er besucht den Dichter und liest dessen Manuskripte. Noch rückblickend lobt ihn Goethe trotz späterer Entzweiung als „nicht ohne Geist, Talent und Unterricht". Als „Strebender" ist Wagner zunächst im Frankfurter Kreis willkommen. Er gilt als ironischer Spötter, liebt Satiren, parodiert gerne, schreibt Pamphlete gegen literarische und politische Größen. Seinen Gegnern gilt er als derb, plump, frivol, roh und unfähig, dabei auch noch gesinnungslos. Ein Rezensent urteilt Erich Schmidt zufolge: „Leopold Wagner leyert fürchterlich."

Nun veröffentlicht Wagner elf Scherzgedichte, nennt sie *Confiskable Erzählungen* und setzt sich damit direkt in die Nesseln. Das Werk gibt vor, in Wien gedruckt worden zu sein, was nicht der Tatsache entspricht, und Wagner widmet es ironisch der „unbefleckten, aetherischen-reinen, fanatisch-ehrbaren und mehr als strengen Bücher-Censur in Wien". Damit ist er bei seinem Lebensthema, das ihn auch schon aus seiner Heimatstadt vertrieben hat – der allgegenwärtigen Zensur. Immer wieder schreibt Wagner gegen sie an. Madame Zensur wird von ihm sogar direkt im Vorwort der *Confiskablen Erzählungen* angesprochen. Böse und ironisch fragt er die alte Madame, ob seine Gedichte sich glücklich schätzen dürften, „einige Sekunden lang von Ihren ungesehen Flecken entdeckenden microscopischen Augen angestaunt" zu werden. Dabei wählt er bewusst den Begriff „angestaunt", denn kurz danach ergänzt er, dass er es ja nicht erwarten könne, dass Madame Zensur die Gedichte lese, denn „wer wollte Ihrem blöden Gesicht dis zumuthen?". Wagner poltert also direkt los.

Und dabei folgen die Gedichte erst noch! Mit ihnen zieht sich Wagner nicht nur den Unmut der Zensur zu, sondern auch den von manchem Zeitgenossen und Rezensenten. Derb, anzüglich und frivol seien die Texte und gegen die Religion gerichtet. Die Kritiker haben nicht ganz unrecht – in den Augen eines Lesers im Jahre 1774.

So fällt gleich im zweiten Scherzgedicht *Der verstockte Tischler* die katholische Kirche dem Spott anheim. Ein – wie es heißt – im Weinen und Mitgefühl unerfahrener Tischler kommt in eine Kirche, sieht die weinende Mutter Gottes – und bleibt gleichgültig. Darüber echauffiert sich der Priester, tadelt den verstockten Tischler, dass er, „da Maria selbst ein Thränenmeer vergießet", völlig unbeeindruckt bleibt. Da erklärt sich der Tischler:

„Ehrwürdiger! Nur gestern erst half ich –
So sprach der Mann, und bückte sich
Aus Ehrfurcht vor dem Chorhemd nieder –
Madonna hier in ihrer Nische wieder
Zurechte flicken.
Drey Nägel jagt ich ihr in Rücken,
Und, wenn sie jemals weinen wollen,
So hätt sie gestern weinen sollen."

Eine solch prosaische Sicht auf die Mutter Gottes schockierte Gläubige natürlich, zumal Wagner hier ja das behauptete Weinen und damit ein wesentliches Narrativ der katholischen Kirche in Frage stellt. Die Madonna ist ihres Mythos beraubt und nur noch eine Holzpuppe, die ab und zu der Restaurierung bedarf. Es bleibt nicht das einzige Scherzgedicht Wagners gegen die Kirche.

In der Erzählung *Das Fest* etwa wird von Ländern berichtet, wo man:

„Von Pfaffen angeführt, von Narren mitgemacht,
Dem Pöbel Gottesfurcht ins Herz kasteyen will".

Auch das Gottesvolk selbst bleibt also nicht von Wagners Spott
verschont. Und – man könnte meinen, Schubart hätte Regie geführt – selbst die Jesuiten kommen schlecht weg. In dem Gedicht
Der Schinken heißt es über Ignatius von Loyola, den bereits heilig-
gesprochenen Mitbegründer des Jesuitenordens, um dessen Verbot man ja gerade so streitet:

„Nicht jeder heuchelt sich zum Königsthron hinan
Wie Loyola, und würgt sich zum berühmten Mann."

Wagner kennt keine Rücksichten.

Aber nicht nur auf die Kirche und die Gläubigen zielt seine
spitze Feder, der Mensch ganz grundsätzlich wird hinterfragt: „Im
ganzen Thiergeschlecht", so die düstere Bilanz, sei der Mensch
„die dümmste Kreatur". Damit ist der Mensch ein Tier unter
Tieren, keine Spur von Göttlichkeit ist ihm geblieben. Das zeigt
sich auch in dem Gedicht *Der leidige Trost* an der leidenden Lisette, die ihren verstorbenen Gatten mit sehr unkonventionellen
Worten betrauert:

„Ach Liebster! Wenn du mich
So oft zum Teufel schicktest,
Wer dachte wohl, daß du
Noch vor mir ihn erblicktest?"

Das sind nicht gerade die Worte, die man von einer liebenden
Gattin erwartet. Eine schöne Ehe muss das gewesen sein, in der
der Ehemann die Ehefrau öfter zum Teufel schickte und sie sich
den Toten nun bei eben diesem vorstellt. Doch der Beichtvater
registriert gar nicht, was Lisette da redet. Er rät ihr nur, sich mit
Geduld ins Leiden zu fügen, so sei das Christenpflicht. Christlicher

Trost gerät hier zur leeren Farce, während der Mensch längst alles andere als christlich agiert. Und der Zweifel an einer solchen Menschheit wird in Spott und Häme verpackt. Lakonisch bilanziert der Erzähler, nachdem er Lisettes ungewöhnlichen Jammer und den ignoranten Beichtvater geschildert hat: „Dies ist der Weg, den wir einst alle wandern müssen." Tatsächlich wandert Wagner selbst nur fünf Jahre später diesen Weg und kann nicht mehr berichten, wen er am Ende des Weges angetroffen hat. Den Teufel, wie Lisette mutmaßt, oder doch eher ein göttliches Wesen? In solch religiösen Fragen sind unsere Genies ja sehr uneins.

Es muss Wagner, der 1774 entgegen seiner Mitgenies für die Jacobis und Wieland schwärmt, verdrießen, dass Wielands *Teutscher Merkur* kein gutes Haar an den *Confiskablen Erzählungen* lässt. Abschätzig vermutet der *Merkur*, es sei die Absicht des Verfassers gewesen, „einige gesellschaftliche Obscönitäten" in Reime zu bringen, und dabei seien die Reime schlecht gemacht, seien es doch „oft sehr weitschweifige und matte Reime".

Mit Wagner ist auch privat nicht gut Kirschen essen, er ist kein einfacher Zeitgenosse. Selbst mit alten Freunden und Bekannten verscherzt er es sich leicht. Schwärmt er 1774 noch für Wieland und die Jacobis, so fallen sie ein Jahr später, unter dem Einfluss Goethes, seinem Spott anheim. Sogar mit Goethe verscherzt Wagner es sich bald: Das Geschrei um den *Werther* veranlasst ihn 1775 zu der literarischen Satire *Prometheus, Deukalion und seine Recensenten*. Wieland kommt in dem Spottgedicht schlecht weg. Man schreibt es in der Öffentlichkeit Goethe zu, von dem ja bekannt ist, dass er Wieland nicht mag und um dessen Farce auf Wieland man weiß. Der junge Frankfurter sieht sich gezwungen, eine öffentliche Erklärung abzugeben, dass er nicht der Autor ist. Aber selbst sein Freund Merck glaubt seinem Ehrenwort nicht und hält Goethe für den Schöpfer, was diesem eine Menge Ärger einbringt. Schließlich hat er sich gerade um Aussöhnung mit Wieland bemüht.

Mit der Parodie *Der Sudelkoch*, die 1774 in den *Frankfurter Gelehrten Anzeigen* erscheint und die auf Goethe zielt, macht sich

Wagner das Frankfurter Genie endgültig zum Feind. Die Parodie antwortet auf Goethes Verse *Der unverschämte Gast*, mit denen er das Rezensentenwesen angegriffen hatte. *Der Sudelkoch* nun seinerseits kritisiert den Autor: „Der Bengel! – schmeist ihn tod den Hund! es ist ein Autor, der nicht kritisirt will seyn."

Auch in Bezug auf seine Freunde kennt Wagner also keine Rücksichten. Während Goethe den Kontakt zu Wagner abbricht, unterhält dieser weiterhin enge Beziehungen zu Klinger und Lenz.

Apropos „Lenz": Der veröffentlicht schon sein zweites Drama in diesem Jahr – und ein ungewöhnliches dazu. Geschrieben hat er die Komödie bereits ein Jahr zuvor. Sie trägt den sperrigen Titel *Der neue Menoza oder Geschichte des cumbanischen Prinzen Tandi*.

Tandi ist die exotischste Figur in der Sturm- und Drang-Literatur und verkörpert den edlen Wilden. Tandi, ein Prinz aus einer fremden Welt, ist nach Europa gekommen, um zu sehen, ob die europäische Welt den ihr vorauseilenden Ruhm wert ist. Und die Europäer geben sich alle Mühe, diesem Ruhm gerade keine Ehre zu erweisen. Obwohl sie natürlich felsenfest von ihrer Klugheit und Aufgeklärtheit, ihrem Wissen und Fortschritt überzeugt sind – bis heute.

Zunächst landet der Prinz ausgerechnet bei den Biederlings in Naumburg. Schon bei den Biederlings – ein sprechender Name im Übrigen, den Lenz hier wählt – geht es keineswegs harmonisch zu, trotz der biederen beschaulichen Welt, in der sie zu leben glauben und die sie zweifelsfrei für die beste aller Welten halten. Die Ehefrau beschimpft ihren Mann gleich in der dritten Szene als „Rabenvater" und „Kindermörder", und er revanchiert sich mit der Replik: „[…] ja da plärrt Sie, wenn man Ihr auf den Zeh tritt; weil Sie jetzt im Überfluß sitzt, so möchte Sie gern vergessen, wo Ihr der Schuh gedrückt hat." Ein nettes Ehepaar also, das der Prinz hier kennenlernt. Man erfährt, dass ihnen ein Sohn in früher

Kindheit abhandengekommen ist. Geblieben ist ihnen eine sanfte und schöne Tochter, Wilhelmine, in die sich der Prinz bald verliebt.

Vorher muss Tandi aber noch den Baccalaureus Zierau aus Wittenberg über sich ergehen lassen. Dieser Zierau, ein eben gezierter, besserwisserischer Pfau, hat gehört, dass der Prinz nach Europa gekommen sei, um „die Sitten der aufgeklärtesten Nationen Europens kennen zu lernen und in Ihren väterlichen Boden zu verpflanzen". Dass Tandi diese Absicht gar nicht hat, ignoriert Zierau geflissentlich. Was Lenz hier in Gestalt des Baccalaureus Zierau vorführt, ist heftige Europa- und Zivilisationskritik: Wir erleben einen selbst ernannten Gelehrten, für den sich Aufklärung nur noch in Anhäufung von totem Wissen erschöpft. Die Aufklärung ist hier Selbstzweck geworden und dient der europäischen Arroganz zur Selbstbestätigung. Genau das kritisieren ja die wilden Kerle.

Und natürlich darf ein Hieb auf Wieland nicht fehlen: Zierau ist nämlich ein glühender Verehrer Wielands und schreibt in Anlehnung an dessen *Goldenen Spiegel* einen *Diamantenen Spiegel*. Ausschweifend erklärt er Tandi, wovon das Buch handelt: vom vollkommenen Staat und seinen engelsgleichen Bürgern. Als Tandi wissen will, wo solche Menschen zu finden seien, antwortet Zierau: „Wo? He, he, in dem Buche des Herrn Hofrat Wieland." Dankend verzichtet Tandi auf das Buch mit dem Hinweis, lieber den echten, natürlichen Menschen untersuchen zu wollen. So formuliert Tandi Lenz' Kritik an dem Weimarer Gelehrten, der in Zierau seine lächerliche Karikatur findet.

Letztlich erweist sich Tandi gegenüber den aufgeklärten Europäern, deren Aufklärung zu einem kalten, vernunftgesteuerten Gedankengespinst geworden ist, als überlegen. Er, der mit dem Herzen fühlt und nicht quatscht, sondern handelt, ist die wahrhaft aufgeklärte Figur des Dramas. Lenz hält hier einem ganzen Kontinent den Spiegel vor und lässt dies Tandi auch sehr direkt aussprechen:

„In eurem Morast ersticke ich – treib's nicht länger – mein Seel nicht! Das der aufgeklärte Weltteil! Allenthalben wo man hinriecht Lässigkeit, faule ohnmächtige Begier, lallender Tod für Feuer und Leben, Geschwätz für Handlung – Das der berühmte Weltteil! O pfui doch!"

Schlimmer geht es eigentlich nicht. Überall im Drama herrscht Gewalt. Sie ist allgegenwärtig und wird vom Dramenpersonal als selbstverständlich hingenommen. Da hat der Graf Camäleon den Grafen Erzleben erschossen und versucht, seine Frau zu vergiften. Dann will er Wilhelmine vergewaltigen, was der Prinz aus Cumba zu vereiteln weiß, der diesen als „Kot" bezeichnet. Donna Diana, die Ehefrau des Grafen führt sich kein Stück besser auf, droht ihrer Dienerin Babet, ihr das Herz zu durchstoßen und prophezeit ihr weiter düster: „[...] ich zieh dir dein Fell ab". Durchstoßen und zerreißen will sie sich und Babet ebenfalls.

Dem Prinz reicht es bald, und er will abreisen, denn „was ihr Tugend nennt, ist Schminke, womit ihr Brutalität bestreicht". Die Europäer sind für ihn Masken, die den schönen Schein wahren, im Herzen aber zutiefst niederträchtig sind. Dabei übersieht Tandi allerdings, dass auch in seinem Heimatland nicht alles friedlich war. Seine sittliche Weigerung, den König als seinen Freund mit dessen Frau zu betrügen, führte ihn auf einen Gefangenenturm. Es scheint, dass es weltweit düster für die Menschheit aussieht.

Doch das Drama hat noch mehr Sprengkraft zu bieten: Der Prinz bittet um die Hand Wilhelmines. Damit verstrickt er sich erst einmal in die Welt, der er eigentlich entfliehen will. Die beiden frisch Vermählten sitzen verliebt und in trauter Zweisamkeit auf dem Sofa, als ein Herr von Zopf eintrifft, der dem Paar freudestrahlend verkündet, dass sie in Wahrheit Bruder und Schwester seien, und der gar nicht verstehen kann, dass die beiden das nicht gut finden. Lenz, der die Familienverhältnisse nicht sofort aufklärt, lässt zunächst bewusst den vollzogenen Inzest im Raum stehen. Während Tandi sofort abreist und eine todunglückliche

Wilhelmine, die aus Verzweiflung Selbstmord begehen will, es aber dann doch nicht tut, zurücklässt, versuchen die sogenannten „aufgeklärten" Europäer die Ehe noch zu legitimieren. Sogar mit der Bibel wird argumentiert, warum die Geschwisterehe zwar verboten, aber doch in Wahrheit nicht verboten und nur eine „politische Einrichtung Gottes" sei.

Keiner versteht das, und Tandi entlarvt die Spitzfindigkeiten sofort als solche. Er, der „Wilde", hält die von Gott geschaffene sittliche Ordnung höher als die Christen selbst. Damit erfahren auch die Christen Kritik durch den ehemaligen Theologiestudenten Lenz: Christliche Liebe ist nur noch eine hohle Floskel, und die Christen, die sich so bezeichnen, wenden das Wort Gottes, wie es ihnen beliebt. Gleich zwei heiße Eisen fasst Lenz in seinem Drama also an: das Inzestthema und die Kritik an den Christen.

Dass der Inzest kein wirklicher war, erfährt der Zuschauer erst am Ende: Tandi ist in Wahrheit der Sohn der Biederlings – und damit tiefer in das alte Europa verstrickt, als er sich dies vorstellen kann. Wilhelmine wurde als Kind vertauscht, sie ist Babets Tochter, während Donna Diana die Tochter der Biederlings ist, sodass der Ehe doch nichts im Wege steht. Lenz bekommt hier gerade noch einmal die Kurve, um den guten Geschmack des Publikums nicht zu verletzen.

Und dann gibt es noch Donna Diana, von der bereits die Rede war, eine der ungewöhnlichsten und interessantesten Frauenfiguren auf der Bühne im Sturm und Drang. Sie rast, schreit, flucht und ist die einzige weibliche Selbsthelferin, die den Männern Paroli bietet. In der zweiten Szene ist sie gerade einem Giftanschlag durch ihren Bediensteten entkommen, hinter dem ja Graf Camäleon, ihr Mann, steckt. Doch Mitleid wäre fehlgeleitet: Sie ist selbst eine Giftmischerin, Vatermörderin und misshandelt ihre Dienerin Babet. Und dennoch: Donna Diana ist nicht die passiv Leidende, sondern sie versucht, sich selbst zu helfen, wenn auch nicht immer mit feinen Mitteln. Aber das gilt ja auch für die Männer im Drama. Es ist eben eine Welt voll Gewalt. So droht Donna

Diana dem Bediensteten Gustav, als sie ihn trifft: „Wurm, krümme dich nicht, oder ich zertret dich, hat dein Herr Anteil an meiner Ermordung gehabt?" Indem sie dieselben Mittel wie die Männer einsetzt, gelangt sie zu ihren Informationen; Gutherzigkeit hingegen ist hier nicht gefragt. Und so kommt es zum furiosen Finale: Donna Diana tritt auf einem Maskenball in Verkleidung Wilhelmines auf. Ihr Mann, der Graf, der Wilhelmine verführen will, führt die eigene Frau in ein verschlossenes Zimmer, wo es zur Vergewaltigung kommen soll. Nachdem er Donna Diana erkannt hat, würgt er sie, sie schreit um Hilfe. Als die Tür aufgebrochen wird, hat sie sich erneut bereits selbst geholfen und den untreuen Gemahl erstochen. Den ins Zimmer drängenden Maskenballbesuchern schleudert Donna Diana voll Wut entgegen:

„Der Hund hat mich erwürgen wollen. – Was steht ihr? Was gafft ihr, was seid ihr erstaunt? Daß ich einen Hund übern Haufen steche, der mich an die Gurgel packt, und das, weil er mich notzüchtigen will und merkt, daß ich nicht die Rechte bin."

Als einer aus der Gesellschaft das Licht emporhebt, hat sich Gustav, der Bedienstete des Grafen, aus Scham über diese wild gewordene Gesellschaft erhängt. Das Licht der Aufklärung hingegen leuchtet nicht mehr.

Der Ruf nach Licht und die Klage über das degenerierte Europa verbinden Lenz und Schubart, der in seiner *Chronik* festgestellt hat:

„Unser Welttheil scheint ein Labyrinth zu seyn, worinnen wir arme Annalisten ohne den leitenden Faden der Ariadne herum irren. Wolken bedecken die Kabineter der Großen, und alles Licht erhalten wir von einigen Blitzen, die aus den Wolken zucken und – verschwinden. Fast möchten wir mit jenem griechischen Weisen ausrufen: Herr, schaffe uns Licht in dieser Dunkelheit!"

Blickt man auf Lenz' Drama, so ist der Ruf nach Licht berechtigt: Drei Morde, ein Selbstmord, ein Mordversuch und zwei versuchte Vergewaltigungen sind die Bilanz des Dramas und der Beweis für eine degenerierte Menschheit. Aber trotzdem: Donna Diana hat sich in dieser feindlichen Männerwelt behauptet und überlebt. Immer wieder ergreift Lenz in seinen Dramen Partei für die Frauen und sieht die Welt auch aus ihrem Blickwinkel. 1774 ist das ein ungewöhnlicher Blickwinkel und Donna Diana eine erstaunliche weibliche Selbsthelferin, die es so kein zweites Mal gibt.

In den beiden letzten Dramenszenen leistet sich Lenz noch einen satirischen Blick auf die Kunstgesetze seiner Zeit: Zierau frönt der Langeweile, 1774 ein stehender Begriff für eine leicht melancholische, untätige Lebensweise. Damit befindet er sich im völligen Gegensatz zu seinem Vater, dem rastlosen Bürgermeister Naumburgs, der sich den ganzen Tag lang krumm schuftet und sich abends im „Püppelspiel" erholen will. Doch selbst das verdirbt Zierau dem armen Mann. Keine Nachahmung der schönen Natur, keine Illusion, keine drei Einheiten: Dem „Püppelspiel" fehlt also alles, was bis dahin ein gutes Drama ausgemacht hat – und was die Stürmer und Dränger nun ablehnen. So geht es auch dem Bürgermeister. Am nächsten Morgen verdrischt er seinen faulen Sohn: Mit seinem Gerede von den drei Einheiten hat er ihm den ganzen Spaß an der Aufführung verdorben, da er nur gezählt, gerechnet und auf die Uhr geschaut hat im Theater! Auch in der Kunst also eine sinnentleerte Aufklärung, die nur noch um ihrer selbst willen, aber nicht um des Menschen willen zelebriert wird! Damit erklärt Lenz die Kunstgesetze für Makulatur.

Da dürfte es ihn sehr enttäuscht haben, dass gerade Christian Friedrich Daniel Schubart, der seine Veröffentlichungen normalerweise bejubelt und Lenz einen seiner „Lieblinge" nennt, hart mit der neuen Komödie *Der neue Menoza* ins Gericht geht: „Aber dießmal hat mir's übel behagt, hab schier's Erbrechen bekommen. Großer Gott! dacht' ich, nachdem ich's zweymal hintereinander gelesen hatte, wie gehen die Leute mit ihrem Genie um! Um Originale zu werden, werden sie albern." Einfältig und kindisch findet Schubart Lenz' Werk. Die jungen Wilden üben also auch untereinander harsche Kritik und verschonen einander nicht.

Gnädiger fällt das Urteil von Matthias Claudius und – man staune – von Wieland aus. Während Claudius die Komödie für überaus gelungen hält und des Lobes voll ist für die natürliche Darstellung und echte Empfindung, kritisiert Wieland vor allem Lenz' Komödienbegriff, was den einfachen Leser erst einmal nicht angefochten haben wird. Immerhin findet Wieland in dem Stück aber neben „bizarre[n] und unnatürliche[n]" Szenen auch solche, die Herz und Verstand ansprechen. Aus Wielands Feder ist das fast ein Lob.

Herder dämmert im August langsam, dass die Kur in Pyrmont wohl doch nicht so erfolgreich war, wie er gehofft hatte. Der ersehnte Neuanfang bleibt aus. Lavater vertraut er an: „Pyrmont sollte mir recht ein Thal der Ueberirdischen werden, u. siehe! Es ward eben Versammlungsort eines Unwetters, das mich, wie tief! niederwarf!"

Äußere Reize können Herder nicht aus seinem Tief reißen, da es seine Ursachen in Herders Innerem hat. Eine depressive Stimmung macht sich in ihm breit. Er selbst bemerkt rückblickend, dass er die Menschen in Pyrmont, auf die er sich so gefreut habe, „nur durch eine trübe Wolke habe ansehen können". Während die Kur seine körperlichen Leiden wohl tatsächlich gebessert hat, verdüstert sich Herders Seele zunehmend. Immer noch ärgern ihn die Auseinandersetzungen mit Spalding und Nicolai, und sein Menschenbild gerät ins Wanken: „Lieber Lavater, was ists für ein Kothding, die Menschliche Natur?", fragt er resigniert den Schweizer Freund. Selbst die Freude über den neugeborenen Sohn kann Herder nicht aus diesem Tief befreien.

Da mag es ein kleiner Trost sein, dass Herder immerhin von Schubart aus Augsburg Beifall erhält. In der *Chronik*-Ausgabe vom

22. August preist er Herders *Provinzialblätter*, die so viel Kritik hervorgerufen haben, enthusiastisch: „[...] so kommt, und lest mir da diesen Mann! Wird euch weisen, was ihr als Prediger der Wahrheit zu thun habt; wie ihr das Menschengeschlechte auf dem dornichten Pfade des Lebens leiten, und in die Ewigkeit hinüberführen sollt." Inhaltlich befindet Schubart, selbst Sohn eines protestantischen Pfarrvikars, die *Provinzialblätter* also als taugliches Instrument, einen Prediger anzuleiten; und es ist ja wahrlich keine kleine Aufgabe, die Menschheit in die Ewigkeit zu führen. Allerdings gesteht Schubart in seiner Ehrlichkeit und Direktheit auch ein, dass Herders Sprache „tief und dunkel" und nicht einfach zu lesen sei. Wir erinnern uns, dass auch schon Goethe darüber geklagt hat, dass Herder nicht verständlich schreiben könne. Trotzdem ermutigt Schubart seine Leser, bei der Lektüre durchzuhalten.

Noch im Mai ist Ludwig XV. von Frankreich an den Blattern gestorben. Pockenepidemien sind 1774 allgegenwärtig, und auch die Mächtigen werden davon nicht verschont. Friedrich II. von Preußen hatte sie als Kind, seine österreichische Widersacherin Maria Theresia erst vor sechs Jahren. Wieland in Weimar ist pockennarbig nach überstandener Krankheit. Goethe hat sie in seiner Jugend überlebt, sein Bruder ist daran gestorben. Doch jetzt weiß Schubart zu berichten, dass in Paris nach Ludwigs XVI. erfolgreicher Einimpfung der Pocken die sogenannte „Inokulation" Mode geworden ist. „Alles läßt sich Blattern einimpfen, Damen und Kavaliers", weiß die *Chronik* am 11. August zu vermelden.

Was aber genau geschieht bei der Inokulation? In Bruno Preisendörfers *Reise in die Goethezeit* lässt sich dies genau nachlesen: Erstmals 1769 an der Berliner Charité durchgeführt, werden bei der Inokulation gezielt Menschenpocken übertragen, die sogenannten „künstlichen Blattern". Dabei, so stellte man sich vor, würden die Blattern nur äußerlich übertragen und nicht innerlich

durch Mund, Nase oder Lunge aufgenommen, was man für gefährlicher erachtete. Mit einer Nadel wird also Blatternmaterie unter
die Haut der Hand gebracht, in der Hoffnung, dass dies immuni-
sierend wirkt und die Infektion schwächer ausfällt als bei einer
echten Ansteckung mit den Blattern. Es ist der Beginn des Kamp-
fes gegen das Pockenvirus mit Hilfe einer Impfung. Vierzehn Jahre
später wird Goethe auch seinen Sohn August mittels Inokulation
impfen lassen. Doch offensichtlich bietet die Impfung noch keinen sicheren Schutz; sie steckt erst in den Anfängen. Denn trotz
Inokulation wird August von Goethe 1830 in Rom an den Blattern
sterben.

SEPTEMBER 1774

Liebeshändel, Zank und ein Erdbeben

Lavater sei „höchst vergnügt von seiner Reise zurückgekommen".
Das berichtet der Züricher Freund Pfenninger am 1. September
an Lenz. Er habe „Engelseelen in weiblicher und männlicher
Gestalt" getroffen und spreche voller Enthusiasmus von Lenz.
Diese Schwärmerei klingt tatsächlich nach Lavater. Der Ton ist in
Mode, und auch Pfenninger benutzt ihn, verabschiedet sich von
Lenz mit den Worten: „Siehst meine offenen Arme? Komm ich
drücke Deine Brust an meine, und küsse Dich!" Verliebt sei er in
Lenz' Schriften. Die haben die Literaturwelt tatsächlich aufhor-
chen lassen.

Nach seinen prominenten Veröffentlichungen wagt daher Lenz
endlich den Schritt in die Freiheit: Er trennt sich von den Kleists
und schreibt sich am 3. September an der Theologischen Fakultät
der Universität Straßburg ein. Er will sein Studium wieder aufnehmen und, was viel wichtiger ist, er will als freier Schriftsteller
leben. Doch eine freie Schriftstellerexistenz bedeutet zunächst
Entbehrungen.

Lenz' Trennung von den Kleists hängt auch mit Cleophe, der
Braut des ältesten Kleist-Bruders, zusammen. Der adlige Heirats-
kandidat, Friedrich Georg, ist im Juni abgereist, zurück bleibt
Lenz, und zurück bleibt auch Cleophe. Er besucht sie weiterhin
und, wie könnte es anders sein – verliebt sich in sie. Natürlich
weiß Lenz, dass Cleophe auf ihren Baron wartet und nicht wirk-

lich frei für ihn ist. Immer wieder schwankt er zwischen Liebe und Freundschaft, ruft verzweifelt in einem Gedicht:

„LIEBE! Sollte deine Pein
Wert der Lust der Freundschaft sein?"

Noch ist sich Lenz über seine Gefühle nicht ganz im Klaren, doch die Leidenschaft reißt ihn immer mehr in einen unaufhaltsamen Strudel der Gefühle. Sein in dieser Zeit entstandenes *Tagebuch* zeichnet die Ereignisse für Freund Goethe nach. Ihm schickt Lenz das Tagebuch nach der ausgestandenen Affäre, und in Goethes Besitz bleibt es auch.

Die Namen der beteiligten Personen hat Lenz in seinen Aufzeichnungen zur Sicherheit ausgetauscht: Cleophe heißt Araminta, Friedrich Georg von Kleist ist Scipio, der jüngste Kleist-Bruder wird „Schwager" genannt. Trotzdem verplappert sich Lenz, und so ist an einer Stelle des *Tagebuchs* Araminta auf einmal wieder „Clephchen". Erst tröstet Lenz die über die Abreise des Bräutigams Untröstliche; dann erkennt er, dass sich der jüngere Kleist-Bruder ebenfalls für die Schöne zu interessieren beginnt.

Und schließlich verfällt Lenz ihr doch: „Ich hatte ihr Nachtkleid gelobt, ihre Flechten an meine Lippen gedrückt, die Mutter hieß sie einigemal sich ankleiden, sie wollte nicht. Sie zeichnete mir selbst ihr Bild ab, obschon sie nie zeichnen gelernt, ziemlich glücklich und getreu, löschte es gleich wieder aus, ich rettete doch eins von diesen Versuchen." Er kauft Zuckerwerk für sie, ist täglich bei ihr. Lenz meint es ernst. Für Cleophe ist Lenz hingegen nur eine nette Ablenkung. Sie treibt ihr Spiel mit Lenz: Erhält sie einen Brief von ihrem Baron, liest sie ihn Lenz vor und bittet ihn, den Brief bei der Konkurrenz bekannt zu machen, die angesichts des schweigenden Heiratskandidaten schon frohlockt. Und Lenz fliegt, um Cleophes Wunsch augenblicklich zu erfüllen.

Gefangen in dem Dreiecksverhältnis, stürzt Lenz im Dunkeln und bei Regen auch noch in einen tiefen Keller hinab. Doch er hat

Glück im Unglück: Er bleibt unversehrt. Noch während er stürzt, fällt ihm ein, dass eine „Kaffeesatzwahrsagerin" ihm genau dies prophezeit und ihn gewarnt hatte! Aber zu spät! Und zu allem Übel rührt sein Widersacher keinen Finger, um ihm aus dem Keller herauszuhelfen. Für Lenz sind es gerade wirklich keine guten Zeiten!

Er kann sich nicht von Cleophe lösen, leidet, wenn er nicht bei ihr ist: „Welche Marter nicht immer um sie zu sein. Ich flog hin den Nachmittag, fand sie an ihren Vogelbauern, daß sie ihre Vögelchen speiste und die Bauer putzte. Ich half ihr. Sie lehrte mich wie zu machen, und immer hatte ich was verdorben, worüber sie mich denn zankte und auch auf die Hand schlug." Cleophe ist eine verwöhnte Bürgerstochter. Kommt sie vom Einkauf, plappert sie ihm davon vor. Obwohl sie einem anderen versprochen ist, macht sie Lenz Komplimente und verdreht ihm den Kopf. Sie lässt ihn glauben, sollte aus der Heirat mit dem Baron nichts werden, wäre der mittellose Straßburger Dichter „der einzige [...] dem sie ihr Herz schenken würde".

Hinzu kommt, dass Lenz gerade den *Werther* liest und diese Lektüre seiner aussichtslosen Liebe neue Inspiration verleiht. Wie Werther verzweifelt Lenz zusehends, spinnt über Selbstmord nach, will seiner Liebsten die Meinung sagen, findet sie in bester Laune, wird wieder weich und lässt Cleophe tanzen: „Sie tanzte, warf sich ins Kanapee, nahm unvermerkt ihrem Schoßhund einen Floh ab, lief auf mich zu und glitschte ihn mir mit ihrer Hand in meine offene Brust, die ich zu ganz andern Absichten geöffnet hatte. Ich konnte nicht fünf Worte nach einander mit ihr sprechen."

Er verfällt ihr immer mehr, ein Handkuss gerät außer Kontrolle, und Lenz „strebte zu ihr empor, unsre Lippen waren wie elektrisiert und zogen sich wechselseitig an, ganz nah bei einander". Doch dann dreht sich einer aus der Gesellschaft um, beide fahren hastig zurück, aber das Verbotene hat Cleophe offensichtlich Spaß gemacht. Nun konkurrieren der jüngere Kleist-Bruder und Lenz immer offener um die Straßburgerin, und Lenz wird zusehends eifersüchtig. Auch erkennt er durchaus Cleophes schlechte Charaktereigenschaften, weiß um ihre leichtsinnige, unzuverlässige Art. Er versucht, sie nicht mehr zu lieben – doch vergebens.

Ein paar Tage schafft Lenz es, sich von ihr fernzuhalten, aber dann zieht es ihn wieder zu ihr. Seine Verzweiflung hält Lenz in seinem *Tagebuch* fest: „O Göthe, hier laß mich die Feder weglegen und weinen." Hin und her geht es: Mal ärgert sich der Verliebte über Cleophe und will sie nicht mehr lieben, dann wieder übermannen ihn die Leidenschaften, und es zieht ihn ungeachtet seiner Vorsätze zu ihr hin. Von Goethe erhofft er sich Verständnis für seine emotionale Achterbahnfahrt.

Nicht nur Lenz' Liebesleben ist gerade sehr turbulent. Während Goethe immer mal wieder versucht, sich mit Wieland zu versöhnen, ist Lenz weit davon entfernt. Sein letztes Drama hat es gerade erst gezeigt. Als Sophie La Roche sich im September bei Goethe nach Lenz erkundigt, schreibt jener ihr zurück: „Sie fragten nach Lenz – Es thut mir leid für Wieland, dass er den sich aufgereizt, und auf eine abgeschmackte Weise aufgereizt hat, da ich ruhig bin. Es ist ein unglücklicher Man von der Seite, ich hab meine Freunde gebeten, mir seinen Namen nicht mehr zu nennen. Lenz versöhnt sich ihm nicht, und Lenz ist ein gefährlicher Feind für ihn [...]". Goethe gesteht Lenz mehr Genie als Wieland zu und bedauert den Weimarer Dichter fast ein bisschen – aber nur fast. Womit hat sich Wieland bei Lenz nur so unbeliebt gemacht? Ganz einfach: In seinem *Merkur* hat Wieland Lenz' letzte Werke, vor allem den *Hofmeister*, negativ besprochen. Auch Goethe ist noch nicht vollständig mit Wieland versöhnt, wie sein Brief zeigt.

Doch Wieland ist nicht der Einzige, dessen Kritik sich Lenz in diesem Jahr zugezogen hat. Immer wieder sorgen seine Veröffentlichungen für Aufruhr, fühlen sich Leser und Rezensenten provoziert, so auch die 1774 veröffentlichten *Lustspiele nach dem Plautus fürs deutsche Theater.* Der Zusatz „fürs deutsche Theater" ist dabei wichtig; an ihm scheiden sich die Geister, wie wir gleich sehen werden.

Seit 1771 hat sich Lenz mit dem römischen Komödienschreiber Titus Maccius Plautus beschäftigt und freie Übersetzungen und Nachdichtungen seiner Komödien angefertigt. Diese hat er dann vor der Straßburger Société vorgetragen. Vor allem hat Lenz die Texte aktualisiert, in die Gegenwart verlegt, Namen und Schauplätze verändert. Diese Aktualisierungen passen vielen nicht: Die Straßburger Zensurbehörde, von deren Strenge wir bereits gehört haben, verweigert den Druck. Als das Stück dann in Darmstadt gedruckt wird und anonym bei Weygand erscheint, wird Lenz von einigen Rezensenten heftig angegriffen. Doch der Reihe nach.

Fünf Komödien von Plautus hat Lenz überarbeitet: Sie heißen *Das Väterchen, Die Aussteuer, Die Entführungen, Die Buhlschwester* und *Die Türkensklavin.*

Blicken wir in die erste Komödie, um zu verstehen, was die Gemüter erhitzt hat. In *Das Väterchen* geht es um Herrn Schlinge und seinen Sohn Ludwig. Der liebt Clärchen. Außerdem ist er pleite, hat „keinen Groschen Geld mehr" und noch keine feste Stelle, da der alte Thiermann auf der Notariatsstelle sitzt, die Ludwig begehrt; aber er hat ihm noch nicht den Gefallen getan zu sterben. Zu allem Unglück Ludwigs lässt sich Frau Gervas, Clärchens Mutter, Herrenbesuche bei ihrer Tochter bezahlen, verschachert die Tochter quasi an den Meistbietenden. Kein Geld, kein Job und eine Geliebte mit einer geldgierigen Mutter – eine verhängnisvolle Kombination für Ludwig. Der Vater kann dem Sohn nichts borgen, denn er wird von seiner Ehefrau an der kurzen Leine gehalten. Sogar der Hofmeister Koller hat mehr freies Geld zur Verfügung als Herr Schlinge. Da muss der gewitzte Diener Johann helfen. Er soll für Ludwig 300 Gulden heranschaffen. Selbstlos macht Johann das aber nicht, er beansprucht sieben Prozent. Johann schmiedet mit Bertrand, einem zweiten, nicht minder gewitzten Bediensteten des Hauses einen Plan, wie mit einem

Streich die Geldprobleme der Schlinges gelöst werden könnten: Der Hofmeister Koller hat sein Reitpferd verkauft, und der Käufer lässt ihm nun über einen Bauern das Geld bringen. Genau 300 Gulden hat der Bauer dabei, und genau 300 Gulden werden ja gebraucht. Die Gulden für das Reitpferd will Bertrand nun zweckentfremden und an sich bringen. Da der Bauer Herrn Koller nicht kennt, beabsichtigt Bertrand, in dessen Rolle zu schlüpfen. Der Bauer aber besteht darauf, das Geld nur in Gegenwart von Herrn Schlinge auszuzahlen. Der sitzt zwar volltrunken im Weinhaus, trotzdem klappt die Geldübergabe schließlich. Die Weitergabe an Ludwig verläuft kompliziert, darüber hinaus hat der Vater eine Bedingung gestellt: Er will selbst eine Nacht mit Clärchen zubringen. Derweil gibt es noch Herrn Reich, einen weiteren Verehrer Clärchens, der ein dickeres Portemonnaie als Ludwig hat und sich vertraglich zusichern lassen will, Clärchen allein zu allen Tageszeiten besuchen zu dürfen. Als er hört, dass Ludwig Schlinge die 300 Gulden gezahlt hat und Vater Schlinge sich mit Clärchen amüsieren will, verrät der Gehörnte dies Schlinges Ehefrau. Währenddessen muss Ludwig missmutig beobachten, wie sein Vater im Hause Gervas mit Clärchen und ihm speist, während Clärchen auf dem Schoß des alten Schlinge sitzen muss. Offensichtlich hat sich der Vater in die Geliebte des Sohnes verliebt. Es kommt zum großen Eklat, als die betrogene Ehefrau hereinschneit – Schlinge fällt vor Schreck vom Stuhl – und ihren Mann heimschleppt. Der Vorhang fällt.

So weit, so gut. Was also finden Zensur und Kritik an dem Stück anstößig? Natürlich geht es wie in den meisten Werken von Lenz derb zu. Und wie immer zeigt Lenz eine fragwürdige Gesellschaft: Es ist eine Gesellschaft, in der jede und jeder seinen eigenen materiellen Vorteil sucht. Sogar Ludwigs Geliebte Clärchen ruft dem verliebten Schwiegervater in spe, als er von seiner Ehefrau von der Bühne geschleppt wird, noch nach: „Vergessen Sie das Mäntelchen nicht, das Sie mir versprochen haben." Noch im Augenblick des größten Eklats denkt Clärchen an ihren Vorteil und offenbart sich damit ganz als Tochter ihrer Mutter, die die Tochter nahezu zur Hure macht, indem sie für Herrenbesuche abkassiert. Gefühle sind zweitrangig. Clärchen selbst hat sich auf den zweifelhaften Deal mit Ludwigs Vater eingelassen. Ihr Geliebter Ludwig ist ein Trottel, der sich vom eigenen Vater Hörner aufsetzen lässt. Der Vater wiederum ist schwach und wird von einer Furie von Ehefrau dominiert, die er nie geliebt und nur der Aussteuer wegen geheiratet hat. Darüber hinaus neigt er dem Alkohol und dem Wirtshaus zu, zeigt sich erpresserisch und schnappt dem eigenen Sohn fast die Geliebte vor der Nase weg, kurzum: eine moralisch fragwürdige Gestalt auf der ganzen Linie, die sogar die eigenen Bediensteten zum Betrug anstiftet.

Bis in die Nebenfiguren hinein wird in *Das Väterchen* eine verderbte Gesellschaft gezeigt. Frau Gervas, die Diener, alle sehen sie nur ihren Profit. Geld, Sexualität, Eifersucht und Intrige beherrschen die Bühne. Bis in die Sprache hinein regiert dabei die Verderbtheit: Bertrand schimpft Johann einen „Lumpenhund", Frau Gervas nennt die eigene Tochter eine „widerspenstige Kreatur", bezeichnet sie als „Affengesicht", als „Abart". Dass eine solche Gesellschaft durch Lenz als eine gegenwärtige gezeichnet wird – auch in seinen anderen vier Bearbeitungen von Plautus' Komödien –, stört nicht nur die Zensur. Offenbar ist selbst die Kritik der Freunde aus der Straßburger Société so massiv, dass Lenz sich gezwungen sieht, seine Übertragungen zu verteidigen.

Er schreibt eine *Verteidigung der Verteidigung des Übersetzers der Lustspiele*. Niemand Geringeren als Homer wählt Lenz dabei als Mottogeber seiner Verteidigungsschrift: „Den Zorn besinge, Göttin!", so heißt es hier. Und Lenz erwähnt, dass er zunächst zu dem Zorn der Rezensenten schweigen wollte; aber dann habe man ihm sein Schweigen mehr und mehr verübelt und ihn so zum Reden gezwungen. Dass Plautus schwer ins Deutsche zu übertragen sei und dass die Kritik dies nicht berücksichtigt habe, hält Lenz seinen Gegnern deutlich vor. Auch hätten sie nicht gesehen, dass das Stück fürs deutsche Theater geschrieben sei, das sie aber gar nicht kennen würden.

In der Tat fühlt Lenz sich tief getroffen und schießt zurück, versucht, den Rezensenten, der ihm am meisten zugesetzt hat, lächerlich zu machen. So sagt er ironisch über ihn, er sitze „mit aller kunstrichterliche[n] Majestät" da, um ihn, Lenz, „vor seine Schranken zu laden". Dann arbeitet sich der Beleidigte zum Kern der Kritik vor. Offensichtlich hat man Lenz vorgeworfen, „ein Bordell auf der Bühne" mit Clärchen als Freudenmädchen und ihrer Mutter als Kupplerin aufzuschlagen. Dem widerspricht Lenz heftig. „Wie kann eine Hure sprechen, wie Clärchen spricht?", fragt er, scheinbar erstaunt über den Vorwurf, widerspricht sich dann aber selbst, wenn er betont, er habe „die verderbten Sitten unserer Zeit" so schildern wollen, wie sie eben sind, „da Mütter selbst besonders unter dem Pöbel u. in kleinen Städten sich kein Gewissen draus machen, ihre Töchter als Lockspeisen in die Schlingen auszulegen die sie dem Vermögen junger Verschwender stellen". Zweifellos lag es für den Rezensenten nahe, in dem verschacherten Clärchen eine Hure zu sehen – schließlich wird sie für Geld verkauft. Aber Lenz verteidigt Clärchen rigoros und macht sich einmal mehr stark für die unterdrückte und abhängige Frau, sieht in seiner Figur „ein Opfer der verdammten Politik ihrer Mutter und der Schwachheiten ihres Herzens".

Dass er sich die Figuren seiner Übersetzung nicht frei ausgedacht habe, untermauert Lenz ein zweites Mal, indem er über Schlinge und seinen Hofmeister schreibt: „Mein Herr reisen Sie in Deutschland und Sie werden in jedem Flecken ein Original zu diesem Gemälde finden." Lenz will also sagen: Ich will doch nur zeigen, wie es in Deutschland tatsächlich zugeht, will Natur vorführen, wie sie ist. Wie kann das also Vorwurf werden? Und so verspeist Lenz seinen Kritiker zum Abschluss mit Haut und Haaren und lamentiert mitleiderregend: „O wie wenig traut ihr mir zu, frühreife Kritiker! wie sehr wahr ist es, daß ihr mich von der Stelle, die mir das gerechte Altertum anwies, herunterreißt, um den kritischen Staub von euren Füßen über mich zu schütteln!" Ein bisschen übertreibt er hier schon.

Wie diese glühende Verteidigung bei Lenz' Freunden von der Straßburger Société ankam, ist leider nicht überliefert, aber offenbar hatte Lenz Erfolg: Die Société finanziert den Druck der fünf Komödien in Deutschland, die Straßburger Zensur wird umgangen. Offensichtlich hat das Besingen des Zorns funktioniert, und Lenz kann mit sich zufrieden sein.

Womit Lenz aber nicht zufrieden sein kann, ist, dass sich dasselbe Spiel wie bei seinen beiden in diesem Jahr veröffentlichten Dramen wiederholt: Auch die Übersetzungen nach dem Plautus werden zunächst Goethe zugeschrieben. Erst nach und nach setzt sich Lenz' Urheberschaft durch. Immerhin stellt Schubart Lenz' Verfasserschaft des *Hofmeister* in der *Deutschen Chronik* klar: Nicht Goethe ist der Autor, sondern „Lenz ists, ein junges aufkeimendes Genie aus Kurland". Und Schubart betont auch, dass es derselbe Lenz ist, der die *Lustspiele nach dem Plautus* geschrieben habe. Er lobt ihn über den grünen Klee, berichtet aber auch, der Autor wolle demnächst in seine Heimat, nach Livland, zurückkehren. Doch nichts liegt Lenz gerade ferner – Schubarts Informationen sind eben nicht immer ganz zuverlässig.

Lenz' Freund Lavater ist derweil in Zürich in Not. Er sieht sich gezwungen, ein gedrucktes Rundschreiben an seine Freunde, auch an Lenz, zu verschicken. Was ist passiert? Lavater ist mittlerweile so populär, dass er die Post, die er täglich erhält, nicht mehr bewältigen kann. „Weder meine Zeit, noch meine Gesundheit, noch meine Vermögensumstände gestatten es", bilanziert der Züricher Theologe harsch. Ja, auch die Portokosten für die vielen Briefe überfordern ihn. Deshalb greift er zu einem entschiedenen Mittel: Für ein halbes Jahr verbittet er sich alle Briefe.

Herder freilich kann sich an die Direktive nicht halten. Als er im November die Gelegenheit hat, Post nach Ludwigsburg mitzugeben, muss er einige seiner Predigten und Kantaten an Lavater mitschicken. Eine Silhouette von sich, die Karoline ausgeschnitten hat, legt er ebenfalls dazu – für Lavaters Sammlung der Physiognomien. Da er weiterhin gerne Post von Lavater bekommen möchte, macht Herder den Vorschlag: „Wenn Dir die Briefe an mich zu kostbar werden: so schicke sie nur nach Darmstadt an den Geheimen Rat Heße: von da kommen sie frei." So würde Lavater wenigstens einen Teil des teuren Portos sparen.

Die Freiheit, für Lenz und Schubart so wichtig, ist auch ein Thema für Friedrich Leopold Graf zu Stolberg. Während Lenz und Schubart die mangelnde Freiheit allerdings am eigenen Leib spüren, ist sie für den adligen Dichter eher ein poetisches Sujet. Sein Gedicht *Die Freiheit*, das Stolberg dem Hainbündler-Freund Hahn widmet, ist dennoch eine imposante, durchaus auch politisch gemeinte Forderung. Vom Tyrannensturz und Sturm auf die Paläste ist hier die Rede. Vaterlandsliebe wird mit Kampf für Freiheit assoziiert, und Wilhelm Tell, Brutus und Klopstock bilden eine Galerie gleichwertiger Freiheitshelden.

Stolberg bietet Voß sein Gedicht am 17. September für seinen *Musenalmanach* 1775 an und erlaubt ihm auch, Änderungen vorzunehmen. Das zeigt ein großes Vertrauen. Offenbar ist er mit Voß' Änderungen dann auch tatsächlich zufrieden, denn er dankt ihm am 3. Dezember: „Dank für die Freiheit! Sie haben mir dieses verlorne Kind so schön wiedergebracht, daß es nun eins meiner besten Kinder worden ist. Will es auch herzlich liebhaben."

Das ist ein schönes Beispiel, wie eng die Göttinger miteinander verbunden sind und sich gegenseitig verbessern und vorantreiben.

In Bückeburg gedeiht indes der junge Gottfried Herder prächtig, die Milch aus der Mutterbrust saugt er dem Vater zufolge „fröhlich wie ein junges Kalb". Das sind im September allerdings schon alle guten Nachrichten aus Bückeburg. Der Vater des Kleinen, Johann Gottfried Herder, befindet sich in einem eskalierenden

Streit mit den Berliner Theologen Johann Joachim Spalding und Wilhelm Abraham Teller. Den Theologen? Bis jetzt hatte sich Herders Auseinandersetzung allein auf Spalding erstreckt, der Zwist schwelt ja bereits seit einigen Monaten. Nun hat Herder außerdem Post von Wilhelm Abraham Teller, einem Freund Spaldings, bekommen, über die er sich fürchterlich aufregt. Was ist geschehen?

Offenbar hat Spalding den letzten Brief Herders an Teller weitergereicht, der sich jetzt einmischt. Zu Unrecht, wie Herder findet, denn er habe ja an Spalding und nicht an Teller geschrieben, ja, er „habe mit Tellern nichts zu thun". Herder wertet die seinerzeit durchaus verbreitete Weitergabe von Briefen in diesem Fall als Verstoß gegen das Briefgeheimnis. Empört beschwert er sich, Teller lege es darauf an, „sich einen Schand-Teufelskloack von Gründen dieses u. jenes Blatts zu fabriciren, die er mir auf die bubenhafteste Weise ins Gesicht wirft". Der Tonfall zeigt es: Es geht richtig zur Sache; kaum vermag man zu glauben, dass sich hier Gelehrte auseinandersetzen.

Der streitbare Aufklärungstheologe Wilhelm Abraham Teller zweifelt bald an Herders Charakter, und damit wird es persönlich. Furchtbar schimpft Herder darüber, dass Teller aus einem fremden Brief, nämlich dem Brief Herders, „gehäßige, Menschenfeindliche abscheuliche Karacktere von Personen, die nicht an ihn geschrieben, die mit ihm nichts zu thun haben", ableite. Natürlich ist damit der Charakter Herders gemeint, der zunehmend ins Zwielicht gerät. Herder fürchtet offenbar um seinen Ruf. Aber statt seine eigene Schuld an dem eskalierenden Streit kritisch zu hinterfragen, nimmt er den Fehdehandschuh auf und wird – wie üblich – polemisch. Teller habe behauptet, er, Herder, sei „n i c h t w e r t h, S p a l d i n g d i e S c h u h r i e m e n a u f z u l ö s e n". Das könne sein, kontert Herder trocken, „so wenig ich seine je auflösen werde". Bitterböse und sarkastisch fährt er fort: „Ich gebe mein böses, garstiges Teufelgesinntes Buch, das L i b e l l, wies H. Teller nennt, mit allen seinen Segeln u. schwarzen Teufelsflügeln, (was ich, wie ich jetzt sehe, gleich hätte thun sollen!) dem Winde!" Teller ist für Herder fortan ein rotes Tuch.

Herder fordert nun von Spalding all seine alten Briefe zurück, da er sich von ihm verraten fühlt. Teller, an den er selbst ja nie geschrieben hat, wird er auch nicht schreiben, er verachtet ihn zutiefst. Von der eigenen Größe überzeugt, bilanziert Herder: „Leute die so kleinkreisig u. niedrig fühlen, haben ihr Urtheil in sich selbst." Damit ist der Fall für Herder erledigt – meint er, hofft er. Die Berliner Spalding, Teller und Nicolai gehören wie Wieland alle zur Vätergeneration der Aufklärer, sodass sich auch an dieser Stelle wieder der Generationenkonflikt entlädt.

In der Studentenstadt Gießen bekommt das Haus Professor Höpfners Zuwachs und Klinger einen Freund: In seine Studentenbude zieht Ernst Schleiermacher aus Darmstadt mit ein. Auch er will in Gießen Jura studieren, und Merck hat ihn in das Haus Höpfners vermittelt. Immer wieder laufen bei Merck alle Fäden zusammen, und er zieht im Hintergrund die Strippen.

Schleiermacher ist drei Jahre jünger als Klinger und stammt im Gegensatz zu diesem aus einem sehr angesehenen Elternhaus: Der Vater war der Leibarzt von Mercks Landgräfin Caroline, die im März so plötzlich verstorben ist. Trotz der Altersdifferenz und der sozialen Unterschiede werden Klinger und Schleiermacher unzertrennlich. Auch mit Albertine von Grün freundet sich Schleiermacher an.

Ein Erdbeben erschüttert Augsburg am 10. September zwischen fünf und halb sechs Uhr abends, zwei Stöße folgen aufeinander. Schubart macht seine Späße damit und berichtet, das Erdbeben sei so stark gewesen, dass ein „gewisser starker Meteorologist" nicht mehr habe stehen können. Dabei habe der Arme doch „nur 4 Maaß Wein" im Leib gehabt und sei damit ja fast nüchtern gewesen.

Doch nicht nur die Natur sorgt für Erschütterungen: Am 22. September stirbt Papst Clemens XIV. Schubart hat ihn sehr geschätzt und widmet ihm einen Nachruf: Dieser Papst habe die Juden nicht verfolgt, sogar einigen Protestanten Audienz gewährt und den Jesuiten Einhalt geboten. Auch wenn Rom weit entfernt ist, wird Clemens' XIV. Tod Schubart arg in die Bredouille bringen. Schon jetzt hat er es, wie wir bereits gehört haben, nicht einfach, und er klagt in seiner *Chronik*-Ausgabe vom 19. September: „Da hast du, Leser, was ich dir Neues von unserm Vaterlande mittheilen kann. Sonst nichts? O erschrecklich viel! Aber wer dürfte alles sagen, wenn er auch alles wüßte." Die Zensur macht Schubart zu schaffen, in Süddeutschland ist sie strenger als im Norden. Eine vernünftige journalistische Arbeit ist so kaum möglich.

Ein weiterer Todesfall rührt Schubart sehr: Er hat durch seinen Schwager die Nachricht erhalten, dass sein Vater gestorben ist, den er sehr verehrt hat. Von ihm, dem Kantor und Pfarrvikar Johann Jacob Schubart, hat Schubart die Liebe zur Musik vermittelt bekommen. Dennoch hält Schubart eine traurige Rückschau auf das Leben seines Vaters: Zeitlebens war es diesem nicht vergönnt gewesen, seine Geisteskräfte zu entwickeln und das zu werden, was er hätte werden können. So sieht es Schubart, der Sohn, und er entwickelt den Gedanken weiter zu einem grundsätzlichen Blick auf das Leben: Dass dem Menschen häufig so viele Möglichkeiten verwehrt würden, er seine Lebenszeit nie voll nutzen könne und bestimmte Talente unentwickelt blieben, was sogar für einen Großen wie Klopstock gelte, sieht Schubart als Beweis für ein Weiterleben der Seele nach dem Tod an. Trotz seiner Trauer und der Gedanken über die unerfüllten Möglichkeiten im Leben seines Vaters, findet Schubart gegenüber seinem Schwager zu einer berührenden eigenen Lebensbilanz:

„Ich lebe hier – größtenteils in philosophischer Stille –
schreibe, lese, klaviere, seh Kunstwerke, esse wenig, trinke
mehr; habe einen einzigen Rock und 3 Hemder; zweifle,

weine, lache, lebe oft gerne, stampfe aber öfters den Boden, daß er sich nicht mir zum Grabe öffnet – dort, dort möchte ich schlafen, wo mein Vater liegt."

Die Liebe zum verstorbenen Vater kommt hier ebenso zum Ausdruck wie die eigene Lebenslust – trotz aller auftretenden Widrigkeiten. Auch ohne materiell begütert zu sein, lebt Schubart intensiv: ein pralles Leben voll Emotionen, positiven wie negativen, Leidenschaft, beseelt von Worten und der Musik.

Für Boie in Spa kommt die Erlösung: Am 10. September wird die Reise endlich fortgesetzt. Holland steht nun auf dem Reiseplan – in Begleitung der Damen der Familie Vaughan. Aber wieder geht für Boie alles viel zu schnell: Ein Kurier wird vorausgeschickt. Dieser muss vor Ankunft der Reisegesellschaft Wegzölle begleichen, frische Pferde bestellen und für Essen sorgen – nur damit kein Aufenthalt entsteht und man zügig vorankommt. Boie hingegen würde gerne die einzelnen Orte, durch die man fährt, näher in Augenschein nehmen und Kontakt zu den Einheimischen suchen.

Er fühlt sich wie im goldenen Käfig, und ebenso wie Lenz' Hofmeister Läuffer muss Boie sich fügen. Für die flämische Sprache interessiert er sich sehr, und kurz gelingt es ihm, sich in Mecheln mit einem Wirt auf Flämisch zu unterhalten; aber schon geht es weiter nach Antwerpen. Frustriert notiert Boie: „Unsere Herren sind keine Liebhaber der Kunst und unser Wirt ist kein guter Koch, also gehen wir weiter."

Von Antwerpen reist die Gesellschaft per Schiff auf Schelde und Maas nach Rotterdam. Rotterdam birgt einige Entdeckungen für Boie, die Karl Weinhold aufzählt: Er hört eine holländische Predigt, die er nicht versteht, und sieht im Theater eine holländische Komödie, die er sehr gut versteht. Das hängt möglicherweise nicht nur mit der Sprache, sondern mit den Prioritäten und Interessen des ehemaligen Theologiestudenten und Literaturliebhabers zusammen. Die Buchläden in Rotterdam mit ihren vielen Übersetzungen faszinieren Boie, hier findet er sogar deutsche Bücher übersetzt vor, die er nicht einmal aus dem Deutschen kennt. Nachdem er mit den Engländern noch eine kostbare Wagen- und Schlittensammlung hat besichtigen müssen, geht es über Delft nach Den Haag. Drei Tage bleibt man hier, es ist mittlerweile Ende September geworden.

Den Haag bietet Boie so einiges: Er besucht die französische Komödie und sieht den berühmten Pariser Schauspieler Bellcour. Aber Boies Liebe gilt allem Englischen, nicht dem Französischen, und so kann er sich auch nicht für die französische Komödie erwärmen. Der Schauspieler ist noch das Beste daran. Boie lernt den englischen Gesandten Sir Joseph York kennen und genießt die Sammlung niederländischer Maler in der Galerie des Prinzen von Oranien. Hier kann er seinen Wunsch nach mehr Reiseentdeckungen vorerst stillen. Allerdings gibt es schon wieder einen Wermutstropfen: Denis Diderot, den berühmten französischen Schriftsteller, Aufklärungsphilosophen, Autor und Herausgeber der *Encyclopédie*, der ja erst unlängst aus Sankt Petersburg zurückgekehrt ist, hat Boie verfehlt. Mit Diderot unterwegs war auch Frans Hemesterhuis, der niederländische Philosoph und Schriftsteller, der Goethe und die Jacobis beeinflusst. Beide, Diderot und Hemesterhuis, lernt Boie also nicht kennen, auch wenn ihn diese Begegnungen sehr interessiert hätten. Stattdessen besichtigt er in Leiden den Universitätssaal mit Bildnissen der Niederländer Herman Boerhaave und Tiber Hemsterhuis. Abends trifft Boie noch einen Göttinger Bekannten. Über Harlem fährt man nach Amsterdam. Hier findet Boie wieder Zeit für einen Theaterbesuch und mäkelt an den holländischen Schauspielern herum.

Während Boie durch die Weltgeschichte reist, sind seine Hainbrüder in Göttingen völlig aus dem Häuschen: Es wird tatsächlich wahr, Klopstock höchstpersönlich besucht sie! Auf der Durchreise nach Karlsruhe macht er am 18. September Station in Göttingen. Die jungen Dichter treffen den Älteren, der seine Reise geheim halten will, in Bovenden und verbringen den Tag glückselig in ländlicher Idylle. Da Boie unterwegs ist, quartieren die jungen Freunde abends den verehrten Mann kurzerhand in Boies Zimmer ein. Eigentlich will Klopstock gleich am nächsten Morgen weiter, aber es herrscht schönes Wetter, und in ganz Göttingen ist kein Post- oder Mietpferd zu bekommen, da die Bauern sie zum Einbringen des Heus brauchen. Klopstock muss also einen Tag länger bleiben – sehr zur Freude seiner jungen Dichterfreunde. Sie sitzen den ganzen Tag um ihn herum, und Klopstock erzählt. Keiner sonst dringt zu ihm vor.

So ganz uneigennützig ist seine Beziehung zu dem Bund aber nicht, denn Klopstock will die Hainblündler für seine Zwecke einspannen. Das ist den Göttinger Jünglingen so natürlich nicht bewusst, und treuherzig schreibt Voß: „Mit dem Bunde hat er große Dinge im Sinn, sein Plan ist aber noch nicht bestimmt." Trotzdem kommen konkrete Ziele Klopstocks zur Sprache: „die Vertilgung des verzärtelten Geschmacks, ferner der Dichtkunst mehr Würde gegen andre Wissenschaften zu verschaffen, manches Götzenbild, das der Pöbel anbetet, z. B. einen Heyne, Weiße, Ringulf usw. zu zertrümmern, die Schemel der Ausrufer, wenn sie zu sehr und zu unverschämt schreien, umzustürzen usw. – " Das ist eine Anspielung auf die *Gelehrtenrepublik* des Dichters, in der er ja bereits gegen den sogenannten „Pöbel" gewettert hat. Klopstock will also seinen literarischen Geschmack durchsetzen; Heyne, Weiße und Karl Friedrich Kretschmann alias Ringulf sind literarische Konkurrenten. Hier wird durchaus auch Literaturpolitik betrieben, und der Hain soll Klopstocks Position stützen.

Und dann heißt es doch Abschied nehmen: Hahn und die beiden Millers begleiten Klopstock am 20. September nach Kassel, wo Leisewitz sehnsüchtig auf Klopstock wartet, der wieder inkognito reist. Leisewitz hatte nicht nach Göttingen kommen können.

Zu dem glückseligsten Moment des Bundes kommt auch einer der bittersten: Der Hainbund löst sich immer mehr auf. Zwei Tage nach der Rückkehr der Brüder Miller geht Leisewitz ohne Abschied heimlich nach Hannover. Vier Tage später folgt Johann Miller, der in Leipzig sein Studium beenden will. Hölty begleitet ihn. Wieder einen Tag später verabschiedet sich auch sein Vetter Gottlob Dietrich Miller nach Wetzlar.

Schubart reiht sich nun ebenfalls in die Klopstock-Verehrung der Stürmer und Dränger ein. Mehrmals widmet er sich im September dessen neuestem, so umstrittenem Opus, der *Gelehrtenrepublik*, „diesem originellen, aber von wenigen verstandenen Werke". Voller Ironie und beißendem Spott wettert Schubart gegen etwaige Kritiker, die angeblich der Klopstock-Republik eine Republik nach dem „neusten Pariser Zuschnitte" entgegensetzen wollen. Paris und Frankreich stehen für Schubart immer wieder als Synonyme für Dekadenz und schlechten Geschmack.

Wie die meisten seiner Mitstürmer und -dränger ist Schubart ein Frankreich-Verächter. Und so schildert er seinen Lesern diese fiktive Pariser Republik sarkastisch als eine, in der man sich des vielen Denkens zu enthalten habe, in der nur die Jacobis und Wieland gelesen werden dürfen, allenfalls noch Gellert zum Einschlafen. Wer hingegen die Namen „Klopstock", „Herder", „Lavater", „Goethe" oder „Mendelssohn" nenne, werde zwei Wochen bei Wasser und Brot im Hundestall kaserniert.

Das ist ganz schön bösartig, vor allem, da Schubart seine Schriftsteller-Kollegen Jacobi, Wieland und Gellert herabwürdigt. Schubart kann schon sehr parteiisch sein, und deshalb lädt er seine Leser kurzerhand ein, gemeinsam ein Fläschchen auf die von ihm verehrten Geistesgrößen zu leeren: „Sie trinken doch mit?", animiert er die Käufer der *Deutschen Chronik* und erhebt sein Glas:

„Es lebe Klopstock! – hoch!
„Es lebe Göthe! – hoch!
„Es lebe Leßing! – hoch!
„Es lebe Lenz! – hoch!"

Und noch etwas hat Schubart im September zu berichten: Er hat
von einem Unglücklichen gehört, der sich in Hamburg erschossen
hat, da das Mädchen, das er liebte, auf Befehl ihrer Eltern einen
anderen heiraten musste. Einen rührenden Abschiedsbrief habe
der junge Mann hinterlassen. Zufällig trägt das Mädchen auch
noch den Namen „Charlotte". Die Geschichte erinnert sehr an den
Werther, den Schubart aber bislang noch nicht zur Kenntnis genommen hat.

So oder so: Schubart ergreift ebenso wie später für Werther für
den unglücklichen Liebhaber Partei. Diejenigen Zeitungschreiber-
Kollegen, die die Geschichte mit moralisierendem Zeigefinger
berichten und den Freigeistern ein Ende mit Schrecken prophe-
zeien, da sie sich nicht an gesellschaftliche Regeln halten, schreibt
er selbst in Grund und Boden. Schubart zeigt sich hier gegenüber
dem Selbstmord sehr tolerant; mit den moralin-sauren Gegnern
desselben kann er nichts anfangen. Nicht bei allen gesellschaftlichen Themen gibt er sich freilich so verständnisvoll.

Goethe, soeben erneut von Schubart gelobt, beschäftigen im September wieder seine Frauen. Lotte schickt er endlich den ver-
sprochenen *Werther*-Roman. Sein Begleitschreiben verrät
unzweifelhaft Goethes nach wie vor vorhandene Gefühle für sie:
„Lotte wie lieb mir das Büchelgen ist magst du im Lesen fühlen,
und auch dieses Exemplar ist mir so werth als wär's das einzige in
der Welt. Du sollsts haben Lotte, ich hab es hundertmal geküsst,
habs weggeschlossen, dass es niemand berühre. O Lotte!" Hier
gehen einmal mehr die Gefühle mit dem jungen Stürmer und
Dränger durch.

Auch Maximiliane beschäftigt Goethe. Selbst wenn er die Brentanos nicht besucht, so begegnet er Maxe doch ab und zu bei gesellschaftlichen Anlässen, sieht dabei, wie unglücklich sie ist. In der Komödie trifft er sie, als sie gerade Kopfschmerzen hat. Diese sind wohl psychosomatisch, denn Goethe schreibt in Maxes Auftrag ihrer Mutter Sophie La Roche: „Lässt Sie bitten, ihr Rath zu geben, und im Briefe Bewegung zu rathen, die arme Puppe stickt so zu Hause." Maxe erstickt also an ihrer unglücklichen Ehe, die sie überfordert, außerdem ist sie schwanger. Auch diese Neuigkeit ist für Goethe keine einfach zu verdauende.

Alle drei für ihn so wichtigen Frauen, Cornelia, Lotte und Maxe, sind in diesem Jahr schwanger und werden Mütter, beginnen einen neuen Lebensabschnitt und entfernen sich zunehmend von dem Bruder bzw. Jugendfreund. Goethe muss sich damit abfinden, dass es die umschwärmten kindlichen Mädchen von einst nicht mehr gibt. Trotzdem versucht er, im Falle Maxes zu helfen. Möglicherweise nicht ganz ohne Eigennutz, denn die schöne Maxe, insbesondere ihre schwarzen Augen, lassen ihn nach wie vor nicht los – ganz offen schreibt er an ihre Mutter, Frau La Roche, nachdem er die unglücklich Vermählte, „den leidenden Engel", mal wieder getroffen hat: „[...] ich hab wieder die Augen gesehn, ich weiss nicht, was in den Augen ist." Was die Mutter wohl über eine solch schwärmende Verehrung für ihre verheiratete, schwangere Tochter denkt?

Sehr zufrieden mit Goethe ist der Frankfurter Johann Conrad Deinet, Herausgeber der *Frankfurter Gelehrten Anzeigen*. Er hat zweihundert Exemplare von Goethes umstrittenem *Clavigo* erstanden, die er zu 15 Kreuzern das Stück verkauft. Trotz oder gerade wegen aller Kritik frohlockt Deinet: „Indessen geht das Stück ab wie warm Brot."

Am Monatsende steht bei Goethe dann noch einmal Besuch ins Haus. Niemand Geringeres als Klopstock, der ja bereits in aller Munde ist, schaut vorbei. Auch Schubart weiß von dem Besuch und macht ihn öffentlich. Eigentlich geben sich die Gäste in diesem Jahr im Frankfurter Hirschgraben ohnehin die Klinke in die Hand. Nun kommt aus Göttingen also Klopstock bzw. er kommt doch erst einmal nicht. Klopstock hat Goethe gebeten, dass er ihm entgegenfahre und ihn in Friedberg abhole. Also eilt Goethe zu vereinbarter Zeit nach Friedberg – und wartet und wartet. Er wartet mehrere Tage, aber kein Klopstock kommt. So kehrt er nach Frankfurt zurück, bis Klopstock am 27. September doch noch vor seiner Tür steht – er war aufgehalten worden. Wohlwollend nimmt der große Star, Klopstock, es auf, dass Goethe ihm ursprünglich entgegengereist war und so lange auf ihn gewartet hatte.

Für Goethe hat Klopstock etwas von einem Diplomaten. Würdevoll wirkt er, und offenbar ist er sich dieser Würde auch bewusst. Kurz: Das Plaudern mit Klopstock fällt schwer. Über literarische Themen, über die Goethe so gerne reden würde und deretwegen Klopstock von den Göttinger Jungs verehrt wird, spricht er kaum. Schließlich findet sich ganz unerwartet doch noch ein gemeinsames Thema: das Schlittschuhlaufen. Während Goethe, der leidenschaftliche Schlittschuhläufer, jedoch mit praktischer Erfahrung glänzt, hat Klopstock das Schlittschuhlaufen in erster Linie gedanklich durchdrungen. Und der Praktiker muss sich gefallen lassen, dass ihn der Theoretiker nach Strich und Faden belehrt. Ein wenig sonderbar findet Goethe den großen Klopstock schon. Lavater profitiert mittelbar von Klopstocks Besuch bei Goethe: Goethe hat an Lavaters Sammlerleidenschaft gedacht und schickt ihm eine Silhouette Klopstocks.

Da Goethe gerne reist, begleitet er Klopstock anschließend noch nach Darmstadt. Doch richtig warm werden die beiden nicht miteinander. In Darmstadt bleibt Goethe, der ja nicht nur gerne Besuch bekommt, sondern auch gerne unterwegs ist, für zehn Tage.

Der große Klopstock besucht in Darmstadt indes Merck und weidet sich zunächst ganz prosaisch in Mercks neuem Garten an dessen prallen Trauben, die gerade reif sind. Merck berichtet dies brühwarm seinem Freund Nicolai nach Berlin. Doch ebenso wie Goethe teilt Merck nicht die Klopstock-Euphorie der Hainbündler. Gegenüber seinem Berliner Freund bekennt er: „Ich muß Ihnen aufrichtig gestehen, daß ich ihn nie, nach meiner Vorstellungs Art, für einen wahren Poetischen Kopf gehalten habe […]". Merck bemängelt an Klopstock auch dessen Kälte gegenüber der Welt, und bei allem wachen Menschenverstand vermisst er Liebe und Leidenschaft, also genau das, was Merck an seinem Freund Goethe so schätzt. Hier zeigt sich der unabhängige Kritiker Merck, der entgegen dem Klopstock-Jubel scharf und unerbittlich urteilt und an eine poetische Begabung einen hohen Anspruch jenseits des literarischen Erfolgs anlegt.

Es waren für Goethe und Merck wunderschöne Tage in Darmstadt. Goethe entfacht in seinem Darmstädter Freund die Zeichenlust. Darüber neigt sich der September seinem Ende entgegen. Auf der Rückreise von Darmstadt, es ist bereits der 10. Oktober und ein Montag, dichtet Goethe in der Postchaise. Ganz nebenbei quasi entsteht das Gedicht *An Schwager Kronos*.

Dass Goethe gerade in einer Postkutsche sitzt, merkt man dem Gedicht an, denn es ist ein furioser Ritt durch die Zeit, durch die Lebenszeit eines Menschen. So heißt es gleich zu Beginn:

„Frisch, den holpernden
Stock, Wurzeln, Steine den Trott
Rasch ins Leben hinein!"

So wie also gerade der Verfasser über die Landstraße zwischen Darmstadt und Frankfurt holpert, so erlebt der Mensch sein ganzes Leben lang eine Berg- und Talfahrt. Manchmal ist es ein mühsames Holpern und Kraxeln, manchmal ein furioser Sturz ins volle Leben. Aber am Ende sinkt die Sonne, das Lebenslicht neigt sich dem Ende entgegen, die Lebenszeit ist verronnen:

„Ab dann, rascher hinab!
Sieh, die Sonne sinkt!
Eh sie sinkt, eh mich faßt
Greisen im Moore Nebelduft,
Entzahnte Kiefer schnattern
Und das schlotternde Gebein –"

Doch noch schlottern Goethes eigene Knochen nicht. Wohlbehalten kommt er in Frankfurt an, bereit für neue Abenteuer und neue Besuche.

Zerwürfnisse

Mit seinem Schützling ist Boie seit Juni unterwegs. Am 3. Oktober kommt man in Utrecht an. Hier trennen sich die Eltern Vaughan von ihrem Sohn, um nach England zurückzukehren. Boie, der sich nun etwas freier fühlt, findet trotzdem keine Zeit zum langsamen, genussvollen Reisen, denn er muss vor Beginn der Vorlesungen wieder in Göttingen sein. Die Zeit drängt also weiter. Über Arnheim und Kleve geht es nach Xanten, wo Boie den bekannten Völkerkundler Canonicus Cornelius Pauw besucht, der über Amerikaner, Chinesen und Ägypter geforscht hat.

Auch in Düsseldorf, der nächsten Station, steht ein Besuch an, und zwar bei den Brüdern Jacobi, wo Goethe in diesem Jahr ja ebenfalls schon war. Beide machen einen positiven Eindruck auf Boie – im Gegensatz zu früher. Johann Georg Jacobi, der Herausgeber der *Iris*, gefällt ihm, und Boie schreibt über ihn: „In keinem Mann hab ich mich je mehr geirrt, als in dem älteren Jacobi. Ich dachte einen süßlichen empfindsamen Menschen zu finden, der sich nur mit an den Reihen anzuschließen sucht, ohne selbst Recht darauf zu haben. Ich hab einen Mann von Kenntnissen, nicht ohne Gelehrsamkeit und von einem philosophischen Kopfe gefunden […]." Noch mehr Sympathie entwickelt Boie aber für Friedrich Heinrich; mit ihm verbindet ihn fortan eine echte Freundschaft.

Boie erfährt, dass auch Goethe und Lavater vor Kurzem hier waren und dass es Goethe genauso mit den Jacobis erging wie Boie nun: Er hat sein Urteil über die Brüder geändert. Über Goethes ehemals beleidigende Farce kann man nun sogar gemeinsam lachen. Und ebenso wie bei Goethe bleibt die Bekanntschaft mit den Brüdern Jacobi lange lebendig. Von Friedrich Heinrich Jacobi erhält Boie dann Goethes neuestes Werk, den *Clavigo*. Zwar sieht er auch, dass es nicht Goethes stärkstes Stück ist, aber anders als Merck urteilt Boie enthusiastisch: „Welch ein Stück!"

Boie wandelt jetzt auf den Spuren Goethes vom Juli: Er und sein Schüler reisen von Düsseldorf über Köln, Brühl und Bonn nach Koblenz. Hier war er selbst ja im Juni schon einmal, der Kreis der Reise schließt sich langsam. Einige wichtige Besuche stehen aber doch noch aus. Der ältere Jacobi, Johann Georg, hat Boie bei Sophie La Roche, Goethes mütterlicher Freundin, die dieser ja auf seiner Rheinreise schon aufgesucht hatte und mit der er eifrig korrespondiert, angemeldet.

Boie trifft die Schriftstellerin am 12. Oktober in Ehrenbreitstein und urteilt über sie: „Es ist eine außerordentlich interessante Frau, die man ja nicht nach dem Buche beurtheilen muß, das ihren Namen bekannt gemacht hat. Sie ist wahrhaftig weit mehr als ihr Buch." Sophie La Roches Briefroman *Die Geschichte des Fräuleins von Sternheim* gefällt Boie also nicht. Etwas gnädiger urteilt er über das Werk, an dem sie gerade sitzt und aus dem sie ihm zu lesen mitgegeben hat. Ein bisschen kommt hier auch männlicher Chauvinismus gegenüber einer weiblichen Autorin zum Ausdruck.

Nichtsdestotrotz gestaltet sich der Aufenthalt bei der Dichterin für Boie interessant: Er hört von Lavaters und Basedows Besuch und ihrem ständigen Zwist miteinander und lernt einen weiteren Freund der Literatur kennen, den Domherrn von Hohenfels. Aus Andeutungen erfährt er, dass die Stellung des Ehemanns von Sophie La Roche, der trierischer Gesandter in Wien ist, umstritten ist und dass La Roche gerade im Minenfeld zwischen Wien, Trier und Koblenz balancieren muss. Es dauert nicht mehr lange, bis dieses Minenfeld explodiert und die La Roches Koblenz verlassen müssen. Dieses Jahr verbringen sie aber noch dort.

Und weiter geht es auf Goethes Spuren: In Nassau speist auch Boie bei der Baronin von Stein, deren Sohn ebenfalls in Göttingen ist. Ein Mangel an Gesprächsthemen herrscht nicht: Die Freundschaft der Baronin mit Lavater, Goethe und Sophie La Roche, all das interessiert Boie brennend.

In Mainz wird Boie in diesen Tagen mit Schubarts großem Thema konfrontiert: Er hört vom Tod des alten Kurfürsten und von den schnell spürbaren negativen Veränderungen, die auf den neuen Kurfürsten zurückgehen. So erfährt Boie beispielsweise, dass die Schulpolitik des alten Kurfürsten bereits ganz rückgängig gemacht worden ist. Aber es gibt noch etwas ganz anderes, was Boie in Mainz bestaunt: Mainz hat nämlich eine nächtliche Straßenbeleuchtung! Das kennt man eigentlich nur von Paris! Über der Mitte der Straße ist ein Strick angebracht, und an diesem Strick hängen in großen Abständen einzelne Laternen, die die Stadt erleuchten. Ganz geheuer ist dieses Konstrukt Boie freilich nicht: Er hat Angst, die Laternen würden ihm beim Gang durch die Straßen auf den Kopf fallen. Doch das passiert nicht, und so kommt Boie wohlbehalten am 14. Oktober in Frankfurt an.

Frankfurt, Goethes Heimatstadt – natürlich führt ihn sein erster Weg zu Goethe, den Boie aber leider erst am nächsten Tag antrifft. Doch dieser 15. Oktober wird dann Boies Highlight der Reise. Er schreibt darüber: „Einen vortreflichen schönen Tag gehabt! Einen ganzen Tag allein, ungestört mit Göthen zugebracht, mit Göthen, dessen Herz so groß und edel wie sein Geist ist! Beschreiben kann ich den Tag nicht!" Schon jetzt haftet Goethe der Nimbus des ganz Großen an. Boie findet in ihm das Genie der Zeit, voll Originalität und Kraft. Gleichzeitig bemerkt Boie sehr wohl auch die sonderbaren, unkorrekten Seiten an Goethe. Jedenfalls muss der Dichter seinem Gast Boie vorlesen, Fragmentarisches und Fertiges. Boie bekommt dabei etwas ganz Besonderes zu hören: Goethes *Faust* ist fast fertig, und Boie hört als einer der Ersten den später weltbekannten Text. Sein literarisches Urteil ist klar und zeigt den Literaturkenner, denn der *Faust* erscheint ihm schon jetzt in der Phase seiner Fertigstellung als „das größte und eigenthümlichste von Allem". Boie erfährt von Goethe auch, dass Lenz zur Michaelismesse zwei neue Werke auf den Markt bringt. Schließlich liest Goethe Boie Gedichte von seinem Freund aus Straßburg vor.

Am 16. und 17. Oktober ist Boie mit Vaughan in Darmstadt bei Merck zu Gast. Er lernt Herders Schwager, den Geheimen Rat von Hesse, kennen. Um zwei Uhr nachmittags am 17. Oktober ist Boie aber schon wieder in Frankfurt, wo Goethe im Wirtshaus auf ihn wartet. Mit offenen Armen wird Boie von dem Frankfurter Dichtergenie empfangen, und es folgt ein weiteres feuriges Beisammensein. Bis Mitternacht bleiben die beiden im Wirtshaus sitzen, müssen schließlich die Tür abschließen, um allein zu sein, wie Boie berichtet. Erst liest Goethe vor, dann verfallen sie ins Reden, besprechen, was sie empfinden und denken, und entdecken große Übereinstimmungen. Verständlich, dass Boie der Abschied von Goethe schwer gefallen sein muss, aber Göttingen ruft.

Zudem hat die Reise wirklich viel geboten: literarische und kulturelle Höhepunkte! Höpfner, Klinger, Wagner, Herder, Goethe, Merck – sie alle hat Boie getroffen. Doch auch die schönste Reise geht einmal zu Ende. Über Kassel reisen Boie und Vaughan nun schnell nach Göttingen. Am 20. Oktober kommt man dort abends an. Über vier Monate ist Boie weg gewesen.

Wie so oft nach einer langen Reise holt einen schnell der Alltag mit seinen Problemen wieder ein. So ergeht es auch Boie. Er fühlt sich in Göttingen nicht mehr richtig wohl und zieht sich zunehmend zurück. Viele seiner ehemaligen Hainbrüder – es war bereits die Rede davon – haben im September Göttingen verlassen, und Boie trifft sie schon nicht mehr an. Einige von ihnen werfen ihm aus der Ferne vor, dass er sich weigert, die Dichter des *Göttinger Musenalmanachs*, die geheim bleiben wollen, auch ihnen gegenüber mit vollem Namen zu nennen.

Drei Tage nach seiner Ankunft erfährt Boie von dem schlechten Gesundheitszustand seines Vaters. Und dann gibt es auch noch Ärger mit Voß, der während seiner Reise die Redaktion des *Musenalmanachs* für das Jahr 1775 übernommen hat. Wieder scheiden sich die Geister an Wieland! Boie, der sich vor Literaturfehden fürchtet, wird mitten in eine hineingezogen. Während er Wieland verehrt, haben sich seine jungen Freunde vom Hainbund ganz den zahlreichen Wieland-Gegnern angeschlossen und echauffieren sich gegen den Weimarer Dichter. Vergeblich versucht Boie, die Gemüter zu beruhigen. Bei seiner Abreise hatte er Voß das Versprechen abgenommen, keine persönlichen Angriffe im *Musenalmanach* zuzulassen. Doch Voß hatte sich nicht daran gehalten und seine Ode *Auf Michaelis' Tod* in den Almanach auf das Jahr 1775 aufgenommen. Der Streit entzündet sich an folgenden Versen, die nur in der Druckfassung der Ode vorhanden sind:

„Jehovas Waagschal klang; und nicht würdig war
Des edlen Jünglings dieses entnervte Volk,
Das Wielands Buhlgesängen horchet [...]".

Wieland reagiert tief beleidigt. Für Boie ist es ein weiterer Grund, sich aus der Redaktion des *Musenalmanachs* zurückzuziehen und diese ganz Voß zu überlassen. Frustriert bilanziert er: „Man ist, da alles wieder eine Zerrüttung zu drohen scheint, fast froh nichts mit der Literatur zu thun zu haben."

Dabei gibt es doch am 21. Oktober abends ein Highlight im Hainbund: Hahn liest den Jünglingen den ersten Teil von Goethes *Werther* vor und rührt sie damit zutiefst. Natürlich sind die Göttinger Jungs auch sehr angetan, dass ihr verehrter Meister, Klopstock, in dem Roman erwähnt wird – „das feinste seelenvollste Lob", findet Voss gegenüber seiner Braut Ernestine. Und endlich einmal etwas Korrektes, was nicht anrüchig ist oder andere kompromittiert! Dass viele andere den *Werther* gar nicht so korrekt finden, ahnt Voss noch nicht.

Offenbar machen die Hainbündler kräftig Werbung für Goethes Geniestreich: Schon drei Wochen später sind alle Exemplare des *Werther* in Göttingen vergriffen. Und Hahn begegnet in diesem Oktober sogar zum ersten Mal dem Meister selbst, der lobende Worte für den jungen Hainbündler findet und urteilt, Hahn sei „ein sehr lieber Mann".

Währenddessen geht es Klopstock, dem Objekt der Verehrung Boies und seiner Hainbrüder, mit der Literatur sehr gut, auch wenn seine *Gelehrtenrepublik* nur wenige verstehen. Er ist mittlerweile in Schwaben, genauer gesagt: in Karlsruhe, angekommen und Schubart deswegen am 3. Oktober ganz aus dem Häuschen: „Wie klopft mein Herz vor inniger Freude, daß wir diesen Mann nunmehr bey uns in Schwaben haben und daß seine Verdineste um unsre Religion und um Deutschlands Ehre anfangen – – – allgemein und laut anerkannt gepriesen, bewundert, belohnt zu werden."

Schubart ist auch orientiert über Klopstocks fiskalische Verhältnisse: Der Kaiser hat ihm ein mit Edelsteinen besetztes Bildnis geschenkt, von Dänemark bezieht der Meister ein Jahresgehalt, Russland hat ihm 1000 Rubel vermacht und der Markgraf ein Gehalt von 900 Gulden ausgesetzt. Von solchen Summen können Lenz, Herder, Boie und Klinger nur träumen … Dennoch reitet Klinger in Gießen auf einer Welle der Euphorie und schwärmt, er habe „göttliche und satanische Eingebungen, wie sie Dichter, Fanatiker und Narren haben". Wie wir schon festgestellt haben: Klinger entbehrt nicht der Selbstironie und des Humors! Das gilt auch für seine eigene Person. Trotz allen äußeren Mangels ist er mit sich im Reinen, fühlt sein Ich. Er beschließt, sich auf die Sonnenseiten des Lebens zu fokussieren, die für ihn in der inneren Schöpfungskraft bestehen. Er schwebt „auf Wolken der Phantasie" und fühlt sein poetisches Talent bereit zur Entfaltung. Klinger ist in diesem Herbst das Gegenteil von Boies literarischem Frust.

Am 5. Oktober wird in Rom das Konklave eröffnet, um einen neuen Papst zu wählen, und Schubart verfolgt das Geschehen in seiner *Chronik* intensiv. Wann wird weißer Rauch aus der Sixtinischen Kapelle aufsteigen? Vorher äußert er in der Ausgabe vom 17. Oktober einen ungeheuerlichen Verdacht: Der alte Papst Clemens XIV. sei vergiftet worden! Schubart berichtet über den Toten, was ihm wohl so zugetragen wurde: „Seine Eingeweide waren ganz zerfressen, und Nägel und Haare sind ihm ausgefallen." Der Mundschenk des Papstes soll an derselben Krankheit gestorben sein. Auch dass die Engelsburg von fremden Truppen umringt sei, will Schubart wissen. Tatsächlich ging es mit Clemens' Gesundheit seit März rapide bergab, und Schubart ist nicht der Einzige, der über Mord spekuliert. Ärzte, die den Toten untersuchen, finden angeblich keine Indizien, doch der Tod bleibt bis heute im Dunkeln.

Gemunkelt wird über eine Verstrickung der Jesuiten, Schubarts alten „Freunden". Und so wettert Schubart bald auch wieder gegen sie: In der *Chronik*-Ausgabe vom 27. Oktober behauptet er, dass es trotz des offiziellen Verbots noch viele Jesuitenanhänger gebe, die nun nach dem Tod ihres Widersachers wieder „neu ihr Haupt" erheben und auf einen neuen Papst hoffen, der sie wieder in ihre alten Rechte einsetzt. Schubart wird sogar noch deutlicher: „Der Pöbel glaubt den Prophezeiungen eines ekstatischen Müßiggängers, daß alle Verfolger der Jesuiten noch dieses Jahr sterben und 1775 der Jesuitenorden, dieser Atlas für die Kirche, wieder aufleben, seinen Glanz in der ganzen Welt verbreiten und bis ans Ende der Tage dauern werde." Die Ironie und die harsche Kritik, die Schubart hier auf die Jesuiten niederprasseln lässt, bleiben nicht ohne Folgen, zumal in Augsburg, wo er schreibt, der Orden nicht aufgelöst worden ist. Nach wie vor sind die Jesuiten in der Stadt stark vertreten; der Jesuit Alois Merz bleibt sogar Domprediger.

Schubart wettert weiter und macht sich keine Freunde unter der Geistlichkeit. Diese nimmt ihm auch sein *Märchen*, das er als Einzeldruck veröffentlicht, sehr übel. Das Gedicht – von einem Märchen kann eigentlich keine Rede sein – erzählt von einem armen Bauern, der stirbt. Ein Engel schickt ihn in den Himmel, und so klopft er bei Petrus an und bittet zaghaft um Einlass. Er stellt sich als armer Bauer vor, der sein Leben lang brav sein Feld bestellt, eine Familie gegründet habe und ein frommer Christ sei, der dem Pfarrer geglaubt, was der versprochen habe. St. Peter lässt den Bauern ein, schickt ihn aber in eine Laube, da er gerade keine Zeit hat – eine große Sause steht im Himmel an. So kann der Bauer beobachten, wie das goldene Himmelstor aufspringt und der Schatten eines verstorbenen Priesters einschwebt. Der Himmel gibt eine Riesenparty! Erst am Abend erinnert sich St. Peter an das arme Bäuerlein, das sich nun ein Herz fasst und nach dem Anlass des Festes fragt. Ein frommer Priester, so Petrus, sei der Grund für die Party gewesen. Da meint der Bauer, wenn das so sei, dass jeder fromme Priester so eine Feier bekomme, müsste es im Himmel ja sicher viele Feste geben. Oh nein, ganz anders sei das, offenbart ihm Petrus. Seit zweitausend Jahren sei er hier nun Türhüter, und nur sehr selten sehe er fromme Pfarrer, dafür aber umso häufiger brave Bauersleute.

Auch Schubarts abschließende Beteuerung, es handele sich ja nur um ein Märchen, das sich bereits Hans Sachs erdacht habe, kann nichts mehr retten, ganz abgesehen davon, dass es bei Hans Sachs ein solches Märchen nicht gibt. Schubarts Kritik an den vermeintlich wenig frommen Priestern kommt in Augsburg also nicht gut an, und sein *Märchen* wird verbrannt. Ja, tatsächlich: Ein so harmlos-satirisches Werklein fällt wütender Verbrennung anheim. Dass Menschen, die mit Satire nicht umgehen können, auch immer gleich Bücher verbrennen müssen und dadurch ihr eigenes, wenig schmeichelhaftes engstirniges Denken offenbaren!

Goethe wird Onkel! Am 28. Oktober kommt abends Cornelia Schlossers erstes Kind zur Welt. Ein Mädchen, das auf den Namen „Maria Anna Louisa" getauft wird. Die Geburt ist schwer, und Cornelia erholt sich nicht. Fast zwei Jahre wird sie kränklich bleiben. Offenbar belastet die junge Frau nach der Schwangerschaft auch eine Schwangerschaftsdepression, der alle Beteiligten hilflos gegenüberstehen. Als Cornelia drei Jahre später erneut schwanger ist, ist diese zweite Schwangerschaft für ihre zarte Konstitution zu viel. Wieder liegt sie nach der Geburt krank darnieder, fiebert bis zur Bewusstlosigkeit. Drei Wochen nach der Geburt ihres zweiten Kindes stirbt Cornelia am 10. Juni 1777. Ein durchaus typisches Frauenschicksal, schätzt man doch, dass etwa ein Drittel aller verheirateten Frauen um 1774 im Kindbett stirbt. Es blieb Cornelia keine Zeit, ihre Begabungen auszuleben. Ihre Flucht in die Freiheit ist missglückt und hier zu Ende. Für ihren Bruder beginnt da erst seine große Zeit.

Die Kestners sind derweil sauer. Sie haben mittlerweile den *Werther* eingehend studiert. Goethe hat die Geschichte ihrer Verlobung und Ehe im *Werther* vor aller Welt ausgebreitet, hat Privates öffentlich gemacht! Und wer will das schon?

Zur Michaelismesse 1774 ist der *Werther* auf den Buchmarkt gekommen, jeder kann ihn nun lesen, und jeder weiß darum, dass die Kestners die Vorbilder für Lotte und Albert sind. Sie glauben, sich erklären zu müssen, fühlen sich kompromittiert, und der Erfolg des Romans verdrießt sie gleich doppelt. Sehr genau haben sie das Werk gelesen und kommen zu dem Ergebnis, dass im ersten Romanteil Goethe mit Werther gleichzusetzen ist und er tatsächlich viele Szenen aus ihrem gemeinsamen Zusammentreffen genau wiedergegeben hat. Im zweiten Teil sei das anders. Da sei Werther eher der junge Jerusalem. Außerdem wehrt sich Johann Christian Kestner entschieden dagegen, seine Frau Lotte habe mit Goethe in einem so vertraulichen Verhältnis gestanden, wie im *Werther* dargestellt. Auch über die Darstellung Alberts ist Kestner nicht glücklich – zu kalt sei er gezeichnet.

Sie sind also sehr erzürnt, und Goethe muss Abbitte leisten: „Ich muß euch gleich schreiben meine Lieben, meine Erzürnten, dass mirs vom Herzen komme. Es ist gethan, es ist ausgegeben, verzeiht mir wenn ihr könnt. – Ich will nichts, ich bitte euch, ich will nichts von euch hören, biss der Ausgang bestätigt haben wird dass eure Besorgnisse zu hoch gespannt waren, biss ihr dann auch im Buche selbst das unschuldige Gemisch von Wahrheit und Lüge reiner an eurem Herzen gefühlt haben werdet."

Goethe hat leicht reden, er hat die Kestners vor der Veröffentlichung nicht gefragt, und nun stehen sie vor vollendeter Tatsache. „Als Goethe sein Buch schon hatte drucken lassen, schickte er uns ein Exemplar und meinte wunder, was er für eine Tat getan hatte", beschwert sich daher Johann Christian Kestner bitterlich. Dass Goethe jetzt um Verzeihung bittet, hilft da wenig, wie Kestner richtig erkennt: „Er bereut es jetzt, aber was hilft uns das."

Von Goethes überschwänglicher Begeisterung sind die Kestners meilenweit entfernt. Doch der Masse ist das vorerst egal – sie tobt vor Begeisterung. Und wer würde ohne den *Werther* heute noch von den Kestners reden?

Goethe begeht unterdessen schon den nächsten Vatermord. Nach Wieland ist nun niemand Geringeres als Zeus, der Göttervater selbst, an der Reihe. Schon seit 1772 arbeitet Goethe an einem Werk über Prometheus, den Titanen, der den Göttern das Feuer stahl. Jetzt, im Herbst, ist ein Gedicht fertig, das eigentlich zu einem Gesamtwerk über Prometheus gehören soll, das aber nie vollendet wird.

Es handelt sich um einen Monolog des Prometheus, den dieser wider Zeus richtet und der eines der wichtigsten Gedichte der Weltliteratur werden soll. Eine Hymne des Selbstbewusstseins und der Schöpferkraft – wieder ein Spiegel Goethes:

„Bedecke deinen Himmel, Zeus,
Mit Wolkendunst,
Und übe, dem Knaben gleich,

Der Disteln köpft,
An Eichen dich und Bergeshöhn;
Mußt mir meine Erde
Doch lassen stehn
Und meine Hütte, die du nicht gebaut,
Und meinen Herd,
Um dessen Glut
Du mich beneidest."

Ganz schön dreist ist das: Rabiat greift Prometheus den mächtigen
Göttervater an und redet ihn in Grund und Boden. Neid wirft er
ihm vor. Götterhilfe benötigt dieser Prometheus nicht mehr, der
sich allein auf die eigene Kraft stützt, seine Hütte selbst gebaut
hat. Und schon geht die Beschimpfung weiter:

„Ich kenne nichts Ärmeres
Unter der Sonn als euch, Götter!"

Das ist Rebellion pur. Hier erkennt einer die alten Rechte nicht
mehr an und zertrümmert das Reich der Mächtigen. Freie Rhyth-
men betonen seine Freiheitsliebe und seine emotionale Verstrickung. Rhetorische Fragen verspotten den Göttervater: „Ich dich
ehren? Wofür?" Nein, das ist nicht nötig, das eigene „[h]eilig glühend Herz" war es, das alles erreicht hat. Prometheus ist der Selbsthelfer par excellence. Nun mutiert Prometheus gar selbst zum
Schöpfer, der Menschen nach seinem Bild formt. Selbst das Privi-
leg der Schöpfung macht dieser Jüngling den Göttern also streitig!
Bei so viel Selbstüberzeugtheit wundert es nicht, dass das letzte
Wort der Hymne das Pronomen „ich" ist. Hier steckt alles drin,
was stürmenden Genies wichtig ist: Ausleben radikaler Individualität, Freiheit, Kraft, Tat, Leidenschaft und Sturz der Vaterfiguren.
    War Werthers Rebellion noch eine stillere, wenngleich nicht
minder drastische, so ist dies offene Meuterei. Und dass nicht nur
die griechischen Götter von Goethe gemeint sind, verstehen die

gegenwärtigen Aufklärungsgötter auch schnell, sodass das Gedicht laut seinem Urheber „zum Zündkraut einer Explosion" wird. Noch im Juli 1780 entspinnt sich ein heftiger Streit zwischen Lessing und Friedrich Heinrich Jacobi über die Gottesvorstellung im *Prometheus* anlässlich von Lessings Lektüre des Gedichts.

Wagner siedelt im Herbst endgültig von Gießen nach Frankfurt über. Er arbeitet für einen Professor Thompson, einen Admiralitätsrat. Der Mann behauptet, Kurioses vollbringen zu können: Mittels eines neuen Nürnberger Trichters, so gibt er vor, könne er Schülern die englische Sprache innerhalb von vierzehn Tagen perfekt beibringen. Wagner wird sein Gehilfe, aber offenbar hat sich das System nicht durchgesetzt – es verschwindet in der Unendlichkeit der Kuriositätenkabinette.

Sowieso haben die Stürmer und Dränger ja eine Vorliebe für pädagogische Fragen, Basedow ist dabei ihr großes Vorbild. Auch Wagner fühlt sich berufen und entwirft nun ein „Chronologisches Spiel, zum Gebrauch der Jugend". Offenbar handelte es sich um ein Würfelspiel, um sich die Weltgeschichte besser einprägen zu können.

Neben seinen pädagogischen Versuchen hält sich Wagner mit kleinen schriftstellerischen und journalistischen Arbeiten über Wasser. Für die *Frankfurter Gelehrten Anzeigen* und ihren Herausgeber Deinet fertigt er Rezensionen, Übersetzungen, Gelegenheitsgedichte und aktuelle Artikel an. Vor allem Übersetzungen von Stücken aus anderen Ländern sind gefragt. Wagner überträgt aus dem Französischen – im Jahr 1774 *Die Königskrönung*. Auch aus dem Englischen übersetzt er.

Hätte Lenz den Brief Friedrich Clemens Werthes, den dieser Mitte Oktober an Friedrich Heinrich Jacobi schickt, gekannt, er wäre vermutlich sehr enttäuscht gewesen. Werthes, ein Anhänger Wielands und Mitarbeiter bei dessen *Merkur*, hat auf der Durchreise Lenz in Straßburg einen Besuch abgestattet. Darüber berichtet er Jacobi: „Soweit war ich gekommen, als der Verfasser des ‚Hofmeisters‘, Herr Lenz, so klein und bescheiden in mein Zimmer herein kam [...] Sein Geist mag ein Bruder von Goethes Geist sein, aber für seinen Zwillingsbruder laß' ich ihn [...] nicht [...] gelten. Er ist sein jüngeres Brüderchen. Fleisch von seinem Fleisch und Geist von seinem Geist, nur alles, wie mich dünkt, in kleinere Form gegossen."

Wieder wird Lenz nur als kleiner Bruder Goethes gelten gelassen, wird seine Eigenständigkeit negiert, sein Genie herabgewürdigt!

Endlich, nachdem sie schon das ganze Jahr über Gesprächsthema gewesen war, erscheint im Oktober auch die erste Ausgabe von Johann Georg Jacobis Frauenzeitschrift *Iris*. Benannt ist sie nach der griechischen Göttin Iris, die als Götterbotin auf einem Regenbogen zu den Menschen herabsteigt. Der Regenbogen als Symbol soll deutlich machen: Die *Iris* ist an Frauen unterschiedlichster sozialer Schichten gerichtet, Jacobi will eine breit gefächerte Leserinnenschaft ansprechen, die „Fürstin" ebenso wie die „Garbenbinderinn", „das Landmädchen", „die modische Dame" oder „das phantasierende Mädchen". Das wird natürlich nicht einfach. Entsprechend ist das Themenspektrum der Frauenzeitschrift weit gefächert: In der ersten Ausgabe geht es um die poetische Wahrheit, die Götterlehre und das Leben des Torquato Tasso. Aber auch vor Politik macht die *Iris* nicht halt, nützlich und unterhaltsam will sie sein.

Ganz unrecht hatte Goethe mit seiner Kritik wirklich nicht: Die *Iris* ist in einem sehr blumigen und schmeichlerischen Ton verfasst und reproduziert gerade dadurch doch ein sehr archaisches Frauenbild. Das wird nicht besser dadurch, dass Jacobi verspricht, Müttern und Töchtern Nützliches und Unterhaltsames mitzuteilen, „ohne sie von häuslichen Pflichten abzurufen". Also erst die Hausarbeit, dann die Lektüre der *Iris*! Aber natürlich ist das 1774 ganz selbstverständlich für die Leserinnen, sie stören sich nicht an der Aussage und kaufen die *Iris*, die tatsächlich sehr erfolgreich wird. Bis zu tausend Exemplare gehen von jeder Zeitschrift über die Ladentheke, sodass die Auflage sich mit Schubarts *Deutscher Chronik* messen kann.

Die erste Ausgabe der *Iris* schließt mit dem Gedicht *An ein sterbendes Kind*. Johann Georg Jacobi selbst hat es verfasst und spricht damit ein Frauenthema an, das die meisten Mütter aus eigener Erfahrung kennen. Wir haben ja schon von der hohen Kindersterblichkeit und dem Tod des Lavater-Söhnchens im Juli gehört. Offenbar will Jacobi mit seinem sehr empfindsamen Gedicht Trost spenden und verklärt die harte Realität: Als „neuer Engel", so heißt es in dem Gedicht, lebt das verstorbene Kind fortan mit den anderen Kinderseelen im Paradies, baut mit ihnen „Palmen-Hütten" und darf „zwischen Lilien den Gott der Wonne schauen". Sicher ist Jacobis Absicht gut, aber ob er damit tatsächlich alle Mütter trösten kann?

Bei Herders in Bückeburg kommt ein Wechsel des Verlegerfreunds Hartknoch aus Riga an: 326 Thaler, 22 Groschen, 4 Pfennig. Das freut Herders, die immer Geld brauchen können, sehr. Auch privat geht es ihnen gut: Der kleine Gottfried gedeiht weiterhin großartig, und die Paarbeziehung zwischen Gottfried senior und Karoline ist durch die Geburt des Kleinen eher noch enger geworden. Dennoch sind die alten Probleme, die das Jahr bislang so sauer gemacht haben, nicht verschwunden. Seine diesjährigen Veröffentlichungen bescheren Herder weiter Verdruss, und das Bückeburger Amt ennuyiert ihn täglich mehr, unnütz fühlt er sich. Da ist es schon fatal, wenn keine Post kommt. Umso mehr freuen sich Herders daher, wenn sie in ihrem Nest Briefe ihrer Freunde bekommen. Dann ist der ganze Tag gerettet, denn ein Freundesbrief ist, das gestehen sie sich ein, wie „Othemholen nach Beklemmung".

Wenn Herder in Bückeburg nicht wirklich glücklich ist, so ist es Merck in Darmstadt auch nicht. Zwar haben die beiden den Kontakt abgebrochen, doch ihre Lebenssituation ist gar nicht so unähnlich. Merck lebt mittlerweile völlig zurückgezogen, wie er Sophie La Roche berichtet. Und auch wenn er versucht, eine stille Harmonie heraufzubeschwören und vorgibt, zufrieden zu sein, so klingt aus seinen Worten doch Resignation: „Ich lebe übrigens herzlich gern eingeschränkt und abgesondert, wie ein Mensch, der einen Schatz zu bewahren hat; (so nenne ich den lezten Gram der mir zum Loos wurde) werde alle Tage bedächtlicher, werde von den Menschen weniger gesehen, und also in ihren Augen klüger."

Merck mag seiner Frau ihren Fehltritt verziehen haben, die Darmstädter Gesellschaft lässt die Mercks ihre Verachtung immer noch spüren. So ist die Familie auf sich selbst zurückgeworfen, wie Merck weiter berichtet: „In meinem Hause herrscht Ruhe und Friede, mehr als jemals; meine Kinder genießen schon jetzt, was ich für sie gethan habe. Sie leben ganze Abende in Gesellschaft ihrer Eltern." Zwar mögen die Merck'schen Kinder die Zeit mit den Eltern genießen, aber zwischen den Zeilen heißt dies: Die Mercks nehmen nicht am gesellschaftlichen Leben teil. Merck verbringt seine freie Zeit eher unfreiwillig mit Zeichnen, Spaziergängen und seiner Familie. (Für das Zeichnen hat ihn übrigens Goethe begeistert, der ja selbst ein guter Zeichner ist.) Insgesamt ist das also eine trostlose Situation, die Merck sich da schönredet.

Zu Mercks melancholischer Stimmung passt es auch, dass er sich in seinem Schreiben an Sophie La Roche noch einmal mit der gleichfalls aussichtslosen Lage ihrer Tochter Maximiliane befasst und sie als „arme Märtyrerin" beklagt, für die ebenfalls keine Lösung in Sicht ist. Auch wenn Mercks Äußerung vor dem Hintergrund seiner eigenen trübseligen Stimmung zu verstehen ist, muss es seiner Briefpartnerin doch einen Stich versetzt haben, schließlich hat sie die Tochter in die Frankfurter Ehe mit Brentano gedrängt.

Schubart hat am Ende des Monats mal wieder große Bedenken: „Die politischen Aerzte, die kürzlich den Puls der Madam Europa begriffen haben, schütteln den Kopf". Der Puls ist unruhig, mal rast er, mal schleicht er dahin; wann das Fieber ausbrechen wird, weiß keiner genau zu sagen. Den Aderlass, den die Ärzte vorschlagen würden, sieht Schubart kritisch. Medikamente, die das Fieber bekämpfen, wären ihm lieber. Aber ach, daran denken die Mediziner nicht. Apropos „Fieber": Die Preußen streiten immer noch um Danzig. Das ganze Jahr zieht sich das jetzt schon hin.

Mit dem Bild der kranken Madam Europa ist der Schwabe einmal mehr sehr anschaulich und düster-prophetisch, was seine Leser lieben. An welche Arzneien er denkt, bleibt Schubart allerdings schuldig. Denn trotz der pessimistischen Zukunftsprognosen für das alte Europa und des stürmischen Lobs für das freiheitliche Amerika ist Schubart politisch letztlich konservativ und ein Anhänger der Monarchie. Der Staatsform der Republik traut er nicht über den Weg, hält sie für schwach und nicht durchsetzungsfähig, glaubt, dass sie immer wieder von der Monarchie abgelöst werden wird. Demokratie im Sinne des 21. Jahrhunderts ist ihm suspekt, nach wie vor ist er überzeugt: „Einer sey Herr! sagt Vater Homer, und ich halt's mit ihm."

Vielleicht ist dies auch der Grund, warum letztlich viele Stürmer und Dränger trotz ihrer massiven Kritik an den Vätern, an dem dekadenten Europa mit seiner Gefühlskälte, an der Zensur, an der Gesellschaft insgesamt und an der mangelnden Freiheit sich letztlich in das System einfügen und sich mit ihm arrangieren. Vor dem letzten revolutionären Schritt schrecken sie dann doch zurück; den wird erst im nächsten Jahrhundert das Junge Deutschland gehen.

NOVEMBER 1774

Ein Übermütiger und viele Frustrationen

Im Oktober ist der König von Portugal, Joseph I., verstorben. Das jedenfalls vermeldet Schubart. Im November lässt er ihn dann frisch und gesund wiederauferstehen. Es ist aber auch ärgerlich, dass man sich auf die Berichte nicht verlassen kann, und so seufzt der schwäbische Journalist: „Ist doch nichts verdrießlichers, als immer widerrufen zu müssen." Mit der Schwangerschaft der französischen Königin Marie Antoinette geht es ihm übrigens ebenso. Und so ist es kein Wunder, dass Schubart nach einem halben Jahr *Deutsche Chronik* desillusioniert ist: „Hätte mein Lebtag nicht geglaubt, daß es ein so langweiliges Geschreib ums Zeitungs-schreiben sey, als jetzt, da ich's Handwerk noch kein Jahr treibe."

Um Schubarts Laune steht es zurzeit nicht zum Besten, was er auch offenherzig zugibt, teilt er doch stets seine Stimmungen, positive wie negative, mit seinen Lesern. Also sollen sie auch wissen, was es für eine Arbeit ist, ein solches Blatt ohne Gehilfen oder Redaktion im Hintergrund regelmäßig herauszugeben.

Nicht viel besserer Stimmung ist Herder: Sein „Jammerthal", von dem er seinem Freund Johann Georg Hamann am 14. November klagt, geht vom Oktober direkt in den November über. Seit Juli dauert jetzt schon der unglückliche Streit mit den beiden Berliner Theologen Spalding und Teller: „Die Menschen in Berlin drängen hart an", so empfindet es Herder in seiner sehr einseitigen Sicht-

218

weise. Er sieht das Ganze als Anfechtung des Teufels und hängt die Geschichte damit erst richtig hoch. Von Spalding fordert er nach wie vor vehement seine Briefe zurück und hält den Streit damit am Kochen. Jetzt steht auch noch der Vorwurf im Raum, Herder habe sich mit seinen *Provinzialblättern* für die Professorenstelle in Göttingen profilieren wollen. Herder vermutet Teller als Urheber der Kabale und schimpft ihn einen „boshaften Lotterbuben". Aber er kann nicht mehr verhindern, dass sich die Gerüchte verselbstständigen. Daher klagt er laut und vorwurfsvoll: „P r o v i n c i a l b l ä t t e r kennt hier ein jeder und jeder von der Seite, daß sie contra Teller und Spalding [...] wie vom Reichsgericht geschrieben sind. Sie können glauben, wie mir die Wendung mißfallen würde, wenn eine Consistorial-Dreckseele glaubte, ich hätte geschrieben, um – – –, und das sich verbreitete."

Herders Streit mit Spalding und Teller hat also mittlerweile so weite Kreise gezogen, dass für viele Leser klar ist, dass Herder Spalding und Teller damit treffen wollte. Seine gegenteiligen Beteuerungen dringen da nicht mehr durch. Und nun das neue Gerücht, er habe sich mit den *Provinzialblättern* selbst empfehlen wollen, das Herder gar nicht laut aussprechen will, wie die Auslassungszeichen deutlich machen. Noch hofft er, dass das neue Gerücht unter dem Teppich zu halten sein wird. Für Herder läuft es wirklich nicht gut. Sein Bild in der Öffentlichkeit hat Schaden genommen. Er traut keinem mehr und fürchtet überall neuen Ärger, weshalb er auch Heyne bittet, seinen Brief an ihn zu zerreißen und zu vernichten.

Herders Bibliothek hat sich derweil um eine schöne Quartausgabe des englischen Aufklärungsphilosophen Henry Bollingbroke vermehrt, auf die Herder sehr stolz ist. Daneben finden sich in seinem Fundus Bücher der englischen Dichter Alexander Pope, William Shakespeare und Robert Dodsley. Vor allem die Shakespeare-Verehrung teilt Herder also mit den anderen Stürmern und Drängern, deren Werke er im fernen Bückeburg sehr genau zur Kenntnis nimmt. Nur gelesen hat er sie leider noch nicht alle: Goethes *Clavigo* kennt er, *Die Leiden des jungen Werther* noch nicht. Von Lenz' *Anmerkungen übers Theater* und dessen Shakespeare-Übersetzungen, die Herder ja zu diesem Zeitpunkt noch Goethe zuschreibt, weiß er, hat sie aber auch noch nicht in der Hand gehabt. Ebenso hat er Lenz' Drama *Der neue Menoza* noch nicht gelesen. Wieder lässt sich erkennen, wie schwer es im Jahr 1774 selbst für die Liebhaber der neuen Literatur ist, diese zeitnah zu beschaffen.

Von Boie hat Herder mittlerweile dessen *Musenalmanach* auf das Jahr 1775 erhalten. Hier finden sich die Beiträge des Jahres 1774. Zu Herders Missfallen hat Boie dreizehn Beiträge, die Herder für den *Wandsbecker Boten* geschrieben hatte, in den Almanach übernommen. Urheberrechte sind 1774 eben noch kein Thema, trotzdem missfällt Herder die Veröffentlichung der Artikel im Almanach. Zwei Stücke, die die Chiffre W. tragen, gefallen ihm hingegen ganz besonders. Er schreibt sie Goethe zu, tatsächlich sind sie von Leisewitz. Wie gesagt, die Leser und auch die Hainbrüder wissen nicht, wer sich hinter den Abkürzungen und Pseudonymen im Almanach verbirgt. Aber ob Goethe, Lenz oder Leisewitz, sie alle sind Herder tausendmal lieber als die alten rationalen Aufklärer aus Berlin, und so fragt er Freund Hamann: „Dünkt Ihnen nicht auch, daß die Stücke dieser Art tiefer als der ganze Berlinische Litteratur Geschmack reichen?" Berlin ist zurzeit für Herder ein rotes Tuch.

Regen Anteil nimmt der Bückeburger an dem Entstehen von Lavaters *Physiognomik*, hat er doch im letzten Monat erst seine eigene Silhouette in die Schweiz geschickt. Trotz der Probleme, die ihm seine kritische Feder in diesem Jahr schon eingebracht hat, kann Herder das Kritteln aber nicht lassen: Wieder ist Klopstock das Ziel seines Missfallens. Dessen Beiträge für den neuen *Musenalmanach* hält er für „schwach", und er urteilt missgünstig: „Mich hats immer gedünkt, daß er mehr Lyrisches als Dramatisches oder Episch Genie sei." Herder kann es einfach nicht lassen.

Goethe läuft wieder Schlittschuh. Seine Beschämung den Kestners gegenüber hat nicht lange angehalten. Der Erfolg des *Werther*-
Romans macht ihn schnell wieder übermütig, und so schreibt er
den Kestners schon am 21. November, dabei ganz der alte selbstbewusste Goethe: „O ihr Ungläubigen würd ich ausrufen! Ihr
Kleingläubigen! – Könntet ihr den tausendsten Theil fühlen, was
Werther tausend Herzen ist, ihr würdet die Unkosten nicht
berechnen die ihr dazu hergebt!" Die Kestners müssen also dank-
bar sein, dass Goethe sie im *Werther* verewigt hat. Auch mit Blick
auf sein Publikum, das alles Mögliche in den *Werther* hineindeutet,
ist Goethe nicht zimperlich, bezeichnet gegenüber Kestner seine
Leser und ihre anzüglichen Fantasien als „eine Heerd Schwein".
Eindeutig hat der Frankfurter Dichter wieder Oberwasser.

Die Kestners erkennen resigniert, dass sie dem übermütigen
Goethe nicht lange böse sein können. Aber ein bisschen wollen
sie ihn schon noch zappeln lassen. Und so schreibt Johann Christian Kestner über die Sache mit dem *Werther*: „Aber dennoch bin
ich geneigt, es ihm zu verzeihen; doch soll er es nicht wissen,
damit er sich künftig in acht nimmt." Ob einem Genie solche Er-
ziehungsmethoden beikommen können? Kestner jedenfalls gibt
die Hoffnung nicht auf, Goethe möge sich noch die Hörner absto-
ßen und im Laufe der Zeit etwas ruhiger werden: „Aber wenn sein
großes Feuer ein wenig ausgetobet hat, so werden wir noch Freude an ihm erleben." Tatsächlich wird Kestner recht behalten, aber
es wird noch einige Jahre dauern, bis sich Goethe zum klassischen,
gesetzten Dichter gewandelt hat.

Derweil ist von Gesetztheit nichts zu spüren, das Feuer tobt
noch. Das zeigt sich auch, als Goethe Maximiliane in der Komödie
trifft. Maxes Mann, Brentano, ist auch dabei, und da Goethe ihn
immer noch nicht leiden kann, sprüht er in einem Brief an dessen
Schwiegermutter vor liebenswürdiger Gehässigkeit: Brentano
habe „all seine Freundlichkeit zwischen die spizze Nase und den
spizzen Kiefer zusammengepackt", schreibt er Sophie La Roche am
20. November. Nach wie vor meidet er das Haus der Brentanos –

angesichts von Goethes und Brentanos gegenseitiger Antipathie wohl eine gute Entscheidung.

Neben dem Schlittschuhlaufen widmet sich Goethe im November einem zweiten großen Hobby: der Ölmalerei. Er versucht sich an einigen einfachen Stillleben, doch er will zu schnell zu viel. Schließlich muss er erkennen, dass er Dilettant bleibt.

Besonders eine Leserin ist vom *Werther* tief berührt. Es ist Auguste Louise Gräfin zu Stolberg. Sie ist gerade neunzehn Jahre alt und die Schwester der beiden Stolberg-Brüder Christian und Friedrich Leopold, zwei Hainbündlern. „Gustgen", wie Auguste genannt wird, lebt noch unverheiratet in einem adligen Damenstift. Am 14. November fragt sie Boie, nachdem sie den *Werther* gelesen hat: „Goethe muß ein trefflicher Mann sein! Sagen Sie mir, kennen Sie ihn? Ich möchte ihn wohl kennen." Allerdings ist Gustgen keine völlig unkritische Leserin: Sie merkt an, Goethe hätte doch am Ende klarstellen müssen, dass Werthers Denken falsch sei.

Tatsächlich sucht die junge Frau den Kontakt zu Goethe, und es kommt zu einem langen und vertrauensvollen Briefwechsel, der erst endet, als Goethe in Weimar in Charlotte von Stein eine neue Vertraute findet, mit der er nicht nur in Briefen kommunizieren kann.

Briefe sind für die im Sturm und Drang Vereinten eine gemeinsame öffentliche Sache. Sie werden ausgetauscht, weitergegeben und einander vorgelesen. Nur Herder denkt diesbezüglich etwas anders, wie wir gesehen haben.

Im August hat Lenz' Bruder Johann Christian geschrieben, Lenz antwortet ihm erst drei Monate später, am 7. November. Warum? Er hat den Brief zunächst seinem „zweiten Du" zugeschickt, dem er „durch die Bande der Freundschaft" näher verbunden ist, als dies Blutsbande zu leisten vermöchten. Wer das zweite Du ist? Niemand anders als „Bruder Goethe" in Frankfurt. Vor ihm hat Lenz keine Geheimnisse, mit ihm teilt er alle Gefühle. Aber auch mit Johann Christian verbindet Lenz ein enges Bruderverhältnis, ihn liebt er und in ihm sieht er das einzige Familienmitglied, das ihn versteht. Daher offenbart er ihm auch seine derzeitige Lebenssituation, schildert sein neues, freies Leben: „Ich bin jetzt frei, atme das erstemal dreist aus." Drei Jahre lang hat Lenz eine solche Freiheit nicht gekannt, war nicht sein eigener Herr, sondern an die Barone von Kleist gekettet. Weiter erzählt er: „Jetzt bewohn ich ein klein Zimmer allein, speise täglich an einem Tisch, wo einige meiner Freunde mitessen". Deutlich wird aber auch, dass Lenz sich finanziell nur mühsam über Wasser halten kann. Er lebt mehr recht als schlecht, indem er Deutsch- und Geschichtsstunden für seine Landsleute gibt.

Der Vater im fernen Livland hat kein Verständnis für das Leben des Sohnes. Das verbittert Lenz: Er lässt den Vater grüßen und ihm ausrichten, dass er nichts von ihm erwarte als die Erwiderung seiner Zuneigung, aber statt derer habe er sich „von ihm und Fritzen mit Ruten abpeitschen" lassen müssen. Um Verständnis heischend zählt Lenz in der Folge auf, was von ihm in diesem Jahr veröffentlicht wurde: *Lustspiele nach dem Plautus*, *Der Hofmeister*, *Der neue Menoza* und die *Anmerkungen über Theater*. Er schlägt dem Bruder vor, sich die letzten drei Stücke binden zu lassen, denn er ist unverkennbar stolz auf das, was er in diesem Jahr geleistet hat. Und für Ostern im kommenden Jahr kündigt er schon wieder ein neues Stück an. Auch eine theologische Schrift will er veröffentlichen. Doch vergeblich wird Lenz hierfür auf ein väterliches Lob warten.

Und die Frustrationen nehmen für Lenz kein Ende. Immer wieder werden seine Werke für Werke Goethes gehalten. Sogar Herder, der den Stürmern und Drängern nahe ist und in engem Kontakt zu ihnen steht, schreibt im November noch die *Anmerkungen übers Theater* dem Frankfurter zu. Genauso machen es die *Gothaischen gelehrten Zeitungen*. Wir haben es gesehen: Mit allen

Werken von Lenz in diesem Jahr ist es so gegangen. Erst werden sie für Werke Goethes gehalten, dann stellt sich nach und nach heraus, dass Lenz der Autor ist. Umgekehrt passiert das aber nicht.

Herder bemerkt übrigens sehr treffend Lenz' großes Talent und erkennt, dass Goethe mit Lenz einen „Nebenbuhler seiner Laufbahn" habe. Hier deutet sich eine aufkommende Konkurrenz zwischen den beiden Genies an, die ihre Mitstreiter offenbar bereits vor ihnen selbst gesehen haben. Vielleicht entstehen schon jetzt erste unbewusste Risse einer Freundschaft, die Lenz und Goethe selbst noch gar nicht wahrnehmen.

Am 2. November erteilt der Augsburger Rat Schubart angesichts seiner Jesuitenschelte einen Verweis. Aber der schwäbische Journalist macht unbeirrt weiter, befürchtet, der „Pöbel" wolle einen jesuitenfreundlichen Papst, und zieht dagegen zu Felde. Denn überall sieht er seit dem Tod des Papstes die Jesuiten wieder ihre alte Macht restituieren. Ganz schlimm ist es in Mainz, das haben wir ja bereits gehört. Dort, so Schubart, würden nicht nur die Schulen nach den Plänen der Jesuiten umgestaltet, die Jesuiten selbst würden auch wieder als Prediger auftreten. In Köln sei es ähnlich. Das Klima in Augsburg wird für Schubart zunehmend rauer: Der jesuitische Dompropst Alois Merz greift ihn von der Kanzel herab an, und die Gymnasiasten des Jesuitengymnasiums St. Salvator lauern ihm sogar auf. Nachts müssen Freunde Schubart begleiten und vor den Jesuitenschülern schützen, die auch Steine durchs Fenster hereinwerfen. Sein Sohn erinnert sich später, dass die Familie deswegen unter den Betten nächtigen musste.

Ein Journalistenleben ist durchaus gefährlich, wenn nicht gar lebensbedrohlich. Gerne vermeldet Schubart angesichts seiner Probleme daher die Nachricht, dass die Stadt Lissabon dem verstorbenen Papst wegen seines Jesuitenverbots eine Ehrensäule errichtet. Das findet er gut. Als Schubart nicht aufhört, gegen die

Jesuiten zu wettern, wird er im Februar 1775 verhaftet – noch am selben Tag muss er die Stadt räumen. Er zieht nach Ulm.

Angesichts der zunehmenden Unfreiheiten träumt Schubart – wie zum Trost – wieder einmal von der Freiheit und schreibt ein Märchen über sie, das er am 10. November in der *Chronik* veröffentlicht. Darin tritt die Freiheit als Göttin auf, die sich darüber wundert, dass die „Opferwolken von der Unterwelt so sparsam" zu ihr emporsteigen. Sie fragt sich, wo die Altäre von ehedem geblieben sind, und beschließt kurzerhand, selbst auf der Erde nachzusehen. Ihre Schwestern, die Gerechtigkeit und die Tugend, nimmt die Göttin mit auf die Reise. Erste Reisestation sind die Höfe der Großen. Doch Tempel und Altäre für die Freiheit finden die drei Reisenden hier keine. Was sie hingegen finden, sind „Pagodenköpfe, die die Göttinn kaum dem Nahmen nach kannten". Wegen ihrer Schönheit hätte sie hier und da Chancen als Mätresse am Hof eines Herrschers gehabt, doch darauf verzichtet die Göttin lieber. Und, o Unglück, auch auf der anderen Seite, beim Pöbel, wird sie nicht fündig. Zwar schreien die Massen nach Freiheit, meinen aber nicht die liebreiche Göttin, sondern Chaos, Terror und Anarchie: „Parteygeist ------ Ansehen einzelner Familien ------- niedergedrückte Rechte der Menschheit -------- Braminengift ------- ---------" Schubarts Gedankenstriche werden immer zahlreicher, der Leser muss sich denken, was der Autor nicht weiterzuschreiben wagt. Häufig greift er zu diesem Mittel der Auslassung, um deutlich zu werden und die Zensoren auszutricksen. Die Gedanken sind schließlich frei. Die Göttin jedenfalls kehrt dem alten Europa den Rücken zu und beschließt, sich in Boston niederzulassen. Schubart setzt große Hoffnung in das neue Amerika.

Am 9. November leiht Ludwig Christoph Hölty, der bei den Hainbündlern den Bardennamen „Haining" trägt, in der Göttinger Bibliothek ein Buch aus. Was daran besonders ist? Auf der Rück-

seite des Leihscheins notiert er eine zweistrophige Ode, die Anweisungen für die Freunde nach seinem Tod enthält:

„Ihr Freunde hänget, wann ich gestorben bin,
Die kleine Harfe hinter dem Altar auf,
Wo an der Wand die Totenkränze
Manches verstorbenen Mädchens schimmern."

Das klingt pessimistisch? Klingt so, ist es aber nicht. Voß wird die Ode erst 1783 veröffentlichen und noch um eine dritte Strophe ergänzen. Da ist Hölty schon lange tot. Zeit seines Lebens ist er lungenkrank. Vielleicht ahnt er seinen frühen Tod 1774 schon, denn Anfang 1775 wird sich sein Leiden verschlimmern, keine Kur hilft mehr, und er stirbt 1776 in Hannover.

Hölty ist übrigens, wie die anderen Hainbündler auch, gerne und oft zu Gast im benachbarten Münden im Haus des Konrektors Johann Conrad von Einem. Eigentlich geht es Hölty weniger um den reimenden Konrektor als um Charlotte, seine Tochter, die ebenfalls die Poesie liebt. Sie hat es Hölty angetan, aber aufgrund seiner Erkrankung bleibt Lotte ein Traum für ihn. Wie es der Zufall will, ist Charlotte von Einem eine enge Freundin von Lotte Kestner, Goethes Lotte, die ja seit ihrer Heirat ebenfalls in Hannover lebt. Und wieder schließt sich ein literarischer Kreis: Charlotte von Einem erinnert sich an Hölty später als „in dem allerhäßlichsten Körper die schönste Engelseele". Für den Bund ist Hölty unsagbar wichtig. Sogar Feinde des Bundes wie Lichtenberg zollen ihm Respekt.

Lesen ist gefährlich!

Für Lenz endet das Jahr mit einer Enttäuschung. Er bekommt bestätigt, dass Cleophe seine Gefühle nie erwidert hat und weiterhin treu zu ihrem fernen Baron von Kleist steht. Am 4. Dezember schreibt sie Lenz ins Stammbuch:

> „Auf ihr Begehren schreib ich drein,
> Doch nicht wie sie sich bilden ein.
> Weil es zu frey gewagt
> Was sie vorgestern mir gesagt.
> Wo bleibt die treu vor ihrem Freund,
> Der es so gut mit ihn gemeind
> So wirt die treu belohndt
> So aber denck ich nicht,
> Biß daß mein Freund sie selbstens bricht.
>   von einer ungenannden
>   doch wohl bekanden Freundin"

Cleophe wirft Lenz hier vor, seinem früheren Dienstherren und Freund, dem Baron von Kleist, untreu geworden zu sein. Ihre eigene Weste hält sie offenbar für blütenrein. Sie hofft noch immer auf die Rückkehr des Barons. Erst im Laufe des folgenden Jahres wird diese Hoffnung sich immer mehr verflüchtigen. Er jedenfalls war ihr nicht treu. Lenz seinerseits verarbeitet die Affäre literarisch:

Um den Jahreswechsel 1774/75 entsteht sein wichtigstes Drama, *Die Soldaten*.

Im Drama heißt Cleophe „Mariane" und ist die Tochter des Galanteriewarenhändlers Wesener aus Lille. Sie, die Bürgerstochter, lässt sich gegen den Willen ihres Vaters von dem Adligen Desportes in die Komödie einladen und beschenken. Ihren bürgerlichen Verehrer, den Tuchhändler Stolzius, serviert Mariane ab. Währenddessen führt Lenz die Welt des Militärs und der Offiziere vor: Derb und gewalttätig geht es hier zu, Späße auf Kosten anderer werden getrieben, und kaltblütig beobachten die Soldaten das sich anbahnende Unglück Marianes. Über Stolzius und sein Liebesleid machen sie sich lustig. Dann kommt der Schock: Desportes hat sich aus dem Staub gemacht, hohe Schulden hinterlassen und Mariane sitzen lassen. Um das Gerede in der Stadt zum Verstummen zu bringen, bürgt Marianes Vater für die Schulden des Adligen. Mariane aber hat nichts aus dem Vorfall gelernt, ihre Hoffnungen auf einen sozialen Aufstieg immer noch nicht aufgegeben und bändelt nun mit einem zweiten Adligen, einem Freund Desportes', an. Pferd und Cabriolet sind für Mariane triftige Gründe, den Offizier Mary nicht abzuweisen. Desportes schreibt währenddessen schmierige Briefe, um die Rückzahlung seiner Schulden hinauszuschieben. Ihm wäre es recht, Mariane würde ihn über Mary vergessen.

Jetzt kommt auch noch eine Gräfin La Roche ins Spiel, deren Vorbild unzweifelhaft Sophie La Roche abgegeben hat. Sie weiß, dass mit Mariane ein übles Spiel getrieben wurde, und will sich des Mädchens annehmen. Aber auch die Gräfin denkt nicht daran, grundsätzlich am System etwas zu ändern; sie glaubt, Marianes Schuld darin zu sehen, dass sie sich über die Standesgrenzen hinwegsetzen wollte. Die Frau ist also schuld, nicht der adlige Mann.

Das Drama strebt der Katastrophe zu. Stolzius hat sich derweil, als Soldat verkleidet, bei den adligen Militärs eingeschlichen. Mariane verschwindet und bleibt unauffindbar; sie will zu Desportes, der ihr seinen Jäger auf den Hals hetzt, um sie zu vergewaltigen. Wesener bricht auf, um seine Tochter zu suchen, die hungernd und allein unter die Bettler gefallen ist. Jetzt ist Stolzius' Stunde gekommen: Er, der Betrogene und einfache Bürger, wird zum großen Selbsthelfer und will Mariane rächen. Er serviert Desportes vergiftetes Essen und ermordet ihn. Mary will daraufhin Stolzius mit dem Schwert töten, doch dieser hat sich bereits selbst vergiftet und stirbt kurz darauf von eigener Hand.

Für Mariane gibt es noch ein kleines Happy End: Sie wird in erbarmungswürdigem Zustand von ihrem Vater gefunden, der sie glücklich an sich reißt. Dennoch bleibt ihr nur das Beginentum, d.h. als alleinstehende Frau allein oder mit anderen alleinstehenden Frauen ein zurückgezogenes, frommes und tugendhaftes Leben zu führen. Abschließend räsonnieren die Gräfin La Roche und ein Obrist von Spannheim darüber, wie solche Auswüchse im Soldatenwesen zu verhindern seien. Sie verfallen auf die Idee, besoldete Konkubinen, quasi Prostituierte, einzustellen, die sich für Geld den Soldaten hingeben und ihnen in den Krieg folgen würden. So, glauben sie, würden die ehrbaren Frauen geschützt.

Das ist vielleicht doch eine recht naive Lösung, die Lenz seinen Figuren da in den Mund legt. Aber er ergreift in seinem Drama, nachdem er die Geschichte mit Cleophe aus nächster Nähe beobachtet hat, Partei für die verführte Frau. Lenz prangert nämlich an, dass der Staat den adligen Offizieren ein solches Verhalten einfach durchgehen lässt. Die Frauen werden geopfert, um an dem Ständegedanken nicht sägen zu müssen. Ihr Leben ist verpfuscht. Die adligen Männer hingegen können nach wie vor heiraten und kommen ungeschoren davon. Für das Jahr 1774 vertritt Jakob Michael Reinhold Lenz hier eine erstaunlich feministische Sichtweise, die zugleich für eine radikale Demokratisierung der Gesellschaft eintritt.

Für Lenz' *Hofmeister* macht Schubart im Dezember noch einmal kräftig Werbung. Dass Lenz mit der Hofmeister-Problematik auf ein veritables Problem hingewiesen hat, wird daran deutlich, dass in Frankreich erstmals ein Seminar zur Ausbildung von Hofmeistern eingerichtet wird. Schubart unterstützt diesen Vorschlag ausdrücklich, wenn er schreibt, der französische König habe eingesehen, „welche schädliche Einflüsse die elende Hofmeister-Erziehung bisher auf den ganzen Staat hatte". Nun, Lenz hat es zur Genüge vorgeführt. Und auch Schubart schildert das Hofmeister-Dasein in den dunkelsten Farben:

> „Ich hab' es gesehen, welchen elenden Leuten unser Adel seine Kinder zur Erziehung anvertraut. Der Kerl darf nur eine Dratpuppe seyn, in modischen Kleidern stolzieren, ein gut gekräuseltes Haar haben, dem Unsinn seines gnädigen Patronen zu nicken, der gnädigen Frau am Putztisch ein Feenmär'chen Vorlesen, und mit ihrer Kammerjungfer vertraut seyn; so ist er der beste Hofmeister von der Welt."

Wer fühlt sich bei dieser Beschreibung nicht an Läuffer erinnert, der bei den von Bergs herumkommandiert wird? Aber ob hier ein Hofmeister-Seminar Abhilfe schaffen kann? Denn letztlich ist es nicht allein die mangelhafte Ausbildung der Hofmeister, die zu diesen Auswüchsen führt, sondern die Rolle, die der Adel ihnen zuschreibt. Die Hofmeister werden so, wie die adligen Herren erwarten, dass sie zu sein haben. Das verkennt Schubart in seiner obigen Replik. Lenz wird hier deutlicher. Oder Schubart hat sich nicht getraut, deutlicher zu werden, denn „Hunger, Schmach, öffentliche Schande erwarten den, der's wagt, frey von der Brust zu schreiben". Immer wieder blickt Schubart daher neidvoll nach England, wo die Journalisten Sachen sagen und schreiben dürfen, die deutsche Schreiber nicht einmal zu denken wagen.

Daher wird der Schwabe immer wieder zum Fabelerzähler, um seinen Unmut über Deutschland zu artikulieren. Jetzt zum Beispiel erzählt er von einem Löwen, dem König der Tiere, der gestorben ist. Der Fuchs als Trauerredner lobt den Verstorbenen über den grünen Klee, seine „Thierliebe war die Stütze seines Throns". Das hört der Luchs und findet, der Kerl lüge. Tatsächlich habe der Thron des Löwen aus den Knochen zerrissener Tiere bestanden, der Löwe habe eine Schreckensherrschaft ausgeübt, sodass viele Tiere zur Flucht gezwungen gewesen seien. Daraufhin wundert sich der Hund, warum sich der Luchs aufrege, und antwortet: „Man siehts wohl, bist noch niemal unter den Menschen gewesen." – Das ist Schubarts Weg, die Mächtigen und Herrschenden trotz Zensur zu kritisieren. Und wer würde behaupten, dass die Fabel heute ihre Wahrheit völlig verloren habe?

Natürlich darf Schubart, der seinen Lesern in der *Chronik* ja alle literarischen Neuerscheinungen sofort verkündet, nicht versäumen, ihnen auch den *Werther* vorzustellen. Am 5. Dezember bejubelt er enthusiastisch Goethes neuestes Werk: „Da sitz ich mit zerfloßnem Herzen, mit klopfender Brust und mit Augen, aus welchen wolllüstiger Schmerz tröpfelt, und sag dir, Leser, daß ich eben die *Leiden des jungen Werthers* von meinem lieben *Goethe* – gelesen? – nein, verschlungen habe." Schubarts ekstatisches Leseerlebnis lässt erahnen, in welchen Taumel der Roman seine Leserinnen und Leser versetzen konnte. Werther gilt ihm als ein „Jüngling, voll Lebenskraft, Empfindung, Sympathie, Genie, so wie ungefähr Goethe [...]". Sofort erkennt der Insider also die autobiografischen Bezüge der Romanfigur zu ihrem Schöpfer. Und gerade die überwältigende Sympathie der Leserschaft für den Selbstmörder Werther ruft die christlichen Moralisten auf den Plan, die den verderblichen Einfluss des Romans beklagen. Ihnen tritt Schubart vehement entgegen: Er sieht Werther als Einzelfall, von einem Genie aus der Masse emporgehoben und nicht zur Nachahmung empfohlen. Daher kann Schubart dem Leser nur ans Herz legen: „Kauf's Buch und lies selbst! Nimm aber dein Herz mit!"

Schubart verhilft hier dem Sturm und Drang in Süddeutschland zum Durchbruch und fördert das Lesen aller Schichten. Damit unterstützt er die Bildung in Deutschland ungemein.

Zugleich ist Schubart zu verdanken, dass er ein Problem anspricht, mit dem alle Dichter des 18. Jahrhunderts zu kämpfen haben, wenn sie ein populäres Werk verfasst haben: das Problem der willkürlichen Nachdrucke. Auch Lavater hat es schon während seiner Rheinreise in Gesprächen beschäftigt, denn alle populären Autoren kämpfen damit, dass ihre Werke willkürlich abgekupfert und neu gedruckt werden, um Geld zu machen. „Alles wird brühwarm nachgedruckt", beschwert sich auch Johann Deinet, der Herausgeber der *Frankfurter Gelehrten Anzeigen*. Es gibt 1774 noch kein Copyright, noch kein geistiges Eigentum, und so werden Klopstocks *Gelehrtenrepublik*, Goethes *Götz von Berlichingen* und vor allem sein *Werther* munter nachgedruckt. Je erfolgreicher ein Werk ist, desto gefährdeter ist es. Dabei nehmen die Buchdrucker keine Rücksicht auf schlechtes Papier, miserable Druckqualität oder katastrophale Druckfehler – Hauptsache, die Kasse stimmt. Den *Werther* gibt es schon für 30 Kreuzer im Nachdruck.

Schubart lässt nun in seiner *Chronik* einen Gelehrten, also einen der geschädigten Autoren, und einen Buchhändler in einem fiktiven Gespräch zu Wort kommen. Das Unrecht wird deutlich angeprangert, denn Schubart sieht sehr wohl, dass hier das geistige Eigentum eines Schriftstellers gestohlen, auch noch verstümmelt und verfälscht wird. Der Autor muss mit den abscheulichsten Druckfehlern in den unautorisierten Werken leben! Auch dem ursprünglichen Verleger, der den Autor bezahlt hat, entsteht durch diese unberechtigten Nachdrucke großer Schaden. Doch es gibt keine rechtliche Handhabe, und so kann Schubart nur laut anprangern.

Schubart wäre nicht Schubart, wenn er nach dem Jesuitenärger nicht schon wieder einen neuen Feldzug ins Auge gefasst hätte. Es geht um den Exorzisten Johann Joseph Gaßner. Der behauptet, dass an vielen Erkrankungen der Teufel schuld sei – dies auch 1774 ein extrem absonderlicher Gedanke! Exorzismen, also Teufelsaus-

treibungen, sollen – so Gaßner, der ehemalige Pfarrer von Klösterle – für Heilungen sorgen. Der Fürstbischof Antonius Ignatius
ist am Erblinden und erhofft sich nun Hilfe von dem Exorzisten
Gaßner. Deshalb holt er ihn als Hofkaplan nach Ellwangen. Schubart kennt Antonius Ignatius, er war einmal sein Mäzen. Wenn
schon ein Fürstbischof auf den Wunderheiler schwört, so denken
die Menschen, dann müssen die Geschichten über ihn stimmen,
und sie pilgern in Massen nach Ellwangen: Katholiken wie Protestanten strömen zu ihm!

Schubart, der aufklärerisch denkt, ist dies ein Dorn im Auge.
Er glaubt, die Menschen werden verschaukelt. Hinzu kommt, dass
gerade die Jesuiten Gaßner verteidigen. Und so fällt Schubarts
Schmähung des ehemaligen Pfarrers am 12. Dezember in der *Deutschen Chronik* hart aus: „Der Pfarrer zu Klösterle, Gaßner, fährt
fort, den dummen Schwabenpöbel zu blenden. Er heilt Höcker,
Kröpfe, Epilepsien – nicht durch Arzneien, sondern bloß durchs
Auflegen seiner hochpriesterlichen Hand." Jetzt hat er auch noch
ein Buch herausgegeben, wie man dem Teufel widerstehen soll,
so Schubart weiter. Dem Aberglauben setzt der *Chronik*-Schreiber
Ironie und Vernunft entgegen. Seine Schwaben, die diese „Narr-
heiten" glauben, will er von Teufels-, Hexen-, Geister- und Gespens-
terglauben heilen und ihnen Rousseau, Hume und Voltaire, die
großen Aufklärungsphilosophen, näherbringen. Allein: Die Schwaben lieben ihre Geister und stehen zu ihrem Exorzisten Gaßner,
dessen Anhänger Schubart nun wüst beschimpfen. Auch der Teufelsaustreiber selbst wütet gegen Schubart und andere Kritiker,
was der aufgeklärte Journalist jedoch humorvoll nimmt: „Dem
guten Manne ist der Exorcismus so geläufig, daß er Hr. Kohlen-
brenner, mich, und den Ulmer Zeitungsschreiber auch exorciren
will. Wer gerne Ausfälle auf mich liest, der kann hier mit Vergnügen sehen, wie der Hochwürdige Pater Gaßner schäumt und
rumort."

Tief trifft es Schubart allerdings, dass ausgerechnet der verehrte Lavater sich für Gaßner interessiert und sich anschickt, diesen

zu verteidigen – wir haben ja bereits von Lavaters Schwäche für Geistheiler, Wundertäter und Teufelsaustreiber gehört. Doch nachtragend ist Schubart keineswegs: In seiner *Chronik*-Ausgabe vom 22. Dezember empfiehlt er seinen Lesern die in Frankfurt gerade eben verlegten Predigten Lavaters mit warmen Worten: „Ich gesteh es noch einmal, daß es hören kann, wer mich liest, keinen evangelischern, christlichern, innigern, wärmern Prediger für mein Herz kennt ich nicht als diesen. Welcher Lebensgeist! Welche daurende Wärme!"

Mit seinen Ausrufen der Verehrung reiht sich Schubart in die Lavater-Begeisterung der anderen Stürmer und Dränger ein. Auch wenn er vor sich und seinen Lesern einräumt, dass nicht die Vernunft, sondern das Herz die Predigten Lavaters bestimmt, so gesteht er dies dem Schweizer doch gerne zu. Dass dieser Gaßner verteidigt, steht aber wieder auf einem anderen Blatt.

Ums Lesen und um den *Werther* geht es auch in der dritten Ausgabe der *Iris,* die im Dezember erscheint. „Weswegen soll ein Frauenzimmer lesen? Eine Tochter, eine Frau von Stande? Ohne Zweifel für ihr Herz, ihren Geist, für ihre Glückseligkeit, die Glückseligkeit ihres Gemahls und ihrer Kinder. Will und kann sie das?" Dieser Frage spürt Johann Georg Jacobis *Iris* nun nach, und die Worte aus der *Iris* zeigen es: Hier werden keine geringen Ansprüche an das Lesen gestellt. Gerade eben haben wir schon gehört, dass das Lesen, insbesondere das Lesen von Romanen, im 18. Jahrhundert als gefährlich galt. Schnell geistert der Vorwurf der Lesesucht durch den Raum, der vor allem das weibliche Geschlecht zu einem Lotterleben verführe und es alle Pflichten des Alltags vergessen lasse. Aber man bemerke: Um weibliche Bildung geht es beim Lesen eher nicht.

Dass Lesen heikel und gefährlich sein kann, davon geht auch Jacobis *Iris* aus, wenn sie unter dem Titel *Frauenzimmer-Bibliothek* versucht, eine Empfehlung zu finden für das, was Frauen lesen sollten. Fast schon demütig erläutert der Verfasser sein Vorhaben: „Eine Bibliothek für Sie zu sammeln, meine Damen, unter den Augen Ihrer Mütter, Väter Geliebten; vor den mißtrauischen Blicken der Heiligen und Unheiligen, ist ein gefährliches Unternehmen. Schüchtern wag ich mich daran." Eine Frauenzimmer-Bibliothek ist also ein riskantes Unternehmen? Tatsächlich wird die Frau 1774 noch nicht als selbstständige Leserin gesehen. Ihre Familie, ihr Ehemann, sogar die Heiligen werden ins Felde geführt, um weibliches Lesen kritisch zu begleiten.

Da die Frauenzimmer-Bibliothek also so ein gefährliches Unternehmen ist, beginnt die *Iris,* sich der Thematik erst einmal weitschweifig zu nähern, und entwirft eine Art Lese-Biografie. Man stelle sich ein vierzehnjähriges Mädchen vor: Fast bedrohlich wirkt es, wenn Jacobi die verheerenden Folgen ausmalt, die eine falsche Lektüre auf die Empfindungen des jungen Herzens haben könnte: „Ein rauhes Lüftchen kann sie abschütteln, eine heiße Sonne versengen, ein wenig Kälte, ein kleiner Mehltau so ganz tödten, daß sie nie zu Früchten wachsen können." Angesichts solcher Aussichten wird einem angst und bange, ein Buch in die Hand zu nehmen: Das Buch als Waffe, die töten kann! Wer würde heute einem Buch noch eine solche Macht zuschreiben?

Und Jacobi schürt die Angst noch weiter, wenn er die Mütter bittet, sich zurückzuerinnern an die Zeit, „als eine Menge schöner Herren sich täglich um Sie versammelte, die die Reize Ihrer aufblühenden Schönheit anbeteten, und Ihr Herz in dieser und jener Absicht zu gewinnen, oder Ihre unerfahrne Jugend zu verführen, sich äußerst angelegen seyn ließen; was lasen Sie da, in diesem gefährlichen Zustand am liebsten? Gewiß Romane und vermuthlich nicht die besten." Auch wenn die Leserin hier noch so umschmeichelt wird, man traut ihr kein eigenständiges Urteil zu – nicht in Bezug auf Bücher und nicht in Bezug auf Männer. Daher warnt die *Iris* eindringlich: „Lassen Sie Ihren [sic!] Töchtern doch ia keine so gefährlichen Schriften lesen." Schon wieder das Wort „Gefahr".

Was also sollen junge Leserinnen dann überhaupt lesen? Tatsächlich gesteht der Autor des Artikels ein, dass keine große Auswahl an lesbaren Schriften übrig bleibt. Die einzigen Werke, die für annehmbar gehalten werden, sind Shakespeares *Hamlet*, *Macbeth* und *Othello*. Frühestens zur Hochzeit dürfen die Genies gelesen werden. Letztlich, so ein Fazit, solle die junge Frau gar nicht so viel lesen, vielmehr solle es das Ziel der Erziehung sein, „das Gefühl des Lebens in der Natur in dem iungen Herzen zu erwecken". Mit den drei Begriffen „Gefühl", „Natur" und „Herz" fallen in einem Satz die Schlüsselworte des Sturm und Drang.

Ob die Empfehlungen Johann Georg Jacobis bezüglich Shakespeare und Natur und seine Verdammung der falschen Romane nicht doch eher dem eigenen Lesegeschmack geschuldet sind? Fast scheint es so, wenn er diese Werke wiederholt verteufelt: „Die Bücher der andern sind nicht selten gefährlich, so schön sie auch geschrieben seyn mögen. Sie bringen unnatürliche Empfindungen ins Herz, und falsche Gedanken in die Seele, und können dadurch den Unerfahrnen, der ihnen traut, und sich ihnen überläßt, sehr unglücklich machen." Eine Bibliothek zu erstellen, Lektüre-Empfehlungen zu geben, dieser Versuch also misslingt. Jacobi kann nur raten, erst das Herz zu bilden. Und erst wenn das geschehen sei und das Lesen das Herz nicht mehr verderben könne, dann dürfe die reife Dame richtig lesen. Was sie dann aber lesen soll, weiß sie immer noch nicht, Jacobi übrigens auch nicht. Er vertröstet sie auf die nächste Ausgabe der *Iris* – Fortsetzung folgt.

Ein Roman, den die *Iris* im Gegensatz zu so vielen anderen nicht für gefährlich hält, ist Goethes *Werther*. Ihn lobt die Zeitschrift, die den Leserinnen jedes neu herausgekommene Buch vorstellen will, das die Redaktion für wichtig und lesenswert erachtet, über die Maßen. Ja, in eine wahre Jubelhymne bricht der Rezensent aus: „Wer gefühlt hat, und fühlt, was Werther fühlte, dem verschwinden die Gedanken, wie leichte Nebel vor Sonnenfeuer, wenn er's bloß anzeigen soll. Das Herz ist einem so voll davon, und der ganze Kopf ein Gefühl von Thräne."

Interessant also, dass es 1774 sehr unterschiedliche Meinungen gibt, welche Romane gefährlich und welche lesenswert sind. Die empfindsam-gefühlvollen Rezensenten und die rational-vernunftbetonten divergieren hier sehr. Und der arme Leser? Er muss selbst entscheiden, was er lesen will.

Auch für Heinrich Leopold Wagner endet das Jahr mit einem Ärgernis: Er wird verwechselt mit dem Marburger Dichter Henrich Leopold Wagner, den er einen „Pasquillenmacher" schimpft. Auf keinen Fall aber möchte Wagner, dass seine Dichtungen mit denen des anderen Wagner verwechselt werden, die er ganz abscheulich findet. Außerdem will er nicht für den anderen Wagner ins Gefängnis gehen, da dieser öffentlich an den Pranger gestellt wird. Daher sieht er keine andere Möglichkeit, als sich am 16. Dezember mit einer „Nachricht an das Publikum" zu wenden, um die Verwechslung deutlich zu machen.

Boie geht es am Jahresende ebenfalls nicht rosig. Geldsorgen plagen ihn. In einem Brief an seinen Bruder Reinhold denkt er darüber nach, seine Bibliothek zu verkaufen, die er auf der Sommerreise vergrößert und angereichert hat. Viele englische Bücher besitzt er und taxiert den Wert seiner Bibliothek auf nahezu 1000 Taler. Auch überlegt Boie, seine Kupferstiche, die er leidenschaftlich sammelt, zu veräußern. Seines Hofmeisterlebens ist er überdrüssig. Immer wieder muss er für seine englischen Schützlinge in Vorlage treten, um das geliehene Geld dann nur nach viel Ärger und langem Warten zurückzubekommen – und manchmal auch gar nicht. Von Vaughan, von dem er sich 1775 trennt, hat Boie noch vier Jahre später, 1779, Geld zu bekommen. Ein weiterer Grund für Boies Verdruss: Vom Bund sind in diesem Winter nur noch drei Mitglieder in Göttingen übrig: Boie, Voß und Hahn. Alle anderen hat es weggezogen, der Bund ist quasi Geschichte.

Und dann bekommt Boie auch noch einen Brief von seinem Dichterfreund Gottfried August Bürger, in dem dieser ihm vorjammert: „Liebster Freund, machen Sie doch, daß ich der Literatur nicht ganz absterbe. Was habe ich nun schon alle nicht gelesen! Clavigo, der Hofmeister, der neue Menoza, das Puppenspiel, die Lyrische Blumenlese u.s.w. sind Dinge, die ich nur dem Nahmen nach kenne [...]“.

Obwohl Bürger, der gerade im niedersächsischen Niedeck sitzt, selbst Dichter ist und die Stürmer und Dränger verehrt, kommt er nicht an ihre Werke heran. 1774 kann man eben nicht in jeder Buchhandlung jedes gewünschte Buch erwerben. Daher muss Heinrich Christian Boie seinen Freund Gottfried August Bürger auch enttäuschen: Zwar besitzt er selbst all die Bücher, die Bürger so gerne lesen möchte, aber er kann sie ihm nicht schicken. Denn anderen Lesern geht es wie Bürger, und so hat Boie all die gefragten Werke der Stürmer und Dränger verliehen. Sie zirkulieren umher, und Boie bilanziert: „Clavigo, Werther, Menoza, der Hofmeister, alle wandern herum in der Weiber Händen, worin ich meine Bücher nicht gern kommen laße, und ich werde sie vielleicht nie wiedersehn.“

Dreierlei zeigt Boies Antwort auf. Zum Ersten: Die vier genannten Werke haben die Literaturszene des Jahres 1774 und darüber hinaus geprägt und teils revolutioniert, ja, sie haben eine neue Gedankenwelt eröffnet, weshalb diese neue Literatur reißenden Absatz findet. Zweitens wird in Boies Worten deutlich, dass vor allem weibliche Leserinnen die Literatur des Sturm und Drang lieben. Drittens werden die Frauen, obwohl sie einen wesentlichen Teil des Publikums ausmachen, im Alltag auch von den jungen Wilden, wie hier von Boie, immer wieder abqualifiziert. Das Problem, dass verliehene Bücher nicht zurückgegeben wurden, war sicherlich kein rein weibliches. In den kommenden Jahren werden sich weibliche Leserinnen emanzipieren müssen.

Auch für Merck in Darmstadt neigt sich zum Glück das für ihn unselige Jahr 1774 dem Ende entgegen. Seinen Verlag wird er, nachdem er noch eine Ossian-Ausgabe herausgegeben hat, zum Jahresende einstellen. Die lange Russlandreise hat dem Verlag fiskalisch geschadet, und trotz des Erfolgs des *Götz* endet das Unternehmen mit Verlusten.

Da gibt es ganz kurz vor Schluss noch einmal einen kleinen Lichtschimmer, denn Merck bekommt Post – und zwar von niemand Geringerem als dem jungen weimarischen Herzog Carl August, der sich in Luise von Hessen-Darmstadt verliebt hat. Merck darf sich geehrt fühlen, des Herzogs Ansprechpartner in Darmstadt zu sein. Schon am 19. Dezember kommt es zur Verlobung.

Ebenso wie für seinen Freund-Feind Merck war das Jahr 1774 auch für Johann Gottfried Herder kein rundum glückliches. Zwar ist er Vater geworden, aber Ärger gab es nicht wenig. Und Herder ist gut darin, neuen Ärger anzufachen. An seinen bisherigen Unterstützer und Freund in Göttingen, Christian Gottlob Heyne, schreibt er Mitte Dezember: „Endlich doch schön, daß ich einen Brief bekomme; ich dacht', ich sei ausgetilgt aus Ihrem Buch des Lebens." Tatsächlich ist Herder schnell beleidigt und scheut sich auch nicht, dies kundzutun: „Es thut mir äußerst leid, daß S i e mich in Ihren Briefen so mit kaltem Lobe abspeisen." Jetzt vergrault er also auch noch die, die bislang zu ihm gehalten und versucht haben, ihm eine neue berufliche Perspektive zu verschaffen. Und wieder die endlose Klage: „Ich versauere hier". Eine gelehrte Zeitung gibt es nicht, keiner ist da, mit dem man sich angemessen geistig austauschen könnte, und die Arbeit ist sinnlos.

Wenn man alle über das Jahr 1774 verteilte Klagen Herders zusammenfassen würde, erscheint es fast bizarr, dass er selbst überzeugt ist: „Ich murre indeß nicht, schicke mich in die liebe Geduld und beschneide jeder Sehnsucht in Situationen, die man auch nicht kennet, die Flügel." Eine große Sehnsucht Herders ist Italien. Ob er jemals dorthin kommen wird?

Und dann ist da noch die unglückselige Sache mit dem Brief an Rudolf Erich Raspe! Herder hat dem Freund Anfang des Monats ein Schreiben gesandt, dem ein zweites beilag. Dieser zweite Brief stammt nicht von Herder selbst, sondern von einem Freund. Da die Post, wie schon so oft in diesem Jahr, unzuverlässig arbeitet, hat Herder es übernommen, den Freundesbrief an Raspe zu schicken, mit der Bitte, den Brief an den Empfänger weiterzureichen. Das macht man oft so. Das Haarige an der Sache: Dem Freundesbrief lagen 20 Goldtaler bei. Aber zwei Tage vor Weihnachten sind Geld und Brief immer noch nicht beim Adressaten angekommen. Das ist Herder überaus peinlich. Er befindet sich in großer Verlegenheit, fühlt sich für Geld und Brief verantwortlich und ist besorgt. Doch die Sache zieht sich in die Länge, Herder hört nichts mehr von Raspe. Ende Januar weiß er sich keinen anderen Rat mehr, als an dessen Frau zu schreiben. Was Herder auch anfasst, immer bringt es ihm Ärger ein.

Klinger verbringt die Weihnachtsferien in Frankfurt, wo er, offenbar von Goethe inspiriert, Schlittschuh läuft. Bei Goethe lernt er Friedrich Heinrich Jacobi kennen, und Jacobi wird auch Klingers Freund. Die Stürmer und Dränger rücken immer näher zusammen.

Klinger nutzt die Weihnachtsferien zudem zu neuen literarischen Taten: Sein zweites Drama, *Das leidende Weib*, entsteht, wird aber erst im kommenden Jahr verlegt. Wie schon in seinem Erstlingsdrama sind auch hier Personal und Handlung vielfältig und nicht ganz einfach zu durchblicken. Klinger selbst ist nicht recht zufrieden.

Im Mittelpunkt steht diesmal eine Frau, die schöne Gesandtin, mit ihrer Familie: ihrem Vater, dem Geheimen Rat, ihrem Ehemann, den beiden Kindern und ihrem Bruder Franz, einem stürmenden Kraftkerl. Eigentlich eine perfekte Familie, wenn ihnen nicht der Hof das Leben schwer machte. Und wenn nicht die Gesandtin eine Affäre mit dem leidenschaftlichen von Brand hätte, die ihr moralisch schwer zu schaffen macht. Überhaupt ist sie eine begehrte Frau, denn auch der unsittliche und fragwürdige Graf Louis begehrt sie. Und leider, wie der unglückliche Zufall es will, erfährt er von der heimlichen Affäre mit von Brand. Daneben gibt es Poeten, „schöne Geister" genannt, die schließlich im Bordell landen, außerdem eine Liebesgeschichte zwischen Franz und Julie, die von einem Mann namens „Läufer" hintertrieben wird, weiter den Menschenhasser Blum und des Magisters Tochter Suschen, die mit Läufer anbandelt, aber mit Fritz durchbrennt. Auf einem Maskenball – wer wäre nicht an Lenz' *Der neue Menoza* erinnert? – kommt es schließlich zur Katastrophe: Die Gesandtin, auf dem Ball von schweren Selbstvorwürfen geplagt, wird ins Freie und in eine Bauernstube in der Nähe gelockt, wo sich der niederträchtige Louis auf sie stürzt. Von Brandt, der das Ganze beobachtet hat, tritt die Tür ein, erschießt Louis, und die Gesandtin fällt in Ohnmacht. Blum drängt von Brandt daraufhin zur Flucht. Nach so turbulentem Geschehen erfährt der Zuschauer im fünften Akt nur noch, dass der Vater der Gesandtin gestorben ist und sie ihrem Ehemann alles gestanden hat. Franz, ihr Bruder, rast, als er davon hört, beschimpft seine Schwester als „Hure", aber bevor er sie zur Rede stellen kann, stirbt sie an ihren Schuldgefühlen. Von Brand erfährt auf der Flucht vom Tod seiner Geliebten und begeht auf ihrem Grab Selbstmord. In der letzten Szene leben Franz, der Gesandte und die Kinder ein verarmtes, aber zufriedenes Leben und ernähren sich von ihrer eigenen Hände Arbeit auf dem Feld. Nach einer verhängnisvollen Affäre mit so vielen Toten ein alles andere als idyllisches Ende. So weit also die Kernhandlung: ein Drama um Leidenschaft, Schuld und Sühne – natürlich geht es bei einem Stürmer und Dränger nicht darunter.

Nebenbei handelt Klinger, humorvoll wie immer, das literarische Leben des vergangenen Jahres in seinem Drama mit ab. Und es wird deutlich, wie eng sich die jungen Dichter auch in ihren

Werken aufeinander beziehen und einander durchaus lustvoll kommentieren. So ist es kein Zufall und sicher bewusst gewählt, dass der sittlich fragwürdige Verehrer der Magistertochter Suschen, der über eine Einladung versucht, das Mädchen zu betören, ausgerechnet Läufer heißt. Der literarisch Belesene wird sogleich an Läuffer aus Lenz' *Hofmeister* denken, der ja ebenso moralisch fragwürdig ist und die Tochter des Hauses verführt. Erst demjenigen, der den *Hofmeister* gelesen hat, erschließt sich die Figur aus Klingers Drama also vollends. Und wenn Suschen standhaft bleibt, da sie „den Fritz doch lieber" mag, da er ihr so „schöne Verschens" gemacht hat, so ist es kein Wunder, dass Herr Fritz eben Fritz heißt, heiratet doch Gustchen im *Hofmeister* am Ende ihren Vetter Fritz. Schließlich klingen auch die Namen „Suschen" und „Gustchen" durch die Verniedlichung ähnlich und werden beide als reichlich naiv geschildert. Wem das noch nicht reicht, der findet im dritten Akt von *Das leidende Weib* den verkommenen Louis im Gespräch mit seinem Hofmeister. Und tatsächlich: Als der arme Hofmeister sich selbst bemitleidet, dass er aus der Not heraus die Stelle bei dem Bösewicht Louis annehmen musste, empfiehlt dieser ihm, den *Hofmeister* von Lenz zu lesen:

> „Ich hätt Sie nimmer gebraucht, und Sie hätten was anders tun können. Lesen Sie den ‚Hofmeister', wie ich schon hundertmal sagte."

Auch hier wird die Überflüssigkeit eines Hofmeisters betont. Klinger stimmt also seinem Dichterfreund Lenz auf diesem ungewöhnlichen Weg zu und gibt sogar indirekt eine Leseempfehlung: Wer den *Hofmeister* noch nicht gelesen hat, soll dies unbedingt tun, um Klingers Drama verstehen zu können. Und als der arme Hofmeister bei Klinger entgegnet, dass er Lenz' Drama schon gelesen habe und die Beschimpfung des Hofmeisterstandes darin anklagt, antwortet Louis, ganz einer Meinung mit dem Geheimen Rat bei Lenz:

„Ein Mensch kann immer Brot finden auf eine andre Art. Es soll mir keiner vor die Augen kommen, der jahrelang Hofmeister war, oder wohl gar zweimal. Er ist kein Mensch mehr."

Aber wie der Geheime Rat bei Lenz ist auch Klingers Louis als Graf wohlversorgt und kann große Reden anschlagen, weshalb sein Rat nicht unbedingt praktikabel und aus sehr einseitiger Perspektive formuliert ist. Recht hat er, dass ein Hofmeister sich verbiegen muss, um seinem Herrn zu gefallen. Und diese Unfreiheit missfällt den Stürmern und Drängern, haben sie sie doch oft genug am eigenen Leibe erfahren müssen. Viele Möglichkeiten bleiben einem Hofmeister aber nicht. Und so erwägt der bei Klinger, sich eine Kugel in den Kopf zu schießen, wenn nicht bald ein Amtmann stirbt und eine auskömmliche Stelle für ihn frei wird, die ihn von der Last des Hofmeisterdaseins befreit. Viel mehr bleibt einem Hofmeister im realen Leben auch nicht übrig.

Doch nicht nur Lenz' *Hofmeister* wird in Klingers Drama gelesen. Auch Klopstocks *Gelehrtenrepublik* wird von den „schönen Geistern" gleich in der ersten Szene abgehandelt. Und wie im wirklichen Leben streiten auch hier die Poeten über Klopstocks Werk. Während der eine Schöngeist darin „Begeisterung, Feuer der Imagination, Erfindung" entdecken kann, klagt der andere über die Unverständlichkeit des Textes: „Wenn man ihn aber auch begreifen könnte!" Es ist eben nicht einfach mit Klopstock, und unverständlich finden ja viele das Werk!

Auch Franz, der Bruder der Gesandtin, ist ein eifriger Leser. Als typischer Kraftkerl verehrt er Shakespeare und Homer und verdammt alle, die „Regeln schreiben, definieren und schwatzen, und das all ohne Gefühl". Selbst den *Werther* hat er offenbar gelesen, denn als Läufer ihm eine neue Schrift über den Selbstmord bringt, verteidigt Franz den Werther, ohne dessen Namen zu nennen. Franz mokiert sich über diejenigen, die das „Maul" aufreißen, aber nicht wissen, was in einem Selbstmörder vorgeht, und sein Ausruf

„Unglücklicher, ich hab dir immer nachgeweint, als wärst du mein Bruder" meint natürlich Werther.

Damit haben alle großen Werke des Jahres 1774 intertextuellen Eingang in das neue Klinger-Drama gefunden und sind von ihm durch seine Figuren bewertet. Das ist von dem Frankfurter wirklich gut und interessant gemacht. Da verwundert es schon sehr, dass im Gegenzug in diesem Drama so sehr aufs Lesen und die Bücher geschimpft wird. Aber auch dies ist eben zeitgemäß – wir haben bereits von den zeitgenössischen Bedenken bzgl. einer Lesesucht gehört. Und diese vermeintliche Lesesucht betrifft vor allem die Damen!

Noch einmal ist zu sprechen über das Verhältnis der Stürmer und Dränger zum weiblichen Geschlecht, denn auch das spiegelt sich im Drama. Von einer Gleichberechtigung der Geschlechter sind die Kraftkerls noch weit entfernt. Und daher sollten die Damen bitte nicht zu belesen und zu gebildet sein. Ein bisschen ist in Ordnung, aber zu viel schadet eher.

Des Magisters verstorbene Ehefrau, Suschens Mutter, ist bei Klinger ein Beleg hierfür. Kam der arme Magister, mit den Sorgen der Welt beladen, aus der Schule, hatte sie ihm tatsächlich kein Mittagessen gekocht, sondern war ins Lesen versunken. Noch rückblickend klagt der Arme: „Ein Roman in den Pfoten; war nicht von der Stelle zu bringen, ich mußte mir oft die Suppe selbst kochen." Dieses „Romanfieber" seiner Frau soll Suschen aber nicht packen; lieber soll sie bei Gesangbuch und Bibel bleiben und eine gute Ehefrau werden. So verspricht Suschen auch gehorsam: „Ich will nie was lesen." Das hindert sie später allerdings nicht daran, mit ihrem Fritz durchzubrennen. Offenbar ist das Lesen doch nicht an allem Übel schuld.

Trotz aller Ironie spiegelt diese Szene bei Klinger das Frauenbild der jungen Kerls: Bei aller Leidenschaft in der Poesie ist ihnen eine treu sorgende Ehefrau und Mutter im realen Leben doch lieber als eine lesende, selbstbewusste Frau, am Ende gar eine selbst schreibende. Aus der Kunst sollen sie sich doch bitte heraushalten! Zumindest für Klinger, Herder, Lavater, Schubart und Johann Georg Jacobi gilt das, durchaus auch für Goethe. Lenz bildet eine Ausnahme.

Neben den Frauen bzw. in Verbindung mit diesen bekommt in Klingers *Das leidende Weib* auch Wieland sein Fett weg. Schließlich hat er in dieser Sammlung des Jahres noch gefehlt! Zwar wird sein Name nicht ausdrücklich genannt, doch ist dem literarisch gebildeten Leser schnell klar, um wen es geht. Louise, die Dienerin der Gesandtin, schwärmt für den von den Stürmern und Drängern verteufelten, angeblich französisch-verweichlichten, sittlich anrüchigen Wieland'schen Ton: „Galant" findet sie diesen Ton und erbittet sich, der gnädigen Frau vorzulesen, wie Agathon Danae schlafend fand. Dass Louise Wielands Buch erst von der Toilette holen muss, ist ein kräftiger Seitenhieb auf den Weimarer Dichter. Aber die Gesandtin will nichts von Wieland wissen, und in ihrer Antwort spiegelt sich die Meinung ihres Schöpfers: „Ein weiblich Aug sollte nicht hineinschauen."

Tatsächlich trauen die jungen Wilden den Frauen wenig zu, halten sie für französisch-verzärtelt. So wird in Klingers Drama die schwache, verführbare Frau präsentiert, die letztlich für ihren Fehltritt mit ihrem Leben büßen muss. Kein gutes Jahresende für die Frauen!

Im Gegensatz zu Lenz, Wagner, Merck, Herder und Boie gestaltet sich das Jahresende für Basedow, neben Goethe einer der beiden Rheinreisenden in diesem Jahr, verheißungsvoll. Im Dezember öffnet tatsächlich Basedows Philanthropinum in Dessau seine Pforten: Eine „Schule der Menschenfreundschaft", eine „Pflanzschule der Tugend und Wissenschaften" soll es werden – das sagt der Pädagoge selbst in seinem aktuellen Buch über die neue Schule. Es trägt den sperrigen Titel *Das in Dessau errichtete Philanthropinum. Eine Schule der Menschenfreundschaft und guter Kenntnisse für Lernende und junge Lehrer, arme und reiche.* Dass es nur eine Schule für Jungen ist, versteht sich von selbst. Dass es, entgegen dem Plan, auch eine Schule nur für die vornehmen Stände ist, zeigt, dass die Aufklärungspädagogik doch noch in den Anfängen steckt. Immerhin kostet die Schule 250 Reichstaler sächsisch Geld jährlich, dazu kommen 20 Reichstaler Eintrittsgeld. Das kann sich nicht jeder leisten.

Die Ziele der Schule spiegeln schon eher ihr aufklärerisches Anliegen: Nicht das blinde Auswendiglernen und Übersetzen von Texten, ohne sie auch wirklich zu verstehen und zu begreifen, sondern Selbsttätigkeit und Lernen durch Anschauung hat sich die Schule auf die Fahnen geschrieben. Vor allem das Handeln, anstelle von leeren Reden, ist ja den Stürmern und Drängern ein Anliegen, und hier zeigt es sich im Schulprogramm. Neben der Muttersprache werden im Philanthropinum Latein, Französisch und Englisch gelehrt, die lebenden Sprachen werden dabei stärker betont. Reden und Verstehen haben den Vorrang vor grammatischen Fragen. Religiöse Toleranz gegenüber verschiedenen Bekenntnissen soll geübt werden. Auch spielerische Elemente sollen in die Erziehung eingebaut werden. Eben eine „Werkstätte der Menschenfreundschaft" soll Basedow zufolge entstehen. Dass dies im Jahre 1774 aber keineswegs Verzärtelung meint, stellt Basedows Schulprogramm auch schnell klar: Für die Pensionisten – die Schüler leben als Internatsschüler in engem Kontakt mit ihren Lehrern in der Schule – gibt es jeden Monat einen sogenannten „Casualtag" von vierundzwanzig Stunden. An diesem Tag muss bis zwei Uhr nachmittags gefastet werden, danach gibt es nur Trockenes und Wasser. Die Zimmer werden an diesem Tag nicht geheizt, und die Jungen müssen auch bei schlechtem Wetter ins Freie. Nachts wird auf dem Boden oder auf Streu geschlafen. Dieser Casualtag soll die Jungen auf die Zufälle und Misshelligkeiten ihres kommenden Lebens vorbereiten. Trotz aller Aufklärungspädagogik sind auch Leibesstrafen nicht völlig abgeschafft.

Wie gesagt, das Leben kann hart werden. Das trifft auch auf den Leiter der Einrichtung höchstpersönlich zu: Wie wir schon gesehen haben, ist Basedow kein einfacher und umgänglicher Zeitgenosse, und sein Despotismus zwingt ihn bereits 1776 zum Rücktritt von der Leitung. Der Schule insgesamt ist kein langes Leben beschieden: 1793 wird das Philanthropinum wieder geschlossen – zu viel Streit unter den Lehrern.

Aber Basedows und Herders Bemühungen um Pädagogik sowie Lenz' *Hofmeister*-Drama zeigen, dass Fragen der richtigen Erziehung und Bildung gerade en vogue sind.

Noch eine Große der Zeit hat sich mit dem Thema beschäftigt: Kaiserin Maria Theresia erlässt am 6. Dezember in Österreich eine allgemeine Schulordnung, die eine sechsjährige Unterrichtspflicht in der Volksschule vorsieht. Und auch Schubarts Abendlektüre im Dezember ist auf Pädagogik ausgerichtet. Da er mit seinen Lesern ja auf sehr vertrauensvollem Fuße steht, vertraut er ihnen am 19. Dezember an: „Mein Julchen zupft mich am Schlafrocke. Ich brech' also diese traurige Betrachtung ab, und zeig meinem Mädchen die Küpferchen in Basedows Elementarwerke – ".

Das Jahr, das für Goethe so gut begonnen hat, endet mit einem Besuch, der sein ganzes weiteres Leben verändern wird. Am Abend des 12. Dezember sitzt der Frankfurter Dichter bei abgedunkeltem Licht auf seinem Zimmer und malt. Da betritt ein schlanker Mann den Raum, Goethe hält ihn zunächst für Fritz Jacobi. Doch es handelt sich um Hauptmann Carl Ludwig von Knebel, preußischer Offizier am Weimarer Hof, Literaturliebhaber und seit Oktober als Betreuer des Prinzen Konstantin angestellt. Er begleitet die beiden weimarischen Prinzen Carl August und Konstantin, die auf einer Bildungsreise nach Paris sind. Ersterer hat ja gerade an Merck geschrieben. In Frankfurt wollen die Prinzen nun den berühmten Verfasser des *Werther* kennenlernen.

Schon eilt Goethe mit Knebel zu den jungen Fürsten, die im „Rothen Haus" abgestiegen sind, und wird von ihnen freundlich empfangen. Man speist zusammen und unterhält sich bestens. So beschließt man, dass man die Unterhaltung fortsetzen möchte. Doch die jungen Prinzen bleiben nur kurz in Frankfurt, wollen weiter nach Mainz. Goethe verspricht also, seinerseits nach Mainz zu kommen. Überglücklich und beschwingt von dem angenehmen Abend läuft er nach Hause. Allerdings hat der junge Dichter die Rechnung ohne seinen Vater gemacht.

Vater Goethe, durch und durch bürgerlich gesinnt, steht zwar mit den adligen Herren der Umgebung geschäftlich in Verbindung, aber keineswegs privat. Und das soll auch sein Sohn so handhaben. Diesem hält er das Schicksal Voltaires vor, der familiären Umgang mit Friedrich II. gepflegt hatte, dann aber dessen Gunst verlor und arretiert wurde. Der alte Goethe geht sogar noch einen Schritt weiter und mutmaßt, sein Sohn solle in eine Falle gelockt werden: Man wolle an ihm wegen seiner Spitzen gegen Wieland Rache nehmen. Der Sohn schlägt indes die väterlichen Warnungen in den Wind, hält sie für Hysterie. Gleichzeitig traut er sich aber auch nicht, sich offen dem Willen des Vaters zu widersetzen. So schaltet er seine Mutter und Susanna von Klettenberg als Freundin der Familie ein. Leider liegt das Fräulein krank zu Bett, also schickt der junge Goethe die Mutter zu ihr. Und tatsächlich schaffen es die beiden Frauen, den Vater zu überreden: Goethe darf nach Mainz reisen.

Am 13. Dezember gelangt er mit Knebel in die Stadt am Rhein. Er wird freundlich empfangen, und man setzt die in Frankfurt begonnenen Gespräche fort. Goethe und die jungen Prinzen sprechen über die neueste Literatur und die neuen rebellischen Literaten, und so kommt man auch auf Goethes Wieland-Satire zu sprechen. Goethe frohlockt, als er bemerkt, dass „Wielands Prinzen" – so betitelt er sie ein bisschen respektlos – die Affäre lustig nehmen. Trotzdem versucht er, die Wut der Stürmer und Dränger gegen Wieland zu erklären: seine Kritik an Shakespeare, den sie verehren, seine Ablehnung der alten Griechen, seine in ihren Augen ungerechten Kritiken und seine Auflehnung gegen die Natur. Das alles kommt aufs Tapet.

Doch obwohl die Gesellschaft aus Weimar die Affäre leicht zu nehmen scheint, wird Goethe gedrängt, einen Versöhnungsbrief an Wieland zu richten. Er folgt gehorsam und schreibt von Mainz aus dem Weimarer Dichter. 1774 ist für Goethe also auch das Jahr der Versöhnungen: mit Wieland, mit den Jacobis. So ganz behagt ihm die neue Harmonie freilich nicht; zu gerne stichelt und spottet er. Und ein bisschen enttäuscht muss er konstatieren: „Das ist was verfluchtes, dass ich anfange mich mit niemand mehr missverstehn." Denn Goethe braucht den Spott und den satirischen Diskurs wie die Luft zum Atmen. Traurig beklagt er sich eines Abends in Mainz bei Knebel: Seine Seele lechze immer mal wieder nach etwas, worauf sie ihren Zorn richten könne.

Knebel seinerseits zeichnet ein zutreffendes und sehr verständnisvolles Porträt Goethes: „Goethe lebt in einem beständigen innerlichen Krieg und Aufruhr, da alle Gegenstände auf heftigste auf ihn würken. Daher kommen die Ausfälle seines Geistes, der Mutwillen, der gewiß nicht aus bösem Herzen, sondern aus der Üppigkeit seines Genies. Es ist ein Bedürfnis seines Geistes, sich Feinde zu machen, mit denen er streiten kann [...]"

Ein Genie darf sich also so einiges erlauben. Und letztlich hat Knebel Goethe richtig erkannt: Das junge Genie liebt diese Streitereien, die ihm das Leben so lebenswert machen, sie sind für ihn wie das Salz in der Suppe. Und vielleicht trifft ja auch zu, was Johann Christian Kestner hofft: „Aber wenn sein großes Feuer ein wenig ausgetobet hat, so werden wir noch Freude an ihm erleben."

Knebel kann nur weiter staunen über den Frankfurter Dichter mit dem „Geist eines Athleeten", dessen Schaffenskraft in diesem Jahr überschäumt: „Er zieht die Manuskripte aus allen Winkeln seines Zimmers hervor." Voll der Bewunderung ist Knebel, wie Goethe in wenigen Wochen Werke der Weltliteratur schafft. Wie Boie im Oktober darf er auch schon einen Blick auf den entstehenden *Faust* werfen, „wo ganz ausnehmend herrliche Szenen sind".

Als Wieland von Knebels neuer Begeisterung für das Frankfurter Dichterkind hört, ist er verständlicherweise weniger enthusiastisch, zu sehr hat er unter Goethes spöttischen Inspirationen zu leiden gehabt: „Ich verzichte vollständig und für immer auf die Ehre, mit all diesen Genies und Schöngeistern, die Sie bisher auf Ihrer Reise gesehen haben, Bekanntschaft zu machen." Das wird Wieland dann doch nicht gelingen – nur in diesem Jahr bleibt er noch von Goethes leibhaftiger Anwesenheit verschont.

Insgesamt gestalten sich die Mainzer Tage für Goethe angenehm. Wenn seine Gastgeber außer Haus sind, zeichnet er Porträts oder läuft auf dem zugefrorenen Festungsgraben Schlittschuh. Am Ende seines Aufenthalts folgt die Einladung nach Weimar, wo Goethe für den Rest seines Lebens bleiben wird. Das weiß er zu diesem Zeitpunkt allerdings noch nicht. Frohgemut kehrt er von Mainz nach Frankfurt zurück. Doch zu Hause blickt er in betretene und traurige Gesichter. Die mütterliche Freundin der Familie, Susanna von Klettenberg, Lavaters „Cordata", ist am 13. Dezember, dem Tag seiner Abreise nach Mainz, gestorben.

Den kommenden wirtschaftlichen Erfolg noch vor sich, klagt Goethe am Jahresende 1774 erst einmal, dass ihm seine Schriftstellerei „die Suppen noch nicht fett gemacht" habe. Das wird sich bald ändern, dennoch lamentiert der Dichter auf hohem Niveau, denn seine Sturm- und Drang-Brüder Wagner, Lenz und Klinger werden noch viel länger, manchmal sogar immer, am Hungertuch nagen. Mit Schlittschuhlaufen und Zeichnen neigt sich das Jahr 1774 für den Frankfurter dem Ende zu.

Schubart beendet das Jahr 1774 in seiner letzten *Chronik*-Ausgabe am 29. Dezember mit einer Vision. Da Gespenster, Hexereien und Teufelsanbetungen wieder in Mode seien, so Schubart sarkastisch, sei es auch ihm am Jahresende vergönnt, „durch den dicken Nebel der Vernunft in die hellen Regionen der Schwärmerey" hinüberzublicken. Bewusst vertauscht der Schwabe hier die Verhältnisse: Es scheint nicht mehr das helle Licht der Aufklärung, sondern das Licht der Schwärmerei, während die Vernunft nun untypischerweise Nebel verteilt, statt für Klarheit zu sorgen. Man ahnt bereits, dass Schubarts Jahresbilanz nicht allzu positiv ausfallen wird.

Werfen wir aber zunächst einen Blick in die Vision, die sich vor Schubarts innerem Auge auftut: Chronos, der Gott der Zeit, sitzt auf seinem Thron. Erinnern wir uns: Mit Chronos hat im März die erste *Chronik*-Ausgabe begonnen, mit ihm endet auch die letzte Ausgabe des Jahres 1774. Der Geist des letzten Jahres tritt nun in Schubarts Vision vor Chronos, um ihm Rechenschaft abzulegen. Natürlich will sich der Geist möglichst positiv vor Chronos darstellen und preist seine Taten:

> „Ich nahm Frankreich seinen König, und gab ihm einen bessern. Ich riß den großen Clemens vom Thron: denn sie waren seiner nicht werth. In Spanien und Portugal schüttelte schon die Zwietracht die verheerende Fackel; aber ich tauchte sie in Ocean, und sie verlosch. Die Freyheit schien von der Erde verbannt zu sein; aber ich baut' ihr in Boston einen Thron."

Dieser kurze Jahresrückblick spiegelt noch einmal die Sichtweise seines Schöpfers Schubart auf die vergangenen zwölf Monate: Zwei Mächtige sind gestorben, einer hat seine Macht missbraucht, den anderen hatten die Untertanen nicht verdient. Ludwigs XV. Blattern sind für Schubart also eine Art Gottesurteil, weil er kein guter Herrscher war. Dass sein Nachfolger, Ludwig XVI., den Schubart hier noch als besseren König anpreist, Frankreich in den Ruin führen wird, kann der *Chronik*-Schreiber zu diesem Zeitpunkt noch nicht wissen. Gefeiert wird die amerikanische Freiheit, die in Boston erste Siege gefeiert hat. Tatsächlich beginnt mit dem Jahr 1774 der amerikanische Unabhängigkeitskampf, der zwei Jahre später, am 4. Juli 1776, in die Unabhängigkeitserklärung münden wird, die erstmals fundamentale Menschenrechte niederschreibt.

Doch die Vision ist noch nicht zu Ende. Nachdem sich der Geist des letzten Jahres gerühmt hat, zwei Despoten ins Jenseits befördert, einen Krieg verhindert und der Freiheit zum Sieg verholfen zu haben, erhebt die Weisheit Einspruch: „Sind die Menschen unter dir weiser geworden? Haben Sie Tugend und Religion lieber gewonnen?" Die Weisheit vermisst ein grundsätzliches Fortschreiten der Menschheit. Trotz kleiner Ereignisse wurde hier im Großen nichts gewonnen, so ihr Fazit. Im Gegenteil: Schwärmergeist und Aberglauben haben weiter um sich gegriffen, das Volk liegt nach wie vor in Fesseln. Mit vielen Fragen holt die Weisheit zur Vernichtung des Geistes aus: „Welche Entdeckungen im Reiche der Erkenntniß hat man dir zu danken? Sinken die Menschen nicht immer tiefer von ihrem ursprünglichen Adel zum Thier herab?" Gewinnsucht, Geschrei nach Vergnügen und Lustgewinn sowie das Schwelgen im Überfluss prangert die Weisheit hier an, das Bild einer verdorbenen Gesellschaft wird ausgemalt. Das Jahr 1774 steht entblößt da.

Wer hat also nun recht: der Geist des alten Jahres 1774 oder die Weisheit? Vermutlich würde die Weisheit auch über unsere Gegenwart kein besseres Urteil fällen als über das Jahr 1774. Doch so einfach ist es nicht. Viele Erwartungen, Träume und Sehnsüchte, wir haben es gesehen, blieben zwar unerfüllt; aber auch Großes wurde geschaffen und hat den Blick auf die Welt verändert.

Ach so, und die Zukunft Polens ist noch immer offen. Und die Kronprinzessin von Preußen, Friederike Luise, hat eine Prinzessin geboren: Wilhelmine. Diese Nachricht darf natürlich nicht fehlen.

Schubart verliert nicht ganz den Mut: Er verabschiedet sich von seinem Leser bis zum neuen Jahr mit den Worten: „Bald werd' ich das Vergnügen haben, trauter Leser, in freyer Lufft mit dir zu sprechen!" Auch für Schubart gilt also: Die Hoffnung stirbt zuletzt.

EPILOG

Was aus ihnen wurde

Ein ganzes Jahr haben wir unsere Stürmer und Dränger begleitet. Doch bevor wir sie ins neue Jahr 1775 entlassen, lassen Sie uns noch einen kurzen Blick auf ihre Zukunft werfen: Was ist aus ihnen allen geworden?

Heinrich Leopold Wagner veröffentlicht 1776 das Trauerspiel *Die Kindermörderin*, sein bekanntestes Werk. Goethe wird später behaupten, Wagner habe die Idee von ihm geklaut. Aus der Gretchentragödie seines *Faust*, um genau zu sein. Schon drei Jahre später, am 4. März 1779, stirbt Wagner im Alter von nur zweiunddreißig Jahren an Tuberkulose, und keiner weint ihm eine Träne nach – auch Goethe nicht, der sich zunehmend von ihm distanziert hatte. Wagners Biograf Erich Schmidt konstatiert wenig einfühlsam: „Die deutsche Literatur konnte diesen frühen Verlust […] verschmerzen."

Christian Friedrich Daniel Schubart wird 1777 auf Befehl von Herzog Karl Eugen auf württembergischen Boden gelockt und verhaftet. Schubart kommt auf die Festung Hohenasperg bei Ludwigsburg, wo er zehn Jahre, bis 1787, ohne Anklage oder Verurteilung inhaftiert bleibt. Ja, er erfährt noch nicht einmal die Gründe seiner

Arretierung. Er selbst vermutet, dass seine *Chronik*-Artikel gegen die Jesuiten und gegen Gaßner schuld seien. Auf jeden Fall wird Schubarts kritischer und freier Journalismus einer der Gründe gewesen sein, der ihm die so hochgeschätzte Freiheit genommen hat.

Rückblickend urteilt er in seinen Lebenserinnerungen: „[...] die ungewöhnliche Freiheit, die ich mir in einem Lande voll ängstlichen Zwangs anmaßen wollte, und die kühne und wilde Schreibart, konnten meiner Chronik keine lange Dauer versprechen." Recht hat er. Er erlebt nun den von ihm bekämpften Despotismus und die Versklavung am eigenen Leib. Bald wird er Deutschlands berühmtester Gefangener. Viele Geistesgrößen, darunter Lavater und Schiller, besuchen ihn auf dem Hohenasperg. Schubart schafft es sogar, während seiner Haft seine drastischste Fürstenkritik zu formulieren, und zwar in dem Gedicht *Die Fürstengruft*. Auch im Gefängnis kommt Schubarts literarische und musikalische Produktion nicht zum Erliegen, was zu einem kuriosen Joint-Venture-Projekt führt: Schubart darf seine Gedichte veröffentlichen. Der Herzog braucht nämlich Geld und verdient an der Publikation großzügig mit. Als Schubart 1787 dann auf preußischen Druck freikommt, bietet ihm der württembergische Landesherr den Direktorenposten am Stuttgarter Hoftheater an – und da nun Schubart Geld braucht, akzeptiert er es, Angestellter des Despoten zu werden, der ihm zehn Jahre lang seine Freiheit genommen hatte.

Vier Jahre bleiben Schubart noch bis zu seinem Tod, in denen er seine *Chronik* reaktiviert. Aber die Haft hat ihn verändert: Er ist müder geworden und liebt die häusliche Behaglichkeit. Doch dann kommt die Französische Revolution, *das* Thema für seine *Chronik*. Ihr Ende erlebt er nicht mehr mit, er stirbt am 10. Oktober 1791 mit nur zweiundfünfzig Jahren.

Schubarts Lebensthema, die Freiheit, erhält mit seinem Tod eine neue, schauerliche Facette. Denn nun geht das Gerücht um, Schubart sei lebendig begraben worden, also wieder sei ihm die Freiheit genommen worden, diesmal durch den Sarg. Bei der Trauerfeier habe er den Sargdeckel aufgestoßen und sich über die

Versammelten lustig gemacht. Bis ins 20. Jahrhundert hinein hielt sich das Gerücht, berichtet Warneken, dass man den Leichnam Schubarts mit blutig gekratzten Fingernägeln vorgefunden habe, als man seinen Sarg öffnete. Noch Heiner Müller habe 1996 geurteilt: „[...] das ist schon makaber, nach zwölf Jahren Knast auch noch scheintot zu enden."

Auch ohne diese Schauergeschichte ist Schubart über seinen Tod hinaus zum Symbol geworden, zum Symbol der Unterdrückung von Meinungsfreiheit durch despotische Herrscher, ein Thema leider nicht nur der Vergangenheit. Die *Fortgesetzte Schubart'sche Chronik*, die sein Nachfolger Gotthold Friedrich Stäudlin weiterführt, wird im Übrigen 1793 auf Druck der herzoglichen Zensurbehörde eingestellt.

Es dauert bis zum 15. Februar 1775, bis endlich ein neuer Papst gewählt wird und weißer Rauch aus der Sixtinischen Kapelle aufsteigt. Pius VI., der vierundzwanzig Jahre lang Oberhaupt der katholischen Kirche bleiben wird, muss sich bei seiner Wahl verpflichten, das Verbot der Jesuiten unangetastet zu lassen.

Im November 1775 reist Goethe erstmals auf Einladung des achtzehnjährigen Carl August, Herzog zu Sachsen-Weimar-Eisenach, in die Residenzstadt Weimar – er trägt dabei den Werther-Look: blauer Frack und gelbe Weste. 1777 siedelt Goethe endgültig nach Weimar über. Dort führt er das Schlittschuhlaufen ein. Er distanziert sich von vielen seiner ehemaligen Sturm und Drang-Brüder, manche sagen auch, er lasse sie fallen wie eine heiße Kartoffel. Klinger und Lenz gehören dazu. Schubart in gewisser Weise auch. 1798 äußert sich Goethe in einem Brief an Schiller abfällig über Schubarts *Deutsche Chronik*.

Ein bisschen kann man Goethe aber auch verstehen. Lenz und Klinger gehen ihm auf den Wecker: Erst taucht 1776 der eine in

Weimar auf, kurz darauf im Schlepptau der zweite, und beide hoffen auf Goethes Protektion.

Lenz trifft am 1. April 1776 ein, erscheint völlig mittellos und heruntergekommen im weimarischen Gasthof „Zum Erbprinzen". Goethe hilft zunächst mit Wäsche und dem Nötigsten aus. Lenz aber macht keine Anstalten, wieder abzureisen, sondern unterhält den Hof mit Streichen und Kindereien. So berichtet Wieland an Merck: „Lenz am Hofe – Was dünkt euch dazu? Seit er hier ist, ist kaum ein Tag vergangen, wo er nicht einen oder andern Streich hätte ausgeführt, der jeden andern als ihn in die Luft gesprengt hätte". Ende November 1776 ist das Maß dann doch voll: Es kommt zu „Lenzens Eseley". So jedenfalls nennt Goethe den Vorfall, bei dem bis heute umstritten ist, worum es sich genau gehandelt hat. Lenz, der offenbar nicht verstanden hat, dass er sich nicht dieselben Freiheiten wie Goethe am Weimarer Hof herausnehmen kann, hat ein Gedicht, ein Pasquill, vorgetragen und dabei die Herzogin Anna Amalia verspottet. Die Affäre schlägt hohe Wellen und endet damit, dass Lenz aus Weimar ausgewiesen wird. Es ist auch das Ende von Lenz' und Goethes Freundschaft, sie werden nie wieder miteinander kommunizieren.

Für Lenz folgt eine unstete Zeit: Mittellos reist er nach Emmendingen zu Schlosser, nach Basel, nach Zürich und nach Winterthur, irrt herum, die Schulden drücken ihn. Die Freunde kümmern sich um ihn und bemerken mit Sorge zunehmende psychische Auffälligkeiten an Lenz. Schließlich bringen sie ihn nach Waldersbach zu Pfarrer Oberlin, doch die Ausfälle nehmen zu: Lenz versucht eine Totenauferweckung, stürzt in eiskaltes Wasser und springt aus dem Fenster. Schließlich holt Karl Lenz den Bruder bei Schlosser in Emmendingen ab und bringt ihn zurück nach Riga. Von Riga geht Lenz nach Sankt Petersburg, in der Hoffnung, dort ein Auskommen zu finden. Doch auch hier gibt es keinen Platz für ihn und er zieht weiter nach Moskau. Dort stirbt er am 3. Juni 1792.

Die *Allgem. Literatur-Zeitung* aus Jena schreibt in einem Nachruf auf Lenz: „Heute starb allhier Jac. Mich. Reinh. Lenz der Verfasser des Hofmeisters, des neuen Menoza etc. von wenigen betrauert, und von keinem vermisst. Dieser unglückliche Gelehrte, den in der Mitte der schönsten Geisteslaufbahn eine Gemüthskrankheit aufhielt, die seine Kraft lähmte, und den Flug seines Genies hemmte, oder demselben wenigstens eine unordentliche Richtung gab, verlebte den besten Theil seines Lebens in nutzloser Geschäftigkeit, ohne eigentliche Bestimmung." Das ist ein hartes Urteil.

Ähnlich despektierlich äußerte sich der ehemalige Freund Goethe in *Dichtung und Wahrheit* und nennt ihn ein „vorübergehendes Meteor".

Klinger ist das zweite unerwünschte Sorgenkind in Weimar. Er verlässt die Universität in Gießen ohne Abschluss, mit Höpfner hat er sich überworfen und taucht eines Abends, im Mai 1776, plötzlich und unverhofft in Weimar auf. Goethe, völlig überrascht, begrüßt ihn zunächst herzlich. Auch am Hof findet Klinger erst einmal freundliche Aufnahme – man versucht, für ihn eine militärische Anstellung zu finden. Doch über der freundlichen Aufnahme merkt Klinger nicht, dass sich sein Freund Goethe verändert hat, den Sturm und Drang hinter sich lassen will und eine Karriere ohne seine alten Weggefährten am Weimarer Hof anstrebt. So kommt es schon bald zu Unfrieden. Bereits im Juli schreibt Wieland an Merck: „Klinger ist auch gekommen, leider! Er ist ein guter Kerl, ennuyiert uns aber herzlich und drückt Goethen. Was ist mit solchen Leuten anzufangen?"

Goethe hat die Seiten gewechselt, Wieland ist jetzt sein Freund, während Klinger in Goethe noch den Alten sieht und weiter den stürmerischen Ton pflegt. Im September wird Goethe deutlicher: „Klinger ist uns ein Splitter im Fleisch, seine Heterogenität schwürt mit uns, und er wird sich herausschwüren." Offenbar durch Verleumdungen des sogenannten Schweizer „Genieapostels" Christoph Kaufmann kommt es schließlich zum offenen Bruch, und Klinger reist Ende September 1776 nach Leipzig ab. Er geht aus finanziellen Überlegungen zur Seyler'schen Schauspieltruppe, dann zieht er in den Bayerischen Erbfolgekrieg. Schließlich gelingt ihm eine erstaunliche Militärkarriere in Russland, später wird er sogar Kurator des Schulbezirks und der Universität Dorpat in Estland.

Zwar hofft auch Goethes alter Freund Johann Heinrich Merck zeitweise auf eine Anstellung in Weimar, aber letztlich bleibt er doch in Darmstadt. Immer stärker quälen ihn depressive Schübe. In seinem Haus in Darmstadt erschießt er sich am 27. Juni 1791, gerade fünfzig Jahre ist er da alt.

Mehr Erfolg haben Herder und seine Frau Karoline in Weimar, für die beiden setzt sich Goethe tatsächlich ein. Auf seine Vermittlung ziehen die Herders 1776 nach Weimar: Herder wird Hofprediger, Oberkonsistorial- und Kirchenrat, sein Gehalt verdoppelt sich. Endlich. Trotzdem wird es nie reichen, was auch an der wachsenden Kinderschar liegt. Mit zwei Kindern im Gepäck kommen Karoline und Johann Gottfried in Weimar an, fünf weitere Kinder werden hier geboren. Sie bleiben bis an ihr Lebensende in Weimar.

Das Verhältnis zu Goethe bleibt jedoch nicht ungetrübt. Heftige Auseinandersetzungen stehen noch aus, denn Herder kann sich nicht frei machen von Neid gegenüber dem erfolgreichen Goethe. Nach Herders Tod verfasst seine Frau eine erste Biografie über ihren Mann. Wirklich zufrieden ist Herder nie geworden, das passte nicht zu seinem Charakter.

Lavater verbringt sein Leben, bis auf einige Reisen, in der Schweiz. Nach Abschluss der Rheinreise muss Georg Friedrich Schmoll, der ihn ja als Zeichner begleitet hat, aus den vielen während der Reise gezeichneten Porträts Kupferstiche anfertigen. Lavaters *Physiognomische Fragmente*, in denen er seine physiognomischen Studien zusammenfasst, erscheinen ab 1775.

Goethe rückt auch von diesem ehemaligen Freund ab, wirft ihm Intoleranz vor; seine freiheitliche Religionsauffassung und Lavaters Frömmigkeit vertragen sich immer weniger miteinander. Als er 1795 in die Schweiz reist, besucht er Lavater nicht einmal. Dafür reisen viele Touristen in die Schweiz, die Lavater sehen wollen. Er wird eine Berühmtheit; selbst gekrönte Häupter interessieren sich für ihn und korrespondieren mit ihm.

Als die Französische Revolution ausbricht, begrüßt Lavater diese zunächst, protestiert aber gegen die Invasion französischer Truppen 1798 in der Schweiz, wird verhaftet und wieder freigelassen. 1799 wird Lavater von einem französischen Soldaten, den er nach eigenen Angaben kurz zuvor noch bewirtet hat, mit einer Kugel unterhalb der Brust verletzt. An den Folgen der Verletzung stirbt er nach qualvollem Leiden fünfzehn Monate später, am 2. Januar 1801.

Heinrich Christian Boie entscheidet sich für einen Brotberuf in der Verwaltung, wird zunächst Stabssekretär in Hannover, später Landvogt. Von der Literatur kann er allerdings nicht lassen, und so wird er zum Herausgeber des *Deutschen Museums*. Auch sein Verhältnis zu Goethe bleibt nicht ungetrübt, es kommt im Laufe der Jahre zu Verstimmungen.

Frau zu sein ist nicht einfach im Jahr 1774, das ist deutlich geworden. Die zumeist sehr jungen Frauen bzw. Mädchen, die sich im Umfeld der Stürmer und Dränger bewegen, wie auch die in ihren Stücken, sind meist die Leidtragenden, die leer ausgehen.

Von Cornelia Goethes frühem Tod und ihrer unglücklichen, weil konventionellen Ehe war schon die Rede. Auch bei ihrem

Bruder gerät sie in Vergessenheit – in seiner späteren Autobiografie *Dichtung und Wahrheit* setzt er ihr ein zweifelhaftes, sehr subjektiv gefärbtes Denkmal. Zu Cornelias beiden Töchtern sucht Goethe nie Kontakt. Ihr Mann heiratet erneut – keine Unbekannte: Johanna Fahlmer, Goethes „Tante", wird Schlossers zweite Ehefrau. Aber auch zu ihr bricht Goethe den Kontakt ab.

Louise Merck lernt die Härte einer Gesellschaft kennen, die eher den männlichen als den weiblichen Fehltritt vergibt.

Cleophe Fibich wartet noch ein Jahr, doch der Baron von Kleist kehrt nicht zurück und wird auch die vereinbarte Geldsumme nie zahlen. Erst 1777 wird das versiegelte Kuvert der „promesse de mariage" im Beisein eines Notars eröffnet. Die juristische Vereinbarung erweist sich als wirkungslos. In der Französischen Revolution verlieren die Fibichs ihr gesamtes Vermögen. Cleophe wird ledig bleiben. Sie beschließt ihr Leben in einem kleinen Häuschen mit Garten, das sie von ihrer Großmutter geerbt hat. Der Baron heiratet bereits 1776, also während Cleophe noch hoffnungsvoll wartet, in Livland standesgemäß.

Ledig bleibt auch Albertine von Grün. Sie opfert sich den Bedürfnissen und Wünschen der Familie auf. Erst muss sie zu ihrer Halbschwester Charlotte und deren Ehemann ziehen, um sich zehn Jahre lang bis zu deren Tod um die gemütskranke Schwester zu kümmern. In dieser Zeit lebt sie wie in einem Gefängnis, nur ab und zu besucht sie die Höpfners, die mittlerweile in Darmstadt wohnen. Nach dem Tod der Schwester zieht Albertine nach Regensburg zu ihrem Vater, den sie ebenfalls bis zu dessen Tod versorgt. Als sie endlich frei von all diesen Verpflichtungen nach Hachenburg zurückkehrt, ist sie selbst schwerkrank, leidet an Schwindsucht. Ihre Schwester Marianne pflegt sie noch ein halbes Jahr, dann stirbt Albertine, gerade zweiundvierzig Jahre alt.

Charlotte Kestner, geborene Buff, Goethes Lotte, wird in der Ehe mit Johann Christian Kestner zwölf Kinder auf die Welt bringen und bis zu ihrem Tod 1828 im Alter von fünfundsiebzig Jahren der großen, weit verzweigten Familie vorstehen. Den großbürgerlichen Haushalt in Aegidienneustadt in Hannover leitet sie klaglos und vorbildlich. Nach dreiundzwanzigjähriger Ehe stirbt im Mai 1800 ihr Mann Johann Christian Kestner, Goethes Albert, nachdem er bereits lange kränklich war. Charlotte wird ihn fast drei Jahrzehnte überleben. Im September 1816 reist sie, mittlerweile dreiundsechzig Jahre alt, mit ihrer Tochter Clara nach Weimar und trifft noch einmal auf den nunmehr siebenundsechzigjährigen Goethe, ihren einstigen Verehrer. Das Zusammentreffen verläuft unterkühlt, die Leidenschaft von 1774 ist dahin. Vor allem Clara ist enttäuscht von Goethes oberflächlicher Höflichkeit, seiner mangelnden Herzlichkeit und seiner Ausrichtung auf das Leben am Hof. Von dem einstigen Rebellen und Tausendsassa ist nicht mehr viel übrig geblieben. Thomas Mann wird die Reise in seinem Roman *Lotte in Weimar* 1939 verarbeiten.

Ähnlich wie Charlotte Kestner ergeht es Maximiliane Brentano, geborene La Roche. Sie fügt sich in die Ehe mit dem einundzwanzig Jahre älteren Brentano, wird als gute Hausfrau und Mutter gerühmt. In achtzehn Jahren bringt sie zwölf Kinder zur Welt; zweieinhalb Monate nach der Geburt des jüngsten Kindes stirbt sie. Auch sie wird Opfer der häufigen Frauentode im Kindbett. Aber zwei ihrer Kinder, Clemens Brentano und ihre Tochter Bettina, verheiratete von Arnim, werden bedeutende Schriftsteller der Romantik. Bettina entwickelt eine große Leidenschaft für den alternden Goethe, den einstigen Verehrer ihrer Mutter.

Besser ergeht es Maxes Mutter. Die große Sophie von La Roche, mittlerweile ist die Familie geadelt worden, startet noch einmal zu einer zweiten Karriere durch. Nachdem ihr Mann 1780 beim Fürstbischof in Ungnade fällt und um seine Entlassung bitten muss, geht die schöne Zeit in Koblenz zu Ende, man zieht nach Speyer, später nach Offenbach. Sophie sieht sich gezwungen, mit ihrer Schriftstellerei zum Familienunterhalt beizutragen. Sie gründet die Frauenzeitschrift *Pomona für Teutschlands* Töchter, arbeitet unentwegt als Autorin, Journalistin und Reiseschriftstellerin. Noch im Alter unternimmt sie große Reisen. Das Unglück ihres Mannes ist letztlich ihre Befreiung. Nach dem frühen Tod Maximilianes kümmert sich Sophie um drei ihrer Enkelinnen. Auch Bettina, die spätere Schriftstellerin der Romantik, zieht zur Großmutter.

Mit Goethe ergeht es Sophie La Roche übrigens nicht besser als den männlichen Stürmern und Drängern: Auch sie lässt er fallen. Nach seiner Übersiedelung nach Weimar kommt der Briefwechsel zum Erliegen, Sophie La Roche wird zugunsten neuer Bekanntschaften abserviert. Im Sommer 1799 reist die nun achtundsechzig Jahre alte Bestsellerautorin nach Weimar, um noch einmal Wieland, ihren einstigen Verlobten und Vertrauten, zu besuchen; dabei trifft sie auch Goethe. Doch der Zauber und die Vertrautheit von einst sind dahin – sowohl in Bezug auf Wieland wie auch auf Goethe. Man geht höflich miteinander um, hat sich aber nichts mehr zu sagen. Gegenüber Schiller, der nun sein enger Freund ist, wird Goethe sogar recht gemein: „Frau von La Roche ich zweymal, erst in Tiefurt dann in Osmannstädt gesehen und sie eben gerade wie vor zwanzig Jahren gefunden. Sie gehört zu den nivellirenden Naturen, sie hebt das Gemeine heraus und zieht das Vorzügliche herunter und richtet das ganze alsdenn mit ihrer Sauce, zu beliebigem Genuß an. Übrigens möchte man sagen, daß die Unterhaltung interessante Stellen hat." Der zum Klassiker gewandelte Goethe kann mit der empfindsamen Schriftstellerin offenbar nichts mehr anfangen.

Und *Werther*? Der beginnt zum Jahresende und in den folgenden Jahren erst richtig seine Sprengkraft zu entfalten. Eine Unzahl von Rezensionen und Gegenrezensionen, Pamphleten, neuen Wertheriaden in Roman-, Dramen- oder Gedichtform und Satiren drängt auf den Markt. Um-, Weiter- und Gegendichtungen, auch Parodien entstehen. Verfechter und Gegner des Romans stehen sich unversöhnlich gegenüber. Kaum hat je ein literarisches Werk so die Gemüter bewegt.

Nur zwei Beispiele seien exemplarisch angeführt: Mercks Freund, der Aufklärer Friedrich Nicolai, schreibt 1775 einen „neuen Werther", der den sperrigen Titel *Freuden des jungen Werthers. Leiden und Freuden Werthers des Mannes* trägt. Hier stirbt Werther nicht, stattdessen verzichtet Albert großmütig auf Lotte, Werther und Lotte heiraten, bekommen Kinder, Werther wird von Lotte betrogen, und am Ende kommen beide wieder zusammen und leben glücklich und zufrieden auf einem Landgut. Werther wird ein anständiger Bürger, entsagt allem Schwärmertum und verliert die revolutionäre Sprengkraft seiner Person. Der Hamburger Hauptpastor Johann Melchior Goeze verfasst ebenfalls 1775 eine vernichtende Entgegnung zu Goethes *Werther*, in der er den Roman als „verfluchungswürdige Schrift" beschimpft, die ein „Pestgeschwür" in der Seele des Lesers zurücklasse, es handele sich um „Lockspeisen des Satans". Vor allem Werthers Selbstmord ist ihm ein Dorn im Auge. Dieser würde verherrlicht. Der Roman verderbe die Jugend. Werther ist für Goeze ein „verliebter Narr", der „eine Zeitlang im Müßiggange herumgeschwärmt, an einer ordentlichen Lebensart, und an Berufsgeschäften einen Ekel gehabt" und Lotte unglücklich gemacht habe. Das sind harte Worte für den jungen Werther, der für Goeze ein fauler Nichtsnutz ist.

Diesen Kritikern gegenüber steht die Masse an Leserinnen und Lesern, die wie Werther fühlen, die in das sogenannte „Wertherfieber" verfallen. Dennoch: In Leipzig schafft es die Theologische Fakultät, dass der Roman dort am 30. Januar 1775 verboten wird. Daraufhin wollen noch mehr Menschen den *Werther* lesen.

Goethe selbst wird sein *Werther* noch lange beschäftigen. 1787, dreizehn Jahre später, erscheint eine zweite Fassung des Romans, in der Goethe, nun kein Stürmer und Dränger mehr, einiges verändert und abgeschwächt hat. Albert wird jetzt freundlicher dargestellt, und Goethe fügt die Episode um einen Bauernburschen ein, der den konkurrierenden Liebhaber um eine Frau umbringt statt sich selbst. Auch eine Lösung.

Auch wenn der Sturm und Drang letztlich ein kurzes Aufbäumen einer jungen Generation war, fünf Jahre später alles vorbei ist und manche der wilden Genies im Alter eher wieder konservativ werden, so haben die jungen Männer und Frauen doch Markierungen gesetzt, die bis in die Neuzeit, bis zu uns heute, zu spüren sind. Ihr Freiheitsverständnis, ihr radikaler Individualismus, die Betonung der Würde des Einzelnen, für die insbesondere auch Herder und Lavater eintraten, und ihre Ansprüche an das Leben haben unser Denken bis in die Gegenwart beeinflusst. Mit Wort und Feder haben die Stürmer und Dränger für die freie Rede gestritten und sich gegen die Zensur eingesetzt, für uns heute Selbstverständlichkeiten, aber keineswegs überall auf dieser Welt. Haben sie die Freiheit gefunden, die sie suchten? Sicher nicht in dem Maße, in dem sie sich dies gewünscht hätten. Zumindest aber haben sie sich auf den Weg und auf Missstände aufmerksam gemacht, die so noch keiner vor ihnen angesprochen hat. Natürlich müssen sie Rückschläge einstecken, aber der erste Schritt ist getan.

Goethe hat mit einem neuen Werk die Literaturwelt auf den Kopf gestellt und sich unverblümt ganz neue Freiheiten herausgenommen, auch die Freiheit, den Selbstmord künstlerisch neuartig darzustellen. Lenz hat den Schritt gewagt, als freier Schriftsteller frei von der väterlichen Dominanz zu leben, selbst wenn das Experiment auf lange Sicht scheitert. Er hat mit Goethe und Klinger zusammen neue Freiheiten auf der Bühne erstritten. Wagner und Schubart haben vehement gegen die Zensur gestritten. Schubart bezahlt sein rigoroses Streiten für die Freiheit mit der eigenen persönlichen Freiheit. Merck übt sich mit seinen Rezensionen sowieso ständig in der freien und direkten Rede, nimmt kein Blatt vor den Mund und macht sich dadurch nicht nur Freunde. Boie hat sich mit seinen Hainbündlern die Freiheit genommen, einen neuen Freundschaftskult zu feiern und zu leben, auch wenn die anderen darüber die Nase rümpfen. Lavater lebt die Freiheit einer individuellen Herzensreligion und tritt sowohl in seiner Jugend als auch kurz vor seinem Tod couragiert für Freiheit und gegen Unrecht und Unterdrückung ein. Dass Herder sich ebenfalls nicht von gesellschaftlichen Zwängen drücken lässt, haben wir gesehen.

In ganz Europa werden die Bürger zunehmend selbstbewusster – das bekommt vor allem der französische Adel fünfzehn Jahre später zu spüren, als die Französische Revolution fordert: „Liberté, égalité und fraternité!" Vor allem für die Liberté haben unsere Genies schon 1774 gestritten. Goethe stimmt in diesen Chor 1789 übrigens nicht mehr ein. An der Seite des weimarischen Herzogs Carl August hat er sich zum Gegner der Französischen Revolution entwickelt. Sein Freund Merck begeistert sich hingegen für die Revolution in Frankreich und ihre Freiheitsforderung, was ihm das Leben in Darmstadt, zusätzlich zu seinen Depressionen, zunehmend schwer macht, sodass er schließlich den Freitod wählt. Auch eine Freiheit, die er sich nimmt und die sich 1774 ja schon Goethes Romanheld Werther genommen hat.

ANHANG

ABBILDUNGEN

Heinrich Christian Boie im Kreis einiger Göttinger Hainbündler.
Holzstich nach Zeichnung von Woldemar Friedrich.

Johann Wolfgang Goethe.
Kolorierte Zeichnung von Georg Oswald May, 1779.

Johann Gottfried Herder.
Gemälde von Johann Friedrich Tischbein, 1796.

Friedrich Maximilian Klinger.
Punktierstich von Carl August Senff, um 1810.

Johann Caspar Lavater.
Gemälde von Alexander Speißegger, 1785.

Jakob Michael Reinhold Lenz.
Radierung.

Johann Heinrich Merck.
Holzstichfaksimile nach Kupferstich von August Weger, 1790.

Christian Friedrich Daniel Schubart.
Gemälde von Friedrich August Oelenhainz, 1789.

Heinrich Leopold Wagner.
Getuschte Silhouette, 1770.

PERSONENVERZEICHNIS

Die jungen Genies, ihre Mitstreiter,
Musen, Gegner und sonstiges Personal
im Überblick

Die jungen Genies

BOIE, HEINRICH CHRISTIAN, literaturbegeistert, kritisch und vollschlank, wird am 19. Juli 1744 in Meldorf geboren, wo er auch am 25. Februar 1806 stirbt. Er studiert Jura in Jena und Göttingen, wo er zusammen mit Friedrich Wilhelm Gotter den bekannten *Göttinger Musenalmanach*, eine Sammlung literarischer Neuheiten, zu der auch Goethe immer wieder beiträgt, herausgibt, dessen Redaktion er aber 1774 nach Querelen abgibt. 1772 ist er Gründungsmitglied des skurrilen Dichter- und Freundschaftsbundes *Göttinger Hainbund*, er wird außerdem Ehrenvorsitzender und wählt den Bardennamen „Werdomar". Später wird er Stabssekretär, dann Landvogt. Trotzdem kann er von der Literatur nicht lassen und gibt ab 1776 das *Deutsche Museum* heraus. Er bleibt als großer Förderer der deutschen Literatur in Erinnerung.

GOETHE, JOHANN WOLFGANG, streitlustig, unterhaltsam und fidel, wird am 28. August 1749 in eine wohlhabende Frankfurter Familie hineingeboren, studiert Rechtswissenschaften und wird 1773 mit dem Ritterdrama *Götz von Berlichingen* berühmt, mit dem Briefroman *Die Leiden des jungen Werther* 1774 dann weltberühmt. Auf Einladung des jungen Herzogs Carl August reist er 1775 nach Weimar, wo er Minister und Theaterdirektor wird und für den Rest seines Lebens bleibt. 1782 wird er geadelt. Reisen nach Italien machen aus dem jungen Stürmer und Dränger einen Dichter der Klassik, der hochverehrt am 22. März 1832 in seinem Haus am Frauenplan in Weimar stirbt.

HERDER, JOHANN GOTTFRIED, streitbar, geistreich, aber manchmal ganz schön verdrießlich, wird am 25. August 1744 in Mohrungen/Ostpreußen geboren, studiert Theologie in Königsberg. Auf einer Reise lernt er in Darmstadt Merck, den Kreis der Empfindsamen und seine spätere Frau Karoline kennen, in Straßburg Goethe. Auch die Bekanntschaft von Boie und Basedow macht er. Seit 1771 ist er Hauptpastor in Bückeburg. Daneben schreibt er, ist begeistert von Shakespeare und Ossian. Auf Vermittlung Goethes wird er 1776 Oberpfarrer in Weimar. Allerdings kommt es im Laufe der Jahre zu Querelen mit Goethe. Herder stirbt am 18. Dezember 1803 in Weimar. Bis heute ist er einer der bekanntesten deutschen Gelehrten. In Weimar trägt die Herderkirche seinen Namen.

KLINGER, FRIEDRICH MAXIMILIAN, begabt, ernst und gut aussehend, geboren am 17. Februar 1752 in Frankfurt am Main, wächst in ärmlichen Verhältnissen auf. Freundschaft mit Goethe, mit dessen finanzieller Unterstützung er 1774 ein Jurastudium in Gießen beginnen kann. 1774 erscheint sein erstes Drama *Otto*, das misslingt. Sein Stück *Sturm und Drang* hingegen gibt einer ganzen Epoche den Namen. 1776 bricht er sein Studium ab, reist nach Weimar, wo es zum Bruch mit Goethe kommt. Er geht als Dramaturg zur Seyler'schen Schauspieltruppe. Auf Vermittlung Johann Schlossers wird er Soldat, ab 1780 als Offizier in Russland. Er macht Karriere, wird 1803 Kurator des Schulbezirks Dorpat in Livland, wo er am 9. März 1831 stirbt.

LAVATER, JOHANN CASPAR, sanftmütig, empfindsam-religiös und ein bisschen wunderlich, geboren am 15. November 1741 in Zürich, Schweizer Pfarrer, begeistert sich für die Physiognomie, glaubt aufgrund äußerer Erscheinungen auf den inneren Charakter schließen zu können. Er hat bei seinen Anhängern Kultstatus, korrespondiert mit Lenz, ist mit Klopstock und Mendelssohn bekannt, geht 1774 mit Goethe und Basedow auf eine denkwürdige Rheinreise. Anfangs begrüßt er den Ausbruch der Französischen Revolution, protestiert aber heftig gegen die Invasion französischer Truppen in der Schweiz 1798, wird verhaftet und wieder freigelassen. 1799 wird er in Zürich von einem französischen Soldaten, den er zuvor noch bewirtet hat, in einem anschließenden Handgemenge durch einen Schuss verletzt und stirbt nach langem Leiden am 2. Januar 1801 in Zürich. Lavater ist in der Schweiz des 18. Jahrhunderts und bis heute eine Berühmtheit.

LENZ, JAKOB MICHAEL REINHOLD, schmächtig, nach außen schüchtern, aber in seinen Texten wild, geboren am 23. Januar 1751 in Seßwegen/Livland, studiert in Königsberg Theologie, bricht das Studium aber 1771 ab und reist als Begleiter der Barone von Kleist nach Straßburg. Dort lernt er Herder und Goethe kennen, korrespondiert mit Lavater, schreibt und veröffentlicht 1774 drei wichtige Werke. 1775 besucht er Cornelia Goethe, die er sehr verehrt. Völlig mittellos und nach psychischen Wahnvorstellungen kehrt er 1779 nach Livland zurück, geht von dort nach Sankt Petersburg und Moskau, wo er am 3./4. Juni 1792 tot auf der Straße aufgefunden wird. Der Schriftsteller Georg Büchner wird sein Schicksal in der Novelle *Lenz* verarbeiten und ihm so ein literarisches Denkmal setzen. Lange Zeit vergessen, tritt der bedeutendste Stürmer und Dränger neben Goethe in den letzten Jahren wieder deutlich aus dessen Schatten.

MERCK, JOHANN HEINRICH, scharfsichtig, belesen, manchmal auch verletzend, geboren am 11. April 1741 in Darmstadt, beginnt ein Jurastudium, das er nie abschließt. Auf einer Reise als Hofmeister in die Schweiz lernt er seine Frau Louise Françoise Charbonnier kennen und heiratet sie 1766, da sie schwanger ist. 1774 wird er in Darmstadt Kriegsrat. Daneben macht er sich als Verleger und Rezensent einen Namen. Er schart den Darmstädter Kreis der Empfindsamen, zu dem auch Goethe, seine Schwester Cornelia und Karoline Flachsland gehören, um sich. Er wird ein wichtiger Freund Goethes. Der an Depressionen leidende Merck erschießt sich am 27. Juni 1791 in Darmstadt. Seit 1964 wird jährlich der von dem Unternehmen Merck in Darmstadt finanzierte Johann-Heinrich-Merck-Preis für literarische Kritik und Essay verliehen.

SCHUBART, CHRISTIAN FRIEDRICH DANIEL, agil, temperamentvoll und direkt, geboren am 24. März 1739 in Obersontheim, gibt seit 1774 die Zeitschrift *Deutsche Chronik* heraus, macht sich als Journalist immer wieder bei den Mächtigen unbeliebt, wird 1777 auf württembergisches Territorium gelockt und zehn Jahre auf der Bergfestung Hohenasperg inhaftiert. 1787 freigelassen, wird er Theaterdirektor und gibt wieder eine Zeitschrift heraus. Er stirbt am 10. Oktober 1791 in Stuttgart. Bis heute ist Schubarts Gefangenschaft legendär, und er gilt als entschiedener Kämpfer für die Pressefreiheit.

WAGNER, HEINRICH LEOPOLD, strebend, hager und suchend, geboren am 19. Februar 1747 in Straßburg. Er studiert Jura, geht 1773 nach Saarbrücken, 1774 erst nach Zweibrücken, dann nach Gießen und schließlich nach Frankfurt am Main. Dort findet er Kontakt zu Goethe, Klinger, Lenz und Schubart. 1776 lässt er sich als Anwalt in Frankfurt nieder, stirbt aber bereits am 4. März 1779 in der Mainmetropole. Goethe bezichtigt ihn später des Plagiats. Trotzdem bleibt sein Drama *Die Kindermörderin* bis heute ein auch als Schullektüre häufig gelesenes und bekanntes Werk des Sturm und Drang.

Ihre Musen

BRENTANO, MAXIMILIANE, GEBORENE LA ROCHE, schwarzäugig, umschwärmt und nicht glücklich, geboren am 3. Mai 1756 in Mainz, Tochter der Schriftstellerin Sophie La Roche, „Maxe" gerufen, heiratet am 9. Januar 1774 den Kaufmann Peter Anton Brentano aus Frankfurt. Sie wird von Goethe heftig umschwärmt, bringt insgesamt zwölf Kinder zur Welt und stirbt wenige Monate nach der Geburt des letzten Kindes am 19. November 1793 in Frankfurt im Kindbett. Ihre Tochter Bettina von Arnim, geborene Brentano, und ihr Sohn Clemens Brentano werden berühmte Schriftsteller der Romantik.

FIBICH, SUSANNA CLEOPHE, groß, verspielt, wohl etwas verwöhnt und vergeblich wartend, geboren am 13. November 1754 in Straßburg, Juwelierstochter, hofft auf eine Heirat mit einem livländischen Baron. Lenz verliebt sich in sie, verewigt sie als Araminta in seinem *Tagebuch*. Sie wird Opfer einer nicht eingehaltenen „promesse de mariage" und bleibt ledig, stirbt am 24. Dezember 1820 in ihrer Geburtsstadt.

GRÜN, ALBERTINE VON, liebenswürdig, geist- und humorvoll, geboren am 11. Oktober 1749 in Hachenburg. Sie ist öfter zu Gast in Gießen im Haus von Professor Ludwig Julius Friedrich Höpfner, der mit ihrer Cousine verheiratet ist, verliebt sich dort in Klinger. Mit Merck befreundet, begeistert sie sich für den Sturm und Drang, schreibt selbst, muss ihr Leben aber den Familienbedürfnissen unterordnen, bleibt ledig und stirbt in Hachenburg am 12. Mai 1792.

HERDER, KAROLINE, EIGENTLICH MARIA KAROLINE, GEBORENE FLACHSLAND, Herders Engel, geboren am 28. Januar 1750 in Reichenweier im Elsass, gehört in Darmstadt zum Kreis der Empfindsamen, wo sie bei ihrer Schwester Friederike lebt. Sie ist seit 2. Mai 1773 mit Johann Gottfried Herder verheiratet, zieht mit ihm nach Bückeburg und später nach Weimar, begleitet das Werk ihres Mannes intensiv, lektoriert seine Texte, gibt nach seinem Tod seine Werke und seine Biografie heraus, stirbt am 15. September 1809 in Weimar.

KESTNER, CHARLOTTE, GEBORENE BUFF, fröhlich, tatkräftig, warmherzig, geboren am 11. Januar 1753 in Wetzlar, Goethes Lotte. Sie erlangt als Vorbild für die Lotte im *Werther* Berühmtheit, heiratet am 4. April 1773 Johann Christian Kestner und zieht mit ihm nach Hannover, bringt zwölf Kinder zur Welt, wird eine treusorgende Mutter und Hausfrau. Sie stirbt am 16. Januar 1828 im Alter von fünfundsiebzig Jahren in Hannover.

LA ROCHE, SOPHIE, AB 1776 VON LA ROCHE, GEBORENE GUTERMANN, geboren am 6. Dezember 1730 in Kaufbeuren, in ihrer Jugend mit Wieland verlobt, verheiratet mit dem trierischen Geheimrat Georg Michael Anton Frank La Roche, Mutter der von Goethe umschwärmten Maximiliane Brentano und Großmutter der beiden Romantiker Bettina von Arnim und Clemens Brentano. Sie gehört zum Kreis der Empfindsamen in Darmstadt, führt seit 1771 in Ehrenbreitstein einen literarischen Salon, in dem Goethe, Basedow, Lavater, die Brüder Jacobi und Wilhelm Heinse zu Gast sind. Enger Briefwechsel mit Goethe, der sie „Mama" nennt. Ihr Briefroman *Geschichte des Fräuleins von Sternheim* wird ein Bestseller. Nach dem erzwungenen Rückzug ihres Mannes vom Hofe 1780 eigenständige Karriere als Autorin, Herausgeberin der Zeitschrift *Pomona für Teutschlands Töchter* und Reiseschriftstellerin, gestorben am 18. Februar 1807 in Offenbach. Im Zuge der Frauenbewegung wird sie neu entdeckt.

MÜNCH, SUSANNA MAGDALENA, Frankfurter Freundin Goethes, seine fiktive Ehepartnerin beim „Mariage-Spiel", inspiriert Goethe zu seinem *Clavigo*.

SCHLOSSER, CORNELIA, GEBORENE GOETHE, geboren am 7. Dezember 1750 in Frankfurt am Main, begabte, gebildete und schriftstellerisch talentierte Schwester Goethes, flüchtet vor dem strengen Vater in eine Ehe mit Goethes Freund Johann Georg Schlosser, in der sie unglücklich wird. Nach dreieinhalb Jahren Ehe stirbt sie wenige Wochen nach der Geburt ihrer zweiten Tochter am 8. Juni 1777 in Emmendingen.

Ihre Freunde und Bekannten

BASEDOW, JOHANN BERNHARD, geboren am 11. September 1724 in Hamburg, rüpelhafter Reformpädagoge, will in Dessau eine „Pflanzschule der Menschheit" gründen, wofür er Geld sammelt. Er geht mit Lavater und Goethe im Sommer 1774 auf eine Rheinreise, eröffnet im Dezember 1774 sein Philanthropinum in Dessau, tritt aber schon 1776 als Leiter der Schule zurück, stirbt am 25. Juli 1790 in Magdeburg.

FAHLMER, JOHANNA, verheiratete Schlosser, geboren am 16. Juni 1743 in Breuberg, gestorben am 31. Oktober 1821. Frankfurter Freundin und Vertraute Goethes, sein „Tantchen", heiratet nach dem Tod von Goethes Schwester Cornelia deren Mann Johann Georg Schlosser.

GOTTER, FRIEDRICH WILHELM, geboren am 3. September 1746 in Gotha, gründet in Göttingen mit Boie den *Göttinger Musenalmanach*, lernt 1769

Goethe kennen, reist 1774 nach Lyon, ist schriftstellerisch tätig, gestorben am 18. März 1797 in seiner Geburtsstadt Gotha.

HAMANN, JOHANN GEORG, geboren am 27. August 1730, Briefpartner und enger Freund Herders, selbst Philosoph und Schriftsteller, steht den Stürmern und Drängern nahe, gestorben am 21. Juni 1788 in Münster.

HARTKNOCH, JOHANN FRIEDRICH, geboren am 28. September 1740 in Goldap, Verleger und wichtiger Freund Herders aus Riga, der ihm auch mal finanziell unter die Arme greift, gestorben am 1. April 1789 in Riga.

HEINSE, JOHANN JAKOB WILHELM, geboren am 16. Februar 1749 in Langewiesen bei Ilmenau, zunächst Hofmeister, ab 1774 Redakteur der Frauenzeitschrift *Iris*, befreundet mit Klinger, gestorben am 22. Juni 1803 in Aschaffenburg.

HESSE, FRIEDERIKE, Schwester Karoline Flachslands, gehört zum Kreis der Empfindsamen in Darmstadt.

HÖPFNER, LUDWIG JULIUS FRIEDRICH, geboren am 3. November 1743 in Gießen, Rechtsprofessor in Gießen, Freund Goethes, nimmt auf dessen Vermittlung hin den Studenten Klinger bei sich auf, versucht, Goethes *Fastnachtsspiele* für den mittellosen Klinger an den Verleger Nicolai zu vermitteln, gestorben am 2. April 1797 in Darmstadt.

JACOBI, BETTY, EIGENTLICH HELENE ELISABETH, GEBORENE VON CLERMONT, geboren 1743, verheiratet mit Friedrich Heinrich Jacobi, befreundet mit Goethe, greift vermittelnd in das Verhältnis zwischen den beiden Männern ein, gestorben 1784.

JACOBI, FRIEDRICH HEINRICH, geboren am 25. Januar 1743 in Düsseldorf, leitet gegen seinen Willen von 1764 bis 1772 das väterliche Handelshaus in Düsseldorf, ab 1772 Hofkammerrat, lebt später als Privatier auf dem Familienlandgut Pempelfort, literarisch und philosophisch interessiert, schreibt auch einen Roman, zunächst von Goethe verspottet, dann mit ihm befreundet, gestorben am 10. März 1819 in München.

JACOBI, JOHANN GEORG, geboren am 2. September 1740 auf Gut Pempelfort bei Düsseldorf, empfindsamer Dichter und Publizist, älterer Bruder von Friedrich Heinrich Jacobi, Mitherausgeber des *Teutschen Merkur*, in seinem Gefühlsenthusiasmus umstritten, gründet 1774 die Frauenzeitschrift *Iris*, erhält später einen Lehrstuhl in Freiburg im Breisgau, gestorben am 4. Januar 1814 in Freiburg im Breisgau.

JUNG-STILLING, JOHANN HEINRICH, EIGENTLICH JOHANN HEINRICH JUNG, geboren am 12. September 1740 im Siegerland, kennt Goethe und Herder aus Straßburg, praktiziert in Elberfeld als Arzt, pietistisch geprägt, wird von Lavater und Goethe während ihrer Rheinreise im Sommer 1774 besucht, bekommt von Goethe einen Streich gespielt, gestorben am 2. April 1817 in Karlsruhe.

KESTNER, JOHANN CHRISTIAN, geboren am 28. August 1741 in Döhren bei Hannover, Ehemann von „Werthers Lotte" Charlotte Buff, mit der er seit 1773 verheiratet ist, im *Werther* als Albert verewigt. Er studiert Jura in Göttingen, wo er die Jünglinge vom Göttinger Hain kennenlernt, Archiv-Sekretär und -Rat in Hannover. Sein Sohn Georg Wolfgang Kestner ist Goethes Patenkind. Er und seine Frau Charlotte sind lebenslang mit Goethe befreundet, gestorben am 24. Mai 1800 in Lüneburg.

KLETTENBERG, SUSANNA KATHARINA VON, geboren am 19. Dezember 1723 in Frankfurt am Main, enge Freundin der Familie Goethe, Stiftsdame, kränklich, sehr religiös, interessiert sich für Alchemie. Goethe mag sie sehr und besucht sie mit Lavater, der zutiefst von ihr ergriffen ist und ihr fortan schreibt. Sie wird seine verehrte „Cordata", stirbt am 13. Dezember 1774 in Frankfurt am Main.

NICOLAI, CHRISTOPH FRIEDRICH, geboren am 18. März 1733 in Berlin, Vertreter der Aufklärung, als Schriftsteller, Kritiker und Verleger tätig, will Goethes *Fastnachtsspiele* nicht verlegen. Die jungen Stürmer und Dränger stehen ihm kritisch gegenüber, außer Merck, der mit ihm befreundet ist. Herder zankt sich sehr mit ihm. Er schreibt eine Persiflage auf den *Werther*, die er die *Freuden des jungen Werthers* nennt und in denen Werthers Schicksal eine andere Wendung nimmt. Er stirbt am 11. Januar 1811 in Berlin. Bis heute existiert die Nicolaische Buchhandlung in Berlin.

PFEFFEL, GOTTLIEB KONRAD, geboren am 28. Juni 1736 in Colmar, leidet am grauen Star und ist fast blind. Er eröffnet in Colmar 1773 eine Militärschule für Jungen, die der Sohn Sophie La Roches besucht. Er arbeitet auch als Schriftsteller. Freund Lavaters, gestorben am 1. Mai 1809 in Colmar.

SCHLOSSER, JOHANN GEORG, geboren am 7. Dezember 1739 in Frankfurt am Main, gestorben am 17. Oktober 1799 ebendort. Er studiert Jura, wird 1769 Rechtsanwalt in Frankfurt und heiratet im November 1773 Goethes Schwester Cornelia. 1773 wird Schlosser Hof- und Regierungsrat in Karlsruhe, 1774 Oberamtmann in Emmendingen. Nach dem Tod Cornelias heiratet er 1778 Johanna Fahlmer, eine Freundin Goethes. Neben Goethe zählen auch Lenz und Lavater zu seinen Freunden. Um Lenz kümmert er sich später sehr.

SCHMOLL, GEORG FRIEDRICH, gest. 1785, Zeichner und Kupferstecher, der Lavater nach Ems und auf seiner Rheinreise begleitet und Porträts für ihn anfertigen muss.

Die Jungs vom Göttinger Hain

CRAMER, KARL FRIEDRICH, geboren am 7. März 1752 in Quedlinburg, studiert in Göttingen und tritt dem Göttinger Hainbund bei, begeisterter Anhänger der Französischen Revolution, gestorben am 8. Dezember 1807 in Paris.

HAHN, JOHANN FRIEDRICH, geboren am 28. Dezember 1753 in Gießen, studiert in Göttingen erst Jura, dann Theologie, gründet 1772 mit Boie, Miller und Voß den Hainbund, enger Freund von Voß, gestorben am 30. Mai 1779 in Zweibrücken.

HÖLTY, LUDWIG CHRISTOPH HEINRICH, geboren am 21. Dezember 1748 in Mariensee, studiert in Göttingen Theologie. Sein Name im Hainbund lautet „Haining". Er schwärmt für Charlotte von Einem, eine Freundin von Lotte Kestner, leidet an der Schwindsucht, stirbt am 1. September 1776 in Hannover.

LEISEWITZ, JOHANN ANTON, geboren am 9. Mai 1752 in Hannover, studiert in Göttingen Rechtswissenschaften, stößt als neues Mitglied 1774 zum Bund, schreibt für den *Göttinger Musenalmanach*, wird 1775 mit dem Trauerspiel *Julius von Tarent* bekannt, gestorben am 10. September 1806 in Braunschweig.

MILLER, GOTTLOB DIETERICH, geboren 1753 in Ulm, gestorben 1822 ebendort. Er geht 1774 ans Reichskammergericht nach Wetzlar. Vetter von Johann Martin Miller. Beide begleiten Klopstock 1774 ein Stück.

MILLER, JOHANN MARTIN, geboren am 3. Dezember 1750 in Jungingen bei Ulm, studiert in Göttingen Theologie, gründet mit Boie, Hahn und Voß den Göttinger Hainbund, verlässt 1774 Göttingen Richtung Leipzig, gestorben am 21. Juni 1814 in Ulm.

VOSS, JOHANN HEINRICH, geboren am 20. Februar 1751 in Sommerstorf, gründet mit Boie, Hahn und Miller den Göttinger Hainbund, fungiert als Ältester des Bunds. Er übernimmt 1774 von Boie die Redaktion des *Göttinger Musenalmanachs*, heiratet Boies Schwester Ernestine, stirbt am 29. März 1826 in Heidelberg.

Gekrönte und adelige Häupter

CARL AUGUST VON SACHSEN-WEIMAR-EISENACH, HERZOG VON SACHSEN-WEIMAR-EISENACH, geboren am 3. September 1757 in Weimar, lernt Goethe im Dezember 1774 kennen und lädt ihn nach Weimar ein, wo

Goethe für den Rest seines Lebens bleiben wird. Lebenslang mit Goethe verbunden, gestorben am 14. Juni 1828 in Gradlitz, Torgau.

CAROLINE HENRIETTE, LANDGRÄFIN VON HESSEN-DARMSTADT, geboren am 9. März 1721 in Straßburg. Mit ihr reist Merck 1773 nach Russland. Der russische Thronfolger Paul entscheidet sich für ihre Tochter Wilhelmine, die er heiratet. Kurz nach der Rückkehr von der Reise stirbt die Landgräfin überraschend am 30. März 1774 in Darmstadt.

CLEMENS XIV., geboren am 31. Oktober 1705 in Santarcangelo di Romagna, Papst, der den Jesuitenorden verbietet, bei Schubart daher beliebt, stirbt am 22. September 1774 in Rom. Es gibt Gerüchte, er sei ermordet worden.

EMMERICH JOSEPH VON BREIDBACH ZU BÜRRESHEIM, geboren am 12. November 1707 in Koblenz, Kurfürst und Erzbischof von Mainz, aufgeklärt, reformfreudig und populär, von Schubart hoch gelobt, da er die Macht der Jesuiten beschneidet, stirbt am 11. Juni 1774 in Mainz. Nach seinem Tod verändert sich in Mainz vieles zum Schlechten, vor allem in der Schulpolitik.

FRIEDRICH II., DER GROSSE, geboren am 24. Januar 1712 in Berlin, gestorben am 17. August 1786 in Potsdam, ab 1740 König in Preußen, ab 1772 König von Preußen, wirft begehrliche Blicke nach Polen.

HENRIETTE CAROLINE, FREIFRAU VOM UND ZUM STEIN, lebt mit ihrem Gatten in Nassau. Im Sommer 1774 sind Goethe und Lavater öfter bei ihr zu Gast.

JOSEPH II., geboren am 13. März 1741 auf Schloss Schönbrunn, Sohn Maria Theresias von Österreich, Bruder der französischen Königin Marie Antoinette, Erzherzog von Österreich, erst Mitregent seiner Mutter, ab 1780 Alleinherrscher, von 1765 bis 1790 Kaiser des Heiligen Römischen Reiches Deutscher Nation, nicht immer glücklich agierend, gestorben am 20. Februar 1790 in Wien.

KATHARINA II., DIE GROSSE, geboren am 2. Mai 1729 als Sophie Auguste Friederike von Anhalt-Zerbst in Stettin, gestorben am 17. November 1796 in Sankt Petersburg, von 1762 bis 1796 Zarin von Russland.

LUDWIG XV., geboren am 15. Februar 1710 in Versailles, wo er am 10. Mai 1774 an den Blattern stirbt, von 1715 bis 1774 König von Frankreich und Navarra. Er verheiratet seinen Enkel, den späteren Ludwig XVI., mit Marie Antoinette, der Tochter Maria Theresias.

LUDWIG XVI., geboren am 23. August 1754 in Versailles, wird nach dem Tod seines Großvaters 1774 König von Frankreich und Navarra, verheiratet mit Marie Antoinette, wird im Zuge der Französischen Revolution abgesetzt und am 21. Januar 1793 in Paris guillotiniert.

Maria Theresia von Österreich, geboren am 13. Mai 1717 in Wien, gestorben am 29. November 1780 ebendort, Erzherzogin von Österreich und Königin von Ungarn und Böhmen.

Stanislaus/Stanislav II. August Poniatowski, letzter König von Polen, geboren am 17. Januar 1732 in Wolczyn, wird 1764 auf Betreiben Katharinas der Großen zum König von Polen gewählt, dankt 1795 ab, gestorben am 12. Februar 1798 in Sankt Petersburg.

Sonstige Berühmtheiten

Klopstock, Friedrich Gottlieb, geboren am 2. Juli 1724 in Quedlinburg, wird mit seinem Epos *Messias* als Dichter bekannt, von den Stürmern und Drängern, insbesondere von den Jünglingen vom Göttinger Hain abgöttisch verehrt. Goethe findet nicht den Draht zu ihm. Seine 1774 herausgegebene *Gelehrtenrepublik* wird nicht von allen begeistert aufgenommen, gestorben am 14. März 1803 in Hamburg.

Lessing, Gotthold Ephraim, geboren am 22. Januar 1729 in Kamenz, Dichter der Aufklärung, mit Moses Mendelssohn befreundet, steht den jungen Stürmern und Drängern kritisch-distanziert gegenüber, hätte sich ein anderes Ende für den *Werther* gewünscht, gestorben am 15. Februar 1781 in Braunschweig.

Mendelssohn, Moses, geboren am 6. September 1729 in Dessau, Aufklärungsphilosoph, der auch eher zu der Vätergeneration gehört, ist mit Lessing und Nicolai befreundet. Herder trifft ihn in Bad Pyrmont und kann sich nicht recht für ihn erwärmen, gestorben am 4. Januar 1786 in Berlin.

Ramler, Karl Wilhelm, geboren am 25. Februar 1725, Dichter und Philosoph, der von den Jünglingen vom Göttinger Hain neben Klopstock sehr verehrt wird, gestorben am 11. April 1798 in Berlin.

Rousseau, Jean-Jacques, geboren am 28. Juni 1712 in Genf, Philosoph und Schriftsteller. Sein Motto „Zurück zur Natur!" und seine These, nur im Naturzustand lebe der Mensch frei, sowie sein Erziehungsroman *Émile* mit einer neuen Pädagogik beeinflussen die Stürmer und Dränger grundlegend, gestorben am 2. Juli 1778 in Ermenonville bei Paris.

Shakespeare, William, geboren am 15. April 1564 in Stratford-upon-Avon, gestorben ebendort am 23. April 1616, weltberühmter englischer Dramatiker, von den Stürmern und Drängern glühend verehrt und nachgeahmt.

Spalding, Johann Joachim, geboren am 1. November 1714 in Tribsees, protestantischer Theologe der Aufklärung, Vertreter der Neologie, einer

Richtung der Aufklärungstheologie, und von Herder zum Gegner auserkoren, gestorben am 25. Mai 1804 in Berlin.

TELLER, WILHELM ABRAHAM, geboren 9. Januar 1734 in Leipzig, wie Spalding ein protestantischer Theologe der Aufklärung, auch mit ihm legt sich Herder an, gestorben am 9. Dezember 1804 in Berlin.

VOLTAIRE, EIGENTLICH FRANÇOIS-MARIE AROUET, geboren am 21. November 1694 in Paris, bedeutender französischer Philosoph der Aufklärung, gestorben am 30. Mai 1778 in Paris.

WIELAND, CHRISTOPH MARTIN, geboren am 5. September 1733 in Oberholzheim bei Biberach, Aufklärungsschriftsteller, Objekt des Hasses und der Häme für viele Stürmer und Dränger. Goethe verfasst die sarkastische Farce *Götter, Helden und Wieland* auf ihn. In seiner Jugend mit Sophie La Roche verlobt, lebenslang mit ihr befreundet, seit 1772 Prinzenerzieher in Weimar, von 1773 bis 1789 Herausgeber der Zeitschrift *Der Teutsche Merkur*, gestorben am 20. Januar 1813 in Weimar.

ANMERKUNGEN

Daten aus Russland oder Livland werden nach dem gregorianischen Kalender angegeben.
Zitate folgen der Orthografie und Interpunktion des Originals.

ZEITTAFEL

Januar 1774

Goethe beim Schlittschuhlaufen in Frankfurt, der Erfolg des *Götz*, sein erstes Jahr ohne Cornelia, Schwärmerei für die frisch verheiratete Maximiliane Brentano und Konflikt mit deren Ehemann, Goethes Freundschaft mit Merck, der gerade von einer Russlandreise nach Darmstadt zurückgekehrt ist, Erweiterungspläne beim Göttinger Hainbund, Besuch Boies bei Klopstock, Klopstocks *Gelehrtenrepublik*, Lenz in Straßburg und Wagner in Saarbrücken, Herder frisch verheiratet in Bückeburg, erster Ärger.

Februar 1774

Goethe läuft immer noch Schlittschuh, Rückzug Goethes und Beginn der Arbeit am *Werther*, Merck organisiert sein Leben neu, seine Ehefrau wartet in der Schweiz und will abgeholt werden, finanzielle Probleme der Herders, erster Skandal in Saarbrücken bei Wagner, Boie zurück in Göttingen, Hofmeisterärger, Vorbehalte der Stürmer und Dränger gegen Wieland.

März 1774

Enthusiasmus beim Göttinger Hainbund, angespannte Stimmung in Bückeburg, Goethes *Werther*, Tod der Landgräfin Caroline in Darmstadt, Aufbruch Mercks in die Schweiz, seine Frau ist schwanger von einem anderen Mann, erstes Exemplar der *Deutschen Chronik* von Schubart erscheint, Lenz schreibt Lavater, Sophie von La Roche wartet auf eine Bouillon-Schale.

April 1774

Schubarts Sympathie für Polen, Uraufführung von Goethes *Götz*, der *Werther* ist fertig, Ende von Goethes Rückzug, Mariage-Spiel in Frankfurt, neue

Ideen Goethes, Klinger beginnt ein Jura-Studium in Gießen, großzügige Unterstützung Goethes für seinen Freund Klinger, Besuch des Verleger-Freunds Hartknoch aus Riga bei den Herders in Bückeburg.

Mai 1774

Väterproblematik, Ärger um Goethes Farce *Götter, Helden und Wieland*, Goethes Fehde gegen Wieland, Goethes *Fastnachtsspiele*, Freiheitsfeier Schubarts, Lotte Kestner bringt ihr erstes Kind zur Welt, Goethe wird Patenonkel, Ankündigung von Lenz' neuem Drama *Der Hofmeister oder Vortheile der Privaterziehung*, *Anmerkungen übers Theater*, Goethes *Clavigo* und viel Kritik, Herders neues Werk *Auch eine Philosophie der Geschichte zur Bildung der Menschheit*, Misanthropie Herders, Tod Ludwigs XV. von Frankreich, Ludwig XVI. wird neuer König, Schlossbrand in Weimar, Brand in der Frankfurter Judengasse, zweiter Skandal in Saarbrücken, Wagner zieht nach Gießen, Rückkehr Mercks mit seiner schwangeren Frau nach Darmstadt und Klatsch.

Juni 1774

Dissens um Herders neue Werke, Aufbruch Lavaters zur Rheinreise, Lavater bei Lenz in Straßburg, bei Gottlieb Konrad Pfeffel in Straßburg und bei Cornelia Schlosser in Karlsruhe, Goethes *Werther* entgeht nur knapp der Vernichtung, Goethe, Lavater und Merck treffen einander in Frankfurt, Goethe begleitet Lavater nach Ems, Affäre um Susanna Cleophe Fibich in Straßburg, Klinger und Albertine von Grün, Klingers misslungenes Ritterdrama *Otto*, Boie auf Reisen, Tod des Kurfürsten und Erzbischofs von Mainz.

Juli 1774

Herders in Pyrmont, Treffen mit Boie und mit Moses Mendelssohn in Pyrmont, Boie auf Reisen in Deutschland und Langeweile in Spa, die Hainbrüder feiern Klopstocks 50. Geburtstag, Lavater kurt in Ems, Nachricht vom Tod von Lavaters jüngstem Sohn in der Schweiz, Lavater schreibt Tagebuch, Basedow bei Goethe in Frankfurt und bei Lavater in Ems, Goethe zurück in Ems, Rheinreise des Dreigestirns Lavater, Goethe, Basedow, Goethes Aussöhnung mit den Jacobis, Frieden auch zwischen Russland und der Türkei, die Rheinreisenden bei Jung-Stilling in Elberfeld, Goethe mit Basedow bei Sophie La Roche in Ehrenbreitstein, die Herders zurück in Bückeburg, Konflikt Herders mit Spalding, Klingers Optimismus.

August 1774

Goethe zurück in Frankfurt, Gotter kommt zu Besuch, Treffen Goethes und Mercks in Langen, Erinnerungen an Lotte, Goethe feiert am 28. August seinen 25. Geburtstag, Merck will immer noch nach Berlin, Lavater zurück in Zürich, Mercks Urteile über die Zeitgenossen, Herder wird an Goethes Geburtstag zum ersten Mal Vater, Wagners *Confiskable Erzählungen*, Lenz' Drama *Der neue Menoza oder Geschichte des cumbanischen Prinzen Tandi*.

September 1774

Lenz trennt sich von den Kleists und will als freier Schriftsteller leben, Lenz' *Tagebuch*, Fortsetzung von Herders Streit mit Spalding, Erdbeben in Augsburg, Tod Papst Clemens' XIV., Boie in Holland, Klopstock bei den Hainbrüdern in Göttingen, bei Goethe in Frankfurt und in Darmstadt bei Merck, schöne Tage für Goethe und Merck in Darmstadt.

Oktober 1774

Boies Rückreise nach Göttingen, Besuch Boies bei den Jacobis, bei Sophie La Roche und bei Goethe, Goethe liest Boie aus dem *Faust* vor, Boie bei Merck, Ärger um den *Göttinger Musenalmanach*, Erfolg des *Werther*, Klopstock in Karlsruhe, Eröffnung des Konklaves in Rom, Berichterstattung Schubarts, Gerüchte um den Tod des alten Papstes, Cornelia Schlossers erstes Kind kommt zur Welt, Unmut der Kestners über den *Werther*, Goethes *Prometheus*, Wagner übersiedelt nach Frankfurt, erste Ausgabe der Frauenzeitschrift *Iris* von Johann Georg Jacobi, Merck in melancholischer Stimmung.

November 1774

Herders „Jammerthal", Fortsetzung von Herders Streit mit Spalding und Teller, Goethe läuft wieder Schlittschuh, Goethe als Ölmaler, Lenz ist frei, Brief an den Bruder und Verdruss über den Vater, Schubart und die Jesuiten, Verweis des Augsburger Rats für Schubart, gefährliches Journalistenleben.

Dezember 1774

Lenz' Enttäuschung durch Cleophe Fibich, Lenz' Drama *Die Soldaten* entsteht, Schubart bejubelt in der *Chronik* den *Werther*, das Problem der illegalen Nachdrucke, Schubarts Feldzug gegen Johann Joseph Gaßner, Merck stellt seinen Verlag ein, Klingers zweites Drama *Das leidende Weib*, Basedows Philanthropinum öffnet die Pforten, Goethe lernt die Weimarer Prinzen kennen und wird nach Mainz eingeladen, Aussöhnung mit Wieland, Tod Susanna von Klettenbergs.

AUSWAHLBIBLIOGRAFIE

Den folgenden Werken, Briefen und Dokumenten verdankt die Autorin wichtige und aufschlussreiche Informationen, Fakten und Anregungen. Sie laden zum Weiterlesen ein.

Primärliteratur

BACH, ADOLF (Hg.): Goethes Rheinreise mit Lavater und Basedow im Sommer 1774. Dokumente. Zürich 1923.

BASEDOW, JOHANN BERNHARD: Das in Dessau errichtete Philanthropinum. Eine Schule der Menschenfreundschaft und guter Kenntnisse für Lernende und junge Lehrer, arme und reiche. Leipzig 1774.

BODE, WILHELM: Goethe in vertraulichen Briefen seiner Zeitgenossen. Berlin, Weimar 1999 (= Bd. 1: 1749–1793).

DER TEUTSCHE MERKUR 8 (1774).

FREYE, KARL U. STAMMLER, WOLFGANG (Hg.): Briefe von und an J. M. R. Lenz. 2 Bde. Leipzig 1918.

GOETHE, JOHANN WOLFGANG VON: Briefe. Zit. n. http://www.zeno.org/ Literatur/M/Goethe,+Johann+Wolfgang/Briefe/1774

GOETHE, JOHANN WOLFGANG VON: Die Leiden des jungen Werther. Erste Fassung von 1774. Stuttgart 2009.

GOETHE, JOHANN WOLFGANG VON: Goethes Werke in zwölf Bänden. 4., neubearb. Aufl. Berlin, Weimar 1981.

GOETHE, JOHANN WOLFGANG VON: Goethes Werke. Hg. im Auftrage der Großherzogin Sophie von Sachsen. 133. Bde. Weimar 1887–1919.

GOETHE, JOHANN WOLFGANG VON: Götter, Helden und Wieland. Eine Farce. Leipzig 1774.

GOEZE, JOHANN MELCHIOR: Kurze aber nothwendige Erinnerungen über die Leiden des jungen Werthers, über eine Recension derselben, und über verschiedene nachher erfolgte dazu gehörige Aufsätze. Hamburg 1775. Faksimiledruck. In: Scherpe, Klaus R.: Werther und Wertherwirkung. Zum Syndrom bürgerlicher Gesellschaftsordnung im 18. Jahrhundert. Bad Homburg v.d.H., Berlin, Zürich 1970. Anhang S. 3–16.

HERDER, JOHANN GOTTFRIED: An Prediger. Funfzehn Provinzialblätter. Leipzig 1774.

HERDER, JOHANN GOTTFRIED: Briefe. Mai 1773 – September 1776. Weimar 1978 (= Bd.3).

HIRZEL, HEINRICH (Hg.): Briefe von Goethe an Lavater. Aus den Jahren 1774 bis 1783. Leipzig 1833.

HUME, DAVID: Über Selbstmord. In: Die Naturgeschichte der Religion. Über Aberglaube und Schwärmerei [u. a.] Hg. v. Lothar Kreimendahl. Hamburg 1984. (= Philosophische Bibliothek; Bd. 341). S. 89–99.

KELLETAT, ALFRED (Hg.): Der Göttinger Hain. Stuttgart 1967.

KLINGER, FRIEDRICH MAXIMILIAN: Das leidende Weib. Ein Trauerspiel. 4. Aufl. Berlin 2017.

KLINGER, FRIEDRICH MAXIMILIAN u. BERNHARD SEUFFERT: Otto. Trauerspiel. Stuttgart 1881.

KLOPSTOCK, FRIEDRICH GOTTLIEB: Die deutsche Gelehrtenrepublik. Hamburg 1774.

LEISEWITZ, ANTON: Die Pfandung, in: Göttinger Musenalmanach. Poetische Blumenlese. Auf das Jahr 1775. Göttingen und Gotha 1775.

LENZ, JAKOB MICHAEL REINHOLD: Werke in zwölf Bänden. Faksimiles der Erstausgaben seiner zu Lebzeiten selbständig erschienen Texte. Hg. v. Christoph Weiß. St. Ingbert 2001.

LENZ, JAKOB MICHAEL REINHOLD: Werke und Briefe in drei Bänden. Hg. v. Sigrid Damm. Leipzig 2005.

LEUSCHNER, ULRIKE (Hg.): Johann Heinrich Merck. Briefwechsel. Göttingen 2007 (= Bd. I).

MAURER, MICHAEL (Hg.): „Ich bin mehr Herz als Kopf". Sophie von La Roche. Ein Lebensbild in Briefen. 2. Aufl. München 1985.

MÜLLER, PETER (Hg.): Jakob Michael Reinhold Lenz im Urteil dreier Jahrhunderte. Texte der Rezeption von Werk und Persönlichkeit 18. – 20. Jahrhundert. Bern, Berlin u. a. 2005.

SCHAUER, HANS (Hg.): Herders Briefwechsel mit Caroline Flachsland.

Nach den Handschriften des Goethe- und Schiller-Archivs. Weimar 1926 u. 1928 (= Bd. I u. II).

SCHUBART, CHRISTIAN FRIEDRICH DANIEL: Briefe. Hg. v. Ursula Wertheim u. Hans Böhm. München 1984.

SCHUBART, CHRISTIAN FRIEDRICH DANIEL: Deutsche Chronik 1774, https:// reader.digitale-sammlungen.de

SCHUBART, CHRISTIAN FRIEDRICH DANIEL: Schubart's Leben und Gesinnungen. Von ihm selbst, im Kerker aufgesetzt. Hg. v. Ludwig Schubart. Stuttgart 1793 (= Bd. 2).

WAGNER, HEINRICH LEOPOLD: Confiskable Erzählungen. Wien 1774.

WAGNER, KARL (Hg.): Briefe an Johann Heinrich Merck von Göthe, Herder, Wieland und andern bedeutenden Zeitgenossen. Darmstadt 1835.

WAGNER, KARL (Hg.): Briefe aus dem Freundeskreise von Goethe, Herder, Höpfner und Merck. Eine selbständige Folge der beiden in den Jahren 1835 und 1838 erschienenen Merckischen Briefsammlungen. Leipzig 1847.

Sekundärliteratur

BODEMANN, FRIEDRICH WILHELM: Johann Caspar Lavater. Nach seinem Leben, Lehren und Wirken dargestellt. Gotha 1856.

CONRADY, KARL OTTO: Goethe. Leben und Werk. Königstein/Ts. 1982 (= Bd. 1: Hälfte des Lebens).

DAMM, SIGRID: Cornelia Goethe. Frankfurt a. M., Leipzig 1992.

DAMM, SIGRID: Vögel, die verkünden Land. Das Leben des Jakob Michael Reinhold Lenz. Frankfurt am Main u. Leipzig 1992.

DOBBEK, WILHELM: Karoline Herder. Ein Frauenleben in klassischer Zeit. Weimar 1963.

FROITZHEIM, JOHANN: Lenz, Goethe und Cleophe Fibich von Straßburg, ein urkundlicher Kommentar zu Goethes Dichtung und Wahrheit. Straßburg 1888.

GESSNER, GEORG: Johann Kaspar Lavaters Lebensbeschreibung von seinem Tochtermann. Winterthur 1802 (= Bd. 2).

GREMINGER, UELI: Johann Caspar Lavater. Berühmt, berüchtigt – neu entdeckt. Zürich 2012.

KELLETAT, ALFRED (Hg.): Der Göttinger Hain. Stuttgart 1967.

KOHLHAGEN, NORGARD u. SUNNUS, SIEGFRIED: Eine Liebe in Weimar. Caroline Flachsland und Johann Gottfried Herder. 2. Aufl. Stuttgart 1994.

KRAFT, HERBERT: J. M. R. Lenz. Biographie. Göttingen 2015.

LUSERKE, MATTHIAS: Sturm und Drang. Autoren – Texte – Themen. Stuttgart 1997.

MAURER, MICHAEL: Johann Gottfried Herder. Leben und Werk. Wien 2014.

MEIGHÖRNER, JEANNINE: „Was ich als Frau dafür halte". Sophie von La Roche. Deutschlands erste Bestsellerautorin. Erfurt 2006.

MUNCKER, FRANZ: Lavater, Johann Caspar. In: Allgemeine Deutsche Biographie. Leipzig 1883. S. 783–794 (= Bd. 18).

PRANG, HELMUT: Johann Heinrich Merck. Ein Leben für andere. Wiesbaden 1949.

PREISENDÖRFER, BRUNO: Als Deutschland noch nicht Deutschland war. Reise in die Goethezeit. 2. Aufl. Köln 2017.

RAHMEYER, RUTH: Werthers Lotte. Ein Brief – Ein Leben – Eine Familie. Die Biographie der Charlotte Kestner. Hannover 1994.

RIEGER, MAX: Klinger in der Sturm- und Drangperiode. Darmstadt 1880.

SAFRANSKI, RÜDIGER: Goethe. Kunstwerk des Lebens, München 2013.

SCHERPE, KLAUS R.: Werther und Wertherwirkung. Zum Syndrom bürgerlicher Gesellschaftsordnung im 18. Jahrhundert. Wiesbaden 1975.

SCHMIDT, ERICH: Heinrich Leopold Wagner. Goethes Jugendgenosse. Jena 1879.

SCHMIDT-TOLL, URS: Heinrich Christian Boie. Leben und Werk. Husum 2004.

SCHNEIDER, HEINRICH U. A.: Albertine von Grün. Ein Frauenleben im Umkreis des jungen Goethe. Briefe, Biographien, Würdigung. Darmstadt 1986.

SCHÜBLER, WALTER: Johann Heinrich Merck (1741–1791). Biographie. Weimar 2001.

STEIGER, ROBERT: Goethes Leben von Tag zu Tag. Eine dokumentarische Chronik. Zürich u. München 1982 (Bd. 1).

WARNEKEN, BERND JÜRGEN: Schubart. Der unbürgerliche Bürger. Frankfurt am Main 2009.

WEINHOLD, KARL: Heinrich Christian Boie. Beitrag zur Geschichte der deutschen Literatur im achtzehnten Jahrhundert. Halle 1868.

ZAREMBA, MICHAEL: Johann Gottfried Herder. Prediger der Humanität. Eine Biografie. Köln 2002.

BILDNACHWEIS

Bibliografische Information der Deutschen Nationalbibliothek
Die Deutsche Nationalbibliothek verzeichnet diese Publikation in der
Deutschen Nationalbibliografie; detaillierte bibliografische Daten
sind im Internet über http://dnb.dnb.de abrufbar.

ISBN 978-3-87800-155-3

Die Veröffentlichung dieses Werkes erfolgt auf Vermittlung von:
Literaturagentur Bettina Querfurth, Frankfurt am Main.

© Südverlag GmbH, Konstanz 2022
Lektorat: Annette Güthner
Umschlag, Layout, Satz: nalbach typografik Silke Nalbach, Mannheim
Umschlagabbildungen: Der junge Goethe. Postkarte (Ausschnitt) nach der Kopie
eines Gemäldes von Georg Oswald May, 1779 // Frankfurter Römerberg. Kolorierte
Radierung von Friedrich Wilhelm Delkeskamp, akg-images (AKG231459)
Druck und Bindung: CPI books GmbH, Leck

Südverlag GmbH
Schützenstr. 24, 78462 Konstanz
Tel. 07531/90530, Fax: 07531/905398
www.suedverlag.de